Anonymus

Die rumänische Frage in Siebenbürgen und Ungarn

Anonymus

Die rumänische Frage in Siebenbürgen und Ungarn

ISBN/EAN: 9783743333369

Hergestellt in Europa, USA, Kanada, Australien, Japan

Cover: Foto ©ninafisch / pixelio.de

Manufactured and distributed by brebook publishing software
(www.brebook.com)

Anonymus

Die rumänische Frage in Siebenbürgen und Ungarn

DIE RUMÄNISCHE FRAGE

IN

SIEBENBÜRGEN UND UNGARN.

REPLIC

DER RUMÄNISCHEN ACADEMISCHEN JUGEND

SIEBENBÜRGENS UND UNGARNS

ZU

DER VON DER MAGYARISCHEN ACADEMISCHEN JUGEND VERÖFFENT-
LICHTEN „ANTWORT" AUF DIE „DENKSCHRIFT" DER STUDIRENDEN DER
UNIVERSITÄTEN RUMÄNIENS.

MIT EINER ETHNOGRAPHISCHEN KARTE ÖSTERREICH-UNGARNS UND RUMÄNIENS.

WIEN, BUDAPEST, GRAZ, KLAUSENBURG.

VERLAG DER HERAUSGEBER.

1892.

Inhaltsverzeichnis.

—

VORWORT.

Die Studirenden der Universitäten des Königreiches Rumänien veröffentlichten im Frühling des vorigen Jahres eine D e n k s c h r i f t [1]) über die Lage der unter magyarischer Herrschaft befindlichen Rumänen.

In dieser an das Publicum der europäischen Universitäten gerichteten Schrift schilderten unsere Connationalen die Leiden, welche das rumänische Volk unter dem Terrorismus der Magyarisirungs-Politik zu erdulden hat.

Die zahlreichen Zustimmungskundgebungen, welche den Verfassern aus allen Theilen Europa's zukamen, bilden den besten Beweis für den mächtigen Widerhall, welchen die Denkschrift in allen für Recht und Billigkeit empfänglichen Gemüthern fand.

Wir fühlen uns daher verpflichtet, bei dieser Gelegenheit unseren wärmsten Dank allen Jenen auszusprechen, welche für unser, in seinem Vaterlande aller nationalen Rechte entblösstes Volk so warme Theilnahme an den Tag gelegt haben.

Bald nach dem Erscheinen der erwähnten Denkschrift aber verbreitete die magyarische academische Jugend eine sogenannte „A n t w o r t", [2]) in welcher sie die Behauptungen des Bucarester Schriftstückes zu entkräften unternahm.

Doch lassen sich Thatsachen, deren Controle der ganzen gebildeten Welt zugänglich ist, nicht Lügen strafen, weil gegen Recht und Wahrheit selbst die geschickteste Feder vergeblich ankämpft und alle Spitzfindigkeit zu Schanden wird. —

[1] *Denkschrift der Universitäts-Studenten Rumäniens über die Lage der Rumänen in Ungarn und Siebenbürgen.* Bucarest. Göbl. 1891. (Erschien in vier Sprachen: rumänisch, deutsch, italienisch und französisch.

[2] *Die ungarischen Rumänen und die ungarische Nation. Antwort der Hochschuljugend Ungarns auf das Memorandum der rumänischen Universitäts-Jugend.* Budapest 1891.

Dessenungeachtet halten wir, die rumänische academische Jugend Siebenbürgens und Ungarns, es für unsere Pflicht, in einem Streite unsere Stimme zu erheben, welcher über uns und unser Volk vor dem Forum der gesammten civilisirten Welt geführt wird.

Dass der Streit zwischen der academischen Jugend des Königreiches Rumänien und der magyarischen Studentenschaft Ungarns entbrannt ist, kann uns nicht hindern, in der vorliegenden Angelegenheit für die Wahrheit einzutreten, zumal es gilt, die gesammte gebildete Gesellschaft Europa's über die rumänische Frage ehrlich und erschöpfend aufzuklären.

Ueberdies ist die Bucarester Denkschrift mit musterhafter Objectivität verfasst und enthält in keinem ihrer Theile auch nur einen einzigen Satz, welchem feindselige Tendenzen gegen den Bestand und die Integrität des Königreiches Ungarn unterlegt werden könnten. —

Unter diesen Umständen glaubten wir rumänische Studirenden ungarischer Staatsangehörigkeit, die wir die Strömungen der Magyarisirungs-Politik in unserem gemeinsamen Vaterlande aus eigener Anschauung und Erfahrung kennen zu lernen nur allzuviel Gelegenheit hatten, in die Discussion eingreifen und die vorliegende Replic veröffentlichen zu sollen, um darzuthun, dass die gesammte „Antwort" unserer magyarischen Collegen blos eine Collection unrichtiger Behauptungen und willkürlicher Entstellungen der feststehenden Thatsachen ist.

Unsere Replic richten wir an dasselbe Publicum der europäischen Universitäten, an welches seinerzeit die Bucarester Denkschrift und die Budapester Antwort gerichtet war.

Dergestalt wird sich Jedermann ein Urtheil über die Mittel bilden können, mit welchen die magyarische Jugend gemeinsam mit der gesammten magyarischen Gesellschaft gegen die nationale Existenz der Rumänen und der übrigen nichtmagyarischen Nationalitäten in Ungarn und Siebenbürgen kämpft.

Wie die Beschwerden des rumänischen Volkes nicht gegen den ungarischen Staat gerichtet sind, ebensowenig hat auch unsere Schrift die Bekämpfung dieses Staates zum Zwecke.

Das rumänische Volk Ungarns und Siebenbürgens ist anerkannt als Muster eines dynastischen, loyalen und patriotischen Volkes.

In seiner ganzen Geschichte findet sich nicht ein einziges Beispiel von Untreue gegen seinen Herrscher oder gegen den Staat, welchen auch

wir Rumänen erhalten und an welchem auch wir unseren A n t h e i l
haben wollen.

Diese traditionelle Treue darf uns jedoch nicht hindern, eisernen
Widerstand jenem Elemente entgegenzusetzen, welches Ungarn f ü r s i c h
a l l e i n mit Beschlag belegt, ihm die Maske des Panmagyarismus auf-
gedrückt hat und seit Jahrzehnten die Kräfte unseres gemeinsamen Vaterlandes in unwürdiger Weise zu dem offen eingestandenen Zwecke
misbraucht, unsere Nationalität völlig zu vernichten.

Gegen d i e s e n Theil der magyarischen Nation ist unsere Kundgebung gerichtet. In derselben befolgten wir nachstehende Anordnung:
Da das Material allzu umfangreich war, theilten wir es in Abschnitte.
Ferner waren wir in der Erwägung, dass unser Kampf gegen die Magyarisirung vielfach nicht gehörig bekannt ist, vor Allem bestrebt, in allgemeinen Zügen das Wesen dieses Kampfes darzulegen.

Obwohl die gegenwärtige Bewegung unter den Rumänen mit der
Geschichte wenig zu thun hat, haben unsere magyarischen Collegen die
Discussion hauptsächlich auf dieses Gebiet hinüberzuspielen getrachtet. —

Aus diesem Grunde sahen wir uns gezwungen, ihnen ein eigenes
geschichtliches Capitel zu widmen, in welchem die geschichtlichen Fragen
und sozusagen die f o r m e l l e n Momente ihrer „Antwort" beleuchtet
werden.

Von diesem Capitel an behandelt unsere Replic in der Folge sämmtliche Behauptungen der magyarischen Jugend und bringt auch neue Belege
für die Bedrückung des rumänischen Volkes in Ungarn und Siebenbürgen vor.

Unseren Ausführungen haben wir eine ethnographische Karte Oesterreich-Ungarns und des Königreiches Rumänien angeschlossen, um das
Gebiet anschaulich zu machen, welches die Rumänen dieser drei Staaten
bewohnen. Diese Ergänzung schien uns für das Verständnis der geschichtlichen und ethnischen Beziehungen der Karpathen- und Donauländer
unentbehrlich.

Die erwähnte Karte wurde nach der grossen von H. Kiepert [1]) verfassten Völker- und Sprachenkarte bei Dietrich R e i m e r (Hoefer und
Vohsen) in Berlin gedruckt.

---

[1]) H. K i e p e r t, *Uebersichtskarte der Verbreitung der Deutschen in Europa. Für den deutschen
Schulverein zusammengestellt*, Berlin, Dietrich Reimer (Litographische Anstalt Kaatz), 1887.

Durch eine gewissenhafte Anführung der authentischesten Quellen, Urkunden und Documente wird Jedermann Gelegenheit geboten, sich ein Urtheil zu bilden, auf welcher Seite Wahrheit und Recht streiten —

Die Unparteilichkeit des Publicums, an welches diese Schrift gerichtet ist, genügt uns, um mit voller Beruhigung den Wahrspruch desselben zu erwarten.

Wien,
Budapest, } im Juli 1892.
Graz,
Klausenburg,

DAS WESEN DER RUMÄNISCHEN FRAGE IN SIEBENBÜRGEN UND UNGARN.

> Das erste und natürlichste Grundrecht ist
> allezeit die menschliche Existenz.
> Welche menschliche Existenz
> aber hätte ein besseres Recht von
> Natur, als die des nationalen Ge-
> meingeistes?
> Sie ist ja zugleich die Unterlage auch der
> individuellen Existenz und eine Grundbedingung
> der Entwicklung der Menschheit.
>
> *Bluntschli.*[1]

Es ist allgemein bekannt, dass Ungarn, ebenso, wie Oesterreich, die Schweiz u. s. w. ein Nationalitäten-Staat ist.

Die Nationalitäten in Ungarn und Oesterreich [2] konnten im Verlaufe der vielen Jahrhunderte weder magyarisirt, noch germanisirt werden, obwohl in jenen Zeiten das nationale Gefühl bei denselben gleich Null war.

Das Nationalitäts-Princip und die Ereignisse des Jahres 1848 erweckten bei allen Nationen der heutigen österr.-ungarischen Monarchie den Drang nach nationaler Freiheit.

Die Cardinalfrage, immer wieder an der Tagesordnung, war damals und ist auch heute dieselbe : Constituirung des Reiches im Einklange mit den Bedürfnissen und nationalen Aspirationen a l l e r seiner den Staat bildenden Völker.

Die Deutschen verlangten ein c e n t r a l i s t i s c h e s, die anderen Nationen ein f ö d e r a t i v e s System.[3]

Unter diesen Nationen befanden sich auch die Rumänen.

Am 15. Mai 1848 fassten die auf dem *Cămpul Libertății* (dem Freiheitsfelde) zu Blasendorf in einer Anzahl von über 40.000 versammelten Rumänen nach langen

---

[1] J. G. Bluntschli, *Allgemeine Staatslehre*, 6. Aufl. Stuttgart, Cotta, 1886, Seite 99.

[2] In der österr.-ung. Monarchie wohnen 9 Nationen u. zw. :

Deutsche	10,170.000	Čeho-Slaven	7,140.000
Magyaren	6,542.000	Polen	3,255.000
Rumänen	2,623.000	Serbo-Kroaten	2,918.000
Italiener	755.000	Ruthenen	3,158.000
	Slovenen		1,228.000

Siehe : Dr. H. F. B r a c h e l l i, *Statistische Skizze der österreichisch-ungarischen Monarchie*, 12. Aufl. Leipzig 1889, Hinrich S. 2.

[3] Dr. F r a n z K r o n e s, *Geschichte der Neuzeit Oesterreichs vom achtzehnten Jahrhundert bis auf die Gegenwart*, Berlin, Theodor Hofmann 1879, S. 724—725.

1

und begeisterten Debatten eine einstimmige Resolution, welche 16 Punkte enthielt und worunter der erste Punkt wie folgt lautete: „Die rumänische Nation gestüzt auf das Princip der Freiheit, Gleichheit und Brüderlichkeit, fordert ihre nationale Unabhängigkeit in politischer Beziehung, damit sie als rumänische Nation anerkannt werde". .[1])

In diesem Sinne lauteten alle Petitionen, welche die zahlreichen Deputationen des rumänischen Volkes dem Monarchen und der Regierung überreicht haben. Die dem Monarchen zu Olmütz am 25. Februar 1849 unterbreitete Denkschrift kann als Ausdruck der innigsten und allgemeinen Wünsche aller Rumänen Oesterreich-Ungarns angesehen werden.

In jener denkwürdigen Repräsentation verlangten die Rumänen, (wir citiren wörtlich):

1. „Vereinigung aller Rumänen der österreichischen Staaten zu einer einzigen selbstständigen Nation unter dem Scepter Oesterreichs als integrirender Theil des Gesammtstaates.

2. Selbstständige Nationaladministration in politischer und kirchlicher Hinsicht.

3. Baldige Eröffnung eines allgemeinen Congresses der ganzen Nation zur Selbstconstituirung, und zwar:

   a) zur Erwählung eines von Eurer Majestät zu bestätigenden Nationaloberhauptes, dessen Titel ebenfalls Eure Majestät zu bestimmen geruhen werden; [2])

   b) eines nationalen Administrationsrathes unter dem Titel „Rumänischer Senat";

   c) eines selbstständigen von Eurer Majestät zu bestätigenden Kirchenoberhauptes, dem die übrigen Nationalbischöfe untergeordnet werden sollen;

   d) zur Organisirung der Gemeinde- und Kreise-Administration der Rumänen;

   e) zur Organisirung des Schulwesens und Errichtung der nothwendigen Bildungsanstalten.

4. Einführung der Nationalsprache in allen die Rumänen betreffenden Angelegenheiten.

5. Eine allgemeine jährliche Versammlung der ganzen Nation zur zeitweilig erforderlichen Besprechung der Nationalinteressen.

6. Vertretung der rumänischen Nation nach der Seelenzahl bei dem allgemeinen österreichischen Reichstage.

---

[1]) Georg Baritiu, *Părţi alese din istoria Transilvaniei pe donĕ sute de ani in urmă,* Sibiiu, Krafft, 1890, Bd. II. S. 120.

[2]) So wie beispielsweise die 2 Millionen Kroaten einen *Banus der Kroaten* oder die Siebenbürger Sachsen einen *Sachsen-Grafen*, so wollten auch die 3 Millionen Rumänen einen nationalen kaiserlichen Statthalter haben.

7. Bewilligung eines Organs der Nation bei dem hohen österreichischen Reichsministerium zur Vertretung der National-Interessen".[1])

Wie aus dem Vorstehenden ersichtlich ist, forderte das zum vollen Bewusstsein seiner nationalen Individualität gelangte rumänische Volk in Siebenbürgen, Ungarn und der Bukovina eine Constitution auf Grund der föderalen Principien.

Eine ganz ähnliche Constitution verlangten auch die Kroaten, Serben, Slovaken u. s. w.

Die Magyaren wollten indessen von diesen allzu natürlichen Forderungen der mitwohnenden Völker nichts hören.

Die Thatsache, dass Ungarn das Vaterland mehrerer Völker ist, schien ihnen belanglos, sie beanspruchten das ganze Ungarn und Siebenbürgen für sich, nur für sich allein.

Zu diesem Zwecke versetzten sie das ganze Land in Feuer und Flammen durch ihre bekannte Revolution, erklärten sie die Dynastie von Habsburg Lothringen für abgesetzt und forderten die Lostrennung Ungarns von Oesterreich.

Die nichtmagyarischen Nationen waren gegen die Lostrennung Ungarns von Oesterreich aus dem Grunde, weil sie damals nur befürchteten, heute aber vollständig überzeugt sind, dass diese Lostrennung ihres Vaterlandes von Oesterreich, gleichbedeutend sei mit der Hegemonie des Magyarenthums, mit der Vernichtung alles dessen, was nicht magyarisch ist.

Von diesen Beweggründen geleitet, haben alle anderen Nationen Ungarns, als im Jahre 1848 die Magyaren die Revolution inscenirten, die Waffen ergriffen und gegen dieselben gekämpft.

Nach Niederwerfung des Aufstandes wurden centralistische Systeme angewendet, welche auf die Germanisirung der anderen Nationen abzielten.

Alle diese Systeme haben sich als undurchführbar erwiesen.

Nachdem endlich auch die bekannten über das Reich hereingebrochenen kriegerischen Katastrophen vorübergezogen waren, empfahl der Kanzler Beust der Krone im Jahre 1867 die Trennung der ganzen Monarchie in zwei relativ unabhängige Staaten: Oesterreich und Ungarn, welche in föderativer Weise nur durch gewisse gemeinsame Angelegenheiten verbunden bleiben sollten.

Auf diese Weise wurden anstatt eines aus etwa 8 nationalen Gliedstaaten bestehenden Bundesstaates, wie es die übrigen, die überwiegende Mehrheit des Reiches bildenden Nationen gefordert hatten. — zwei Nationalitäten-Staaten gebildet.[2])

[1]) Nicolaus Popea, *Memorialul archiepiscopului şi metropolitului Andreiu Baron de Şaguna, un luptele naţionale-politice ale Românilor 1846–1873.* Sibiiu, Institut Tipografie, 1889. B I, S. 249.
Unter den Unterzeichnern dieser Denkschrift finden wir die hervorragendsten Männer der rumänischen Nation aus allen österr.-ung. Provinzen, u. zw.: Baron Şaguna, Baron Eudoxius Hurmuzachi, Ioan Mocioni de Foen, Ioan Popasu, Trebonin Laurian, Bologa, Lucian Mocioni u a.
[2]) Das national-einheitliche deutsche Volk bildet im heutigen deutschen Bundesstaate 25 Staats-Individualitäten; im national vielartigen, polyglotten Oesterreich-Ungarn aber wollte (?) man die Nationen zufriedenstellen, doch von einer Bundesverfassung nichts wissen!

Das Band zwischen diesen zwei Staaten ist unvergleichlich lockerer, als die Verbindung zwischen den anderen 8 zu einem organischen Ganzen vereinigten nationalen Staaten gewesen wäre.

Dieser Dualismus, den man o h n e Befragen und g e g e n den ausdrücklichen Willen der Majorität der Reichsbewohner schuf, konnte Niemanden befriedigen als blos die Magyaren.

Es sind schon 25 Jahre seit der Einführung des Dualismus verstrichen und doch konnte die Befriedigung der Nationen in Oesterreich nur zum Theil [1]) realisirt werden, weil die nichtdeutschen Nationen immer und immer wieder die nationale Gleichberechtigung — mit andern Worten eine Bundesverfassung fordern, die dortigen centralistischen Elemente aber sich diesen Aspirationen wiedersetzen.

Im Wesen des Nationalitäten-Princips liegt eben die Forderung nach Bildung nationaler Staaten, weshalb auch alle Bestrebungen der Nationen sich in diesem Sinne bewegen. —

Wir erachten uns nicht berufen, die Momente zu zeigen, welche für die Einführung des föderativen Systems in der p o l y g l o t t e n österr.-ung. Monarchie sprechen; dies haben die politischen Führer der rumänischen Nation und der anderen Nationen gethan [2]) und thun es ununterbrochen.

Indessen wollen wir zum Verständnisse der nachfolgenden Capitel, in dieser Angelegenheit die Ansicht eines der hervorragendsten Forscher der Cultur-geschichte citiren.

Herr Friedrich von H e l l w a l d schreibt: „Wer mit Aufmerksamkeit den Gang der natürlichen Entwicklung studirt hat, wird keinen Zweifel daran hegen, dass um die vielfach heterogenen Elemente des Kaiserstaates (Oesterreich-Ungarn) zu Einem Ganzen politisch zu vereinigen, es nur zwei Wege geben könne: d e n g e w a l t t h ä t i g e n A b s o l u t i s m u s oder die freiheitliche Föderation". [3])

Nun wohl, die Magyaren haben das erstere Mittel gewählt und bedienen sich desselben. —

Dieser Entschluss entsprang der Erkenntnis, dass in einem Jahrhunderte, in welchem das Nationalitäts-Princip seine grössten Triumpfe feiert, die ver-gilbten Pergamente unnatürlicher Staatsrechte immer mehr ihre Wirkung gegen-über dem lebendigen nationalen Gedanken verlieren müssten.

Sie raisonnirten demnach folgendermassen: In Ungarn wohnen ausser den Magyaren noch 5 compacte Nationen. Die unaufhaltsame Entwicklung des Nationalitäten-Princips wird diesen Nationen die Erreichung ihrer vollständigen nationalen Unabhängigkeit erleichtern und auf diese Weise werden die Slovaken

---

[1]) Streng genommen sind in Oesterreich nur die P o l e n in G a l i z i e n zufriedengestellt, denn nur ihnen wurde die Möglichkeit gegeben, sich e i n e r v o l l s t ä n d i g e n n a t i o n a l e n A u t o n o m i e zu erfreuen.

[2]) S i e h e: *Memorandum im Auftrage der Generalconferenz der rumänischen Wähler zusammen-gesetzt und veröffentlicht* etc. Hermannstadt, Krafft, 1883.

[3]) F r i e d r i c h v o n H e l l w a l d, *Culturgeschichte in ihrer natürlichen Entwicklung bis zur Gegenwart*, 3. Auflage, Augsburg, Lampart & Comp. 1885, B. II., S. 573.

sich zu einem Nationalstaate mit den Cechen, die Ruthenen aus Ungarn mit den Ruthenen in Galizien die Serben und Kroaten mit dem Königreiche Serbien, die Rumänen aber mit dem Königreiche Rumänien vereinigen.

Um diese Eventualität zu verhindern, haben die Magyaren geglaubt und glauben auch heute noch, dass ihr Wille, die mitbewohnenden Nationen zu magyarisiren, ein praktisches und sicheres Mittel wäre.

Dieses Mittel schien ihnen um so verlockender, als sie wussten, dass sie ein Volk von nicht mehr als etwa 5 Millionen sind, jedoch das Bestreben hatten und noch haben, eine grosse Nation auf Kosten der anderen Nationen, zu werden.

Ob es den Letzteren genehm ist, oder nicht, als ordinäres Material zur Erzeugung des Neo-Magyarismus zu dienen, schien den „freiheitsliebenden" Magyaren vollständig gleichgiltig.

Die magyarische Presse hat auch bereits für diese Bewegung die stereotype Phrase gefunden: „Ungarn wird entweder magyarisch werden, oder es wird zu Grunde gehen"! —

Mit anderen Worten, entweder muss es den Magyaren gelingen, uns 5 nichtmagyarische Völker zu vernichten, oder sie richten durch ihre Experimente Ungarn und die ganze Habsburgische Monarchie zu Grunde.

Es liegt auf der Hand, dass die Magyaren, um eine solche desperate va banque — Politik ins Werk zu setzen, sich uns gegenüber keines anderen Systems, als des gewaltthätigsten Absolutismus bedienen konnten und bedienen können.

So wie die Magyaren allein, ohne Befragen und ohne das Einverständnis der anderen Nationen den Dualismus geschaffen, geradeso haben sie seither und bis heute eine Reihe von Gesetzen erlassen, von denen die meisten mit ihrer Schärfe geradezu gegen die nationale Existenz der anderen Nationen gerichtet sind.

Ohne Befragen und gegen den Willen des rumänischen Volkes aus Siebenbürgen, woselbst die Rumänen die absolute Majorität der ganzen Bevölkerung bilden, haben die Magyaren die Autonomie Siebenbürgens vernichtet und dieses Land mit Ungarn vereinigt.

In den von ihnen, de nobis sine nobis, geschaffenen Gesetzen haben sie bereits beschlossen, dass wir Alle, die Bewohner Ungarns: Slovaken, Deutsche, Ruthenen, Serben, Magyaren und Rumänen, eine einzige und unzertrennliche magyarische Nation zu bilden haben!

Auf dieser absolut falschen, nichtconstitutionellen und hinfälligen Basis haben die Magyaren ihre „nationale Politik" ins Werk gesetzt, deren Zweck die Vernichtung aller nichtmagyarischen Nationen im Lande und ihre Verschmelzung im Magyarenthum ist.

Um das nationale Bewusstsein dieser Nationen zu unterdrücken, ward und wird das „Nationalitätengesetz", das auch ihnen ein minimales Gebiet der Bewegung garantirte, von Seite der Magyaren als absolut nichtbestehend betrachtet.

Von da ab und weiterhin war und ist das Alpha und Omega aller von den Magyaren geschaffenen Institutionen unsere Entnationalisirung.

Unter allerhand Vorwänden haben die Magyaren den anderen Nationen die magyarische Sprache als „Staatssprache" aufgedrungen, um *eo ipso* auf sie den Zwang auszuüben, dass sie die magyarische Sprache lernen und ihre Suprematie anerkennen.

Langsam und stetig ward die magyarische Sprache *per fas et nefas* unserem ganzen öffentlichen und nun zuletzt selbst unserem privaten Leben aufgenöthigt.

Damit aber diese brutale Magyarisirung nicht augenfällig werde, haben uns die Magyaren ihre Sprache zuerst in die Elementarschulen eingeführt, sodann in die Mittelschulen und jetzt zuletzt sogar in die Kinderbewahranstalten, selbstverständlich unter dem heuchlerischen Vorwande, dass sie nichts anderes wollen, als uns Gelegenheit bieten, die Sprache des „Staates" zu erlernen!!

Dass zu gleicher Zeit u n s e r e nationale Sprache, die Sprache unserer Väter immer mehr zurückgehen und in ihrer Entwicklung aufgehalten wurde, versteht sich von selbst.

Auf diese Weise sehen wir uns des mächtigsten Hebels unserer nationalen Entwicklung und der Möglichkeit beraubt, uns unserer Sprache im Rahmen des auch von uns erhaltenen und von uns vertheidigten Staates zu bedienen.

Trotz alldem sind sämmtliche Völker Ungarns ihrer nationalen Individualität bewusst und es ist klar, dass, wenn sie sich im Verlaufe von 1000 Jahren nicht assimilirt haben, sie es heute weniger denn je zugeben werden, dass man sie ihrer Nationalität entkleide.

Und weil sie von den Verlockungen des Magyarenthums nichts wissen wollen, hat dieser begonnen, sie mit der „magyarischen Staats-Idee" mit der „magyarischen Cultureinheit" etc. zu terrorisiren und jeder, der sich d i e s e n a u s g e s p r o c h e n e n M a g y a r i s i r u n g s - T e n d e n z e n wiedersetzt, ward und wird von der Gewalt des „Staates" mit anderen Worten des Panmagyarismus verfolgt und niedergetreten.

Die nichtmagyarischen Nationen haben seit 1848 bis heute auf allen gesetzlichen Wegen gegen die Gewalt, die ihnen angethan wurde, angekämpft: derjenige jedoch, welcher die Verhältnisse in Ungarn kennt, kann sich nicht verwundern, wenn er sieht, dass die Nationalitäten buchstäblich ausserhalb des constitutionellen Rahmens gestellt sind.

A u s n a h m s - W a h l g e s e t z e, unerhörte V e r g e w a l t i g u n g e n bei den W a h l e n. Proclamirung derjenigen magyarischen Candidaten zu A b g e o r d n e t e n, welche die Minderheit der Stimmenzahl erlangt haben. Zurückweisung der Proteste aus „formellen" Gründen, Pressgesetze aus den Zeiten des österreichischen Absolutismus, Verfolgungen, Einkerkerungen etc. etc. das sind die Waffen, welche die „Nation" gegen die „Nationalitäten" anwendet

Auf diese Weise muss unser Volk von den Früchten seines blutigen Schweisses fremde Minister, fremde Abgeordnete, fremde Obergespäne und ganze Legionen ähnlicher stockfremder Beamten erhalten.

Ebenfalls aus seiner Tasche muss es beitragen zu den immensen Kosten für fremde Schulen und Professoren, für Tausende magyarischer Institutionen, welche insgesamt keine andere Bestimmung haben, als die Befriedigung der privilegirten magyarischen Nation und die materielle Verarmung plus der intelectuellen Versumpfung unseres Volkes.

Da ist es nicht zu verwundern, dass unser Volk und mit diesem das slovakische, serbische, ruthenische etc. an den Bettelstab gekommen sind.

Wie wäre es übrigens auch möglich, dass vollständig fremde, diesen Völkern geradezu feindliche Regierungen Herz und Verständnis für deren materielle Bedürfnisse haben könnten?

Und weil wir Rumänen und mit uns alle anderen nichtmagyarischen Nationen Ungarns keine transatlantischen Stämme sind, dass wir es dulden wollten, jetzt, zu Ende des XIX. Jahrhunderts, unter dem mittelalterlichen Vorwande, dass die magyarische Nation unsere Obrigkeit sei, materiell ausgebeutet und national magyarisirt zu werden, sind wir Alle, Gross und Klein verfolgt.

Gerade so, wie eine Stiefmutter nur ihr eigenes Kind beschützt, nur dessen Bedürfnisse und Wünsche erfüllt, den Stiefkindern aber nichts als Abfälle verachtungsvoll hinwirft, ebenso beschützt und unterstützt das heutige magyarische System nur die Nationalität der Magyaren, während die andern Nationalitäten ihm nur unausstehliche Hindernisse sind, die man allzeit als „Verräther", „Daco-Rumänen", „Schulvereinler" und „Panslavisten" brandmarken müsse.

Und was verlangen wir denn eigentlich heute? Verlangen wir etwa, dass die Magyaren uns etwas von ihrem Eigenthum geben sollen? Verlangen wir Privilegien?

Seit dem Jahre 1848 bis zum heutigen Tage haben wir nichts gefordert und fordern nichts, als das, was uns zukommt: wir fordern nationale Rechte kraft der Thatsache, dass wir hier sind und hier bleiben wollen und verlangen dies in Gemässheit des ethisch-juridischen Princips *suum cuique;* wir fordern, dass wir uns und unter uns in unserer nationalen Sprache verwalten und richten; dass wir uns und unter uns unbehelligt unsere Abgeordneten und Functionäre wählen; dass wir uns so viele rumänische national-culturelle Institutionen errichten, als wir selbst wünschen, so viele, als wir selbst am besten wissen, dass wir deren bedürfen; wir verlangen, und verlangen es mit aller Entschiedenheit, dass wir als die eigenen Herren unseres Schicksals anerkannt werden und wollen um keinen Preis zugeben, dass die Magyaren sich das Recht anmassen uns die Art und Weise unseres Denkens, Fühlens und Sprechens zu dictiren, dass die Magyaren uns Lectionen über Patriotismus und über Glückseligkeit im Leben geben.

Mit einem Worte, auch wir wollen *de facto* ein Vaterland auf dieser Erde haben, auch wir wollen Herren sein auf dem ererbten Boden unserer Eltern und Voreltern, auch wir wollen uns an der Sonne nationaler Freiheit wärmen, das ist der Grund, warum das ganze rumänische Volk, Alt und Jung nationale Rechte auf seinem eigenen Boden fordert.

Wir sind Glieder eines Volkes welches sich mächtig seines Werthes und seiner nationalen Würde bewusst ist; wir sind Brüder desselben Blutes und derselben Sprache mit den Rumänen aus dem freien Königreiche Rumänien und Gott ist uns Zeuge, dass nur der Tod uns die Nationalität unserer Väter entreissen kann!

Seit 17 Jahrhunderten sind wir getrennt von Rom, der unsterblichen Mutter unseres Stammes; seit 17 Jahrhunderten haben wir die Horden der Goten, Gepiden, Avaren, Hunnen, Tataren, Türken und anderer Barbaren, die einer Kette gleich uns umschlossen hielten und mit Feuer und Schwert über uns hergefallen waren, durchbrochen. und durch die langen und schweren Zeiten dieser 17 Jahrhunderte haben wir die klangvolle, süsse Sprache unserer Väter unversehrt erhalten.

Und jetzt, da wir sehen, dass wir allen Drangsalen unserer traurigen Vergangenheit zum Trotze, nahe dem ersehnten Ziele wären, jetzt, wo nach tausendjährigen Leiden auch wir die frische und belebende Luft nationaler Freiheit zu athmen wünschen, jetzt hat sich die „edle und freisinnige" Nation der Magyaren aufgemacht, uns in neue Ketten zu schmieden, von Neuem unsere nationale Vernichtung anzustreben!

Im Jahre 1848 vergossen unsere Eltern ihr Blut, damit sie uns, ihre Söhne und Enkel von dem brutalen Joche des mittelalterlichen Feudalismus befreien; kaum sind wir diesem entronnen, schicken sich dieselben Cliquen, welche uns seit Jahrhunderten ausgebeutet und unterdrückt haben, an, uns unter ein neues Joch, das des nationalen Feudalismus zu bengen. und so die Knechtschaft unter neuem Namen wiederherzustellen.

Denn wir fragen, ist eine grausamere Unterjochung möglich, als wenn ein Volk mit Cultur-Bestrebungen in der Entwicklung seiner nationalen Eigenart und seiner Fähigkeiten mit aller Gewalt zurückgehalten wird?

Jeder gerecht urtheilende Mensch muss uns zugeben, dass nicht wir nach dem Eigenthume Anderer streben, dass nicht wir angreifen, nicht wir darauf ausgehen, Nationen zu vernichten, dass nicht wir den Despotismus veranlasst und auch nicht wir diesen ausgeübt haben. sondern die Magyaren.

Aus all diesem Geschilderten ergibt sich klar, dass der Kampf, welcher uns aufgezwungen wurde, nicht den Charachter eines Parteikampfes besitzt, in welchem Liberale und Conservative um Theorien und Principien streiten: hier ist die Rede von einem Rassenkampfe, in welchem ein ganzes Volk, respective mehrere Völker sich gegen die Angriffe eines gewaltthätigen, vom Grössenwahne befallenen Elements vertheidigen. —

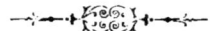

AN DIE MAGYARISCHE ACADEMISCHE JUGEND.

Wenn ein Volk ein Anderes, das sich durch
Rasse und Sprache unterscheidet, beherrschen und in
Zwangsfesseln halten will: dann wiederholen sich
die Ansprüche der Barbarei, des Feudalismus und der Knechtschaft.....

Luigi Palma[1].)

Collegen!

Ihr habt es unternommen, die nur zu begründeten Anklagen zu widerlegen, welche unsere Brüder aus dem Königreiche Rumänien gegen das Magyarenthum erhoben haben.

Mit anderen Worten, Ihr habt es versucht, den Wiederhall der Stimme unserer Brüder zu schwächen, die zur Zeit, als der panmagyarische Terrorismus uns Einen nach dem Andern in die Kerker zerrte, als Stammesgenossen eine nur zu natürliche Pflicht erfüllten und die Aufmerksamkeit der civilisirten Welt auf die Gewaltthätigkeiten lenkten, die uns angethan werden.

Wolan denn, wir, die rumänische academische Jugend Sieben-bürgens und Ungarns, wir, die wir Tag für Tag die „Segnungen" Eures sogenannten „verfassungsmässigen" Systems fühlen, nehmen uns die Freiheit der unparteischen Welt und zu gleicher Zeit Euch zu zeigen, dass die Wahrheit in dieser Angelegenheit auf Seiten der Verfasser des Bucarester Memorandums steht.

Die Thatsache, dass wir uns genöthigt sehen, das Bucarester Memorandum gut zu heissen, und Eure *»Antwort«* zu widerlegen, ist wohl eine sehr betrübende Erscheinung in einem Staate, allein sie erklärt sich in natürlicher Weise aus der helotischen Situation, die uns in unserem uralten Vaterlande geschaffen wurde.

Mehr noch, wir und mit uns jedes rumänische Herz in Siebenbürgen und Ungarn sind den Brüdern in Rumänien zu Dank verpflichtet für die begeisterte Unterstützung, die sie uns in dem schweren Kampfe angedeihen liessen, welchen wir für die Nationalität unseres Volkes führen.

Diese Unterstützung jedoch soll Euch, Collegen, nicht kränken, denn selbst ein Niebuhr schreibt: „Die Gemeinschaft der Nationalität ist höher als die Staatsverhältnisse, welche die verschiedenen Völker eines Stammes vereinigen oder trennen".[2])

---

[1]) Luigi Palma, *Del principio della nazionalità nella moderna società europea.* Mailand, Fratelli Treves, 1867, S. 12.

[2]) B. G. Niebuhr, *Preussens Recht gegen den sächsischen Hof,* Berlin, Realschulbuch-handlung, 1811, S. 11.

Und nun wollen wir vor Allem Eure Art und Weise der Widerlegung beleuchten.

In Eurer Schrift habt Ihr nahezu die Hälfte des Raumes geopfert, um die Möglichkeit der politischen und nationalen Einheit der Rumänen zu bekämpfen.

Ueber diese Frage findet sich aber im ganzen Bucarester Memorandum nicht ein einziges Wort.

Nicht mit einer Sylbe haben unsere Brüder die Annexion des nationalrumänischen Territoriums Siebenbürgens und Ungarns zum Königreiche Rumänien verlangt.

Welchen Zweck habt Ihr also verfolgt, indem Ihr Sachen widerlegtet, deren nicht die geringste Erwähnung geschah?

Offenbar wolltet Ihr die Frage auf ein anderes Gebiet hinüberspielen.

Da Ihr keine Beweise besitzet, um die Behauptungen der Bucarester Denkschrift zu widerlegen, so habt Ihr es unternommen, mit fixen Ideen zu kämpfen. —

Auf Seite 27 gebt Ihr folgende Proben Eurer historischen Kenntnisse, sowie Eures Rechtsgefühles: „Der Magyare hat seinen Staat vertheidigt". „Der Magyare hat die Slaven, die Deutschen und die Rumänen,[1]) welche unter demselben Scepter lebten, vertheidigt". „Die fremden Eroberer verfolgten nur den Magyaren".

Wolan denn. Collegen, gibt es eine schwerere Beleidigung an die Adresse der anderen 5 staatsbildenden Mitnationen, als diese Eure Behauptungen?

Also Ihr, ein kleines Volk, habt uns die übrigen fünf Völker vertheidigt?!

Ihr 5 Millionen Magyaren habt uns, die 10 Millionen Nichtmagyaren beschützt?

Dieser Staat aber bewohnt, erhalten und vertheidigt von 6 Nationen, gehört ausschliesslich „dem Magyaren?"

Und wieder Ihr, die Ihr in diesem mittelalterlichen Tone declamirt, brüstet Euch mit Eurer sogenannten Gerechtigkeits- und Wahrheits-Liebe?

Derlei Fanfaronaden können wohl in gewissen Schichten der magyarischen Gesellschaft Effect machen, nicht aber bei Menschen, die mit ihrem eigenen Verstande denken und an die auch Ihr Euch in Eurer Schrift gewendet habt.

Mit Entrüstung weisen wir Eure Insulte zurück!

---

[1]) Die magyarische Sprache besitzt geradeso wie die deutsche, für den Begriff »Rumäne« zwei Ausdrücke: »Romăn« (Rumäne) und »Oláh« (Walache) So oft uns das Magyarenthum und dessen Presse beleidigen wollen, nennen sie uns »Oláh«. Es scheint die magyarische „Antwort" eine kindische Freude daran zu haben, uns fast ausschliesslich »Oláh« zu nennen. Nun heisst aber der Italiener in der magyarischen Sprache auch »Olasz«, jeder dieser Ausdrücke »Oláh« und »Olasz« bedeuten also ein Volk von lateinischer Abkunft, somit ist es einleuchtend, dass die liebenswürdige Absicht unserer magyarischen Collegen sich gerade in ihr Gegentheil kehrt!". —

Wir gestatten Niemandem auf dieser Welt und am Allerwenigsten Euch in diesem arroganten und beleidigenden Tone über das Volk zu reden, dem wir angehören.

Uebrigens könnten wir es uns ersparen auf solch niedrige Beschimpfungen zu antworten.

Doch in Berücksichtigung dessen, dass die gebildete Welt schon zu oft durch derlei Flunkereien getäuscht wurde und noch getäuscht wird, wollen auch wir hierüber ein Wort reden — ohne indessen, wie Ihr es gethan habt, die Angelegenheit auf das historische Gebiet zu übertragen.

Ungarn war, seitdem es besteht, nichts Anderes als was es jetzt ist: ein Staat von Nationalitäten

Der erste König Ungarn's der heil. Stefan selbst rühmte sich der Thatsache, dass dieses Land das Vaterland mehrerer Völker sei.

Die ganze Armee Ungarn's war nichts Anderes, als das natürliche Product sämmtlicher Völker des Landes

Wenn in vergangenen Zeiten die Nationalität der Völker und der Heere nicht besonders erwähnt wurde, so erklärt sich dies dadurch, dass der Begriff der Nationalität früher überhaupt nicht existirte

Bei alledem besitzen wir unzählige schlagende Beweise für die Rolle, welche die Rumänen und die anderen Nationen in Bezug auf ihre eigene Vertheidigung und auf die Vertheidigung des Landes gespielt haben.

Die Rumänen, namentlich die im Süden von Siebenbürgen und des Banates, so wie jene aus der Marmaros, waren von den ältesten Zeiten her und bis auf unsere Tage ein militärisch organisirtes Volk, das die von ihm bewohnten Grenzen zu vertheidigen hatte, und nur auf Grund dieser Militärdienste konnten sie sich in jenen Zeiten einer gewissen Provincial-Autonomie erfreuen.[1]

Die ruhmvollen Kriege gegen die Türken wurden nahezu ausschliesslich auf dem Gebiete der nichtmagyarischen Nationen geführt (z. B. am Amselfelde, Temesvar, Brodfeld, Baia-Mare etc.)

Wer immer einen Blick in die Geschichte und auf die ethnographische Karte Ungarns wirft, kann sich sofort überzeugen, dass stets die Nationalitäten die Vertheidigungs-Mauern gegen die feindlichen Einfälle bildeten, während den Ruhm immer nur die Magyaren für sich in Anspruch nahmen. —

Insbesondere die Kämpfe gegen den Halbmond führten zum grossen Theile nur die Rumänen aus dem Königreiche Rumänien unter ihren Fürsten Mircea dem

---

[1] Pesti Frigyes, *A Szörény vármegyei hajdani oláh kerületek*, Budapest, 1876.

Pesti Frigyes, *A Szörényi Bánság és Szörény vármegye története*, Budapest, 1878. Jedes dieser Bücher enthält eine reichhaltige Documenten-Sammlung, aus welchen man ohneweiters sowohl die militärische Organisation der Rumänen, als auch die politische Organisation der rumänischen Territorien (*districtus olahales*) ersieht, in welchen nur das specielle rumänische Recht (*Jus Valahiae, antiqua lex districtuum Valahicalium* etc.) Giltigkeit besass. Solche rumänische Territorien waren die Comitate Zarand, Sátmari, Solnocul-de-Mijloc, Hunedoara, Fägäraş, Maramureş, Severin etc.

Alten, Stefan dem Grossen, Michael dem Tapfern, so wie auch die Rumänen aus Siebenbürgen und Ungarn.

Die Rumänen haben ja die vielen Befestigungen im Süden des Banates und Siebenbürgens aufgeführt, weil sie zu allen Zeiten die Uebergänge der unteren Donau und die Pässe der südlichen Karpathen zu vertheidigen hatten.

Rumänische Territorien waren diese Gebiete damals, wie sie es auch heute noch sind und rumänische Arme haben sie zu allen Zeiten gegen fremde Einfälle vertheidigt.

Schreibt doch selbst der Magyare Baron Josef Kemény, der uns Alles nur kein Freund war, über die Rumänen: „Die gütliche und friedliche Ermittelung einer zeitgemässen Nachgiebigkeit und neuer schicklicher Concessionen ist dasjenige, was eine durch den Drang der alten Zeiten und in dem harten Treiben der Vergangenheit gebeugte Nation bedarf, die sich gegenwärtig mehr und mehr durch Bildung hebt und schon oft die besten Landeskinder, Helden und Staatsmänner gebahr".[1]

Und in der That ist es durchaus kein Zufall, dass der mächtigste Vertheidiger Ungarns und der Christenheit gegen den Halbmond: Johannes Huniades Corvinus, alias Jancu Sabinianu ein Rumäne war.[2]

Sein Sohn aber Mathias Rex Corvinus, ebenfalls ein Rumäne,[3] ward der gerechteste und der glorreichste König dieses Landes.

Dann kommt die ganze Legion „magyarischer" Helden, welche jedoch thatsächlich Slaven waren. - -

Wissen wir denn nicht Alle, dass der wackere Zrinyi seiner Nationalität nach ein Kroate war? War Zapolya kein Slovak?

Und Mathias Ciak von Trencin, und Titus Dugonic?

Dann die Rumänen Dragfi und Kinissi?

Das ist der Helden-Ruhm und der Stolz Ungarns!

[1] Anton Kurz, Ueber die ehemaligen Knezen und Kneziate der Wallachen in Siebenbürgen, Kronstadt, 1848, S. 334 -335.

[2] Joannes Huniades, cuius nomen caeteros (viros Hungaros in re militari claros), obnubilat, non tam Hungaris, quam Valahis, e quibus natus erat, gloriam auxit (Aeneas Sylvius [Piccolomini], Historia de Europa, De Hungaria. Capite I. et II.).

[3] Hae vero sunt omnes propemodum laudatissimarum gentium origines inter quas Valachi gentiles Tui minime postremas habent, utpote quos ab ipsa rerum Domina Urbe Romana oriundos constat: unde nunc quoque sua lingua Romani vocantur, tua ista gens fortitudine praepollens fuit; multorum praestantissimorum Ducum Genitrix, inter quos & Joannes Huniades Inclyti Mathiae Regis Pater, et illius aetati proximi majores Tui potissimum enituisse feruntur. (Kaiser Ferdinand im Diplom vom 23. November 1818 an Nikolaus Olahus ebenfalls Rumäne) Erzbischof von Gran).

Uebrigens sagt selbst der berühmte chauvinistische Geschichtsschreiber Herr L. Réthy ausdrücklich: „Wie immer es auch sein mag, die Rumänen haben den Magyaren das Geschlecht der Huniade gegeben". Siehe: Román elemek a magyar társadalomban, im Bukaresti magyar képes naptár, (1890), S. 42.

Solche Helden konnten jedoch nur aus heldenmüthigen Völkern hervorgehen, das ist ja klar!

Noch im XVIII. Jahrhunderte schrieb Raicevici: „Im letzten Kriege Oesterreichs mit Bayern haben die Rumänen Siebenbürgens mit dem grössten Heldenmuth gekämpft".[1]

Und was lehren uns alle diese authentischen historischen Wahrheiten?

Sie lehren uns, dass das Magyarenthum sowie heutzutage, ebenso auch in der Vergangenheit das Verdienst der nichtmagyarischen Nationen und deren Söhne für sich in Anspruch nahm, und sich ewig mit den Erfolgen und dem Ruhme Anderer brüstete!

Im Jahre 1741 kam die Kaiserin Maria Theresia nach Pressburg zum Landtage und bat, den Kronprinzen Josef im Arme haltend mit Thränen in den Augen: die Magnaten Ungarns möchten ihr gegen Friedrich II. von Preussen und gegen andere Feinde, welche das Reich überfallen hatten, Hilfe gewähren.

Da zogen die Magnaten Ungarns sofort ihre Säbel und leisteten das bekannte Gelöbnis: *Moriamur pro rege nostro Maria Theresia!* Gewiss. sehr schön!

Doch die Magnaten gingen nach Hause und bildeten zum grossen Theile aus der Jugend des rumänischen Volkes Regimenter!!

Die österr.-ung. Regimenter Nr. 31, 33 und 37, welche damals *»pro rege nostro«* ihr Blut zu vergiessen geführt wurden, waren rumänische Regimenter,[2] eine Thatsache, die hier aller Welt bekannt ist, weil eben in jüngster Zeit jedes dieser Regimenter sein Jubiläum mit grossen Festlichkeiten gefeiert hat.

Es ist begreiflich, dass auf diese Weise die Glorie den Magyaren sehr billig zu stehen kam! —

Ihr rühmt Euch, im Jahre 1848 für die Lostrennung Ungarns von Oesterreich gestritten zu haben und macht uns Vorwürfe, dass wir gegen Eure Tendenzen kämpften.

Wollen wir uns verständigen, Collegen!

Der Beweggrund Eurer damaligen Kämpfe war nichts anderes, als das Nationalitäts-Princip; die „Constitution" aber war Euch der formele Vorwand.

Ihr wusstet, dass jene Constitution die beste Staatsform war, welche Euch, aber nur Euch allein die volle nationale Freiheit verbürgte.

Ihr wolltet selbst die Herren Eures Schicksals sein.

In diesem Punkte hattet Ihr und werdet Ihr allezeit unsere und die Zustimmung aller rechtlich denkenden Menschen haben.

Doch Ihr waret nicht zufrieden mit dem, was Euch nach Recht und Billigkeit zustand, sondern damals, so wie heutigen Tages wolltet Ihr zugleich die Herren auch unseres Schicksales und unserer Scholle sein.

[1] Raicevici, *Osservazioni interno la Valachia e la Moldavia*, Napoli. 1788, S. 219.

[2] Siehe: *Gedenkblätter für das k. u. k. Infanterie Regiment Grossherzog Friedrich Wilhelm von Mecklenburg-Strelitz, Nr. 31*, Hermannstadt, Verlag des Regim. 1891. Siehe auch die entsprechenden Gedenkblätter für das Rgt. Nr. 33 (Arad) und Nr. 37 (Grosswardein).

Gegen diese ungerechte Forderung aber haben wir uns damals gewehrt, wehren uns heute und werden uns stets dagegen wehren. —

Es ist eine bekannte Thatsache, dass nicht nur wir Rumänen allein, sondern auch die Serben, Ruthenen, Slovaken, die Deutschen und Kroaten alle insgesammt gegen die Wiederherstellung Eurer Verfassung waren.

Aus welchem Grunde wohl?!

Weil den erwähnten Völkern gegenüber, jene Constitution nichts war und *de facto* nichts ist, als ein wirklicher Absolutismus.

Der bekannte Historiker Springer schreibt: „Die Magyaren wollten Magyaren bleiben, aber die Rumänen und ung. Slaven sollten ihre nationalen Rechte aufgeben. Ein unnatürlicher Bund von Herrschsucht und Liberalismus bildete die Grundlage der magyarischen Politik und liess schon vorher den gewaltsamen Ausgang der Verwicklung ahnen".[1]

Ihr sagt, dass wir den österreichischen Absolutismus Eurer Constitution vorgezogen haben? So ist es.

Erscheint Euch der Liberalismus Eurer Constitution nicht verdächtig, wenn uns und den anderen Nationen der österreichische Absolutismus erträglicher vorkam? —

Ja, es ist wirklich Thatsache, dass der Absolutismus mit all seiner Schärfe unvergleichlich erträglicher und ehrlicher war, als Euer Pseudo-Constitutionalismus.

Wie schwer und unerträglich jenes absolutistische System für uns auch gewesen sein mag, so konnten wir unter demselben uns dennoch wenigstens rumänische Gymnasien errichten, wir konnten für uns die »Asociaţiunea Transilvană« [2] und eine Menge sonstiger Institutionen nationaler Cultur ins Leben rufen, während das Zeitalter Eurer „constitutionnellen Freiheit" uns das durch das Gesetz garantirte Recht auf Errichtung von Mittelschulen bestreitet, unsere bestehenden Gymnasien magyarisirt, unsere Vereine auflöst und uns die Gründung anderer untersagt.

Vor der Wiederherstellung „Eurer" Verfassung besassen wir unsere National-Abgeordneten in Wien, unter Eurer liberalen Constitution gibt es keinen einzigen rumänischen Abgeordneten, der uns ein Volk von drei Millionen Menschen, in dem von Euch monopolisirten Reichstage vertheidigen könnte!

Unter dem Absolutismus wusste man nichts von germanischen »Kultur-egylet's«,[3] von Comitatsbeiträgen für die Germanisirung von »Kisdedóv's« [4] und von anderen ähnlichen Janitscharenmitteln der Entnationalisirung!

[1] Dr. Anton Heinrich Springer, *Oesterreich nach der Revolution*, Leipzig, Emanuel Müller, 1850, S. 63—64.

[2] »Siebenbürgische Gesellschaft«, verfolgt culturelle und speciell literarische Zwecke.

[3] Magyarisirungs-Vereine, von welchen später in dieser Replic noch die Rede sein wird.

[4] Kinderbewahranstalten, deren Hauptzweck darin besteht, die nicht-magyarischen Kinder in ihrem zartesten Alter ihrer Muttersprache zu berauben. Siehe das Capitel: „Der öffentliche Unterricht im Dienste der Magyarisirung".

Während des Absolutismus ward nicht ein einziger rumänische Redacteur eingekerkert; unter Eurer Constitution jedoch etliche zwölf. Weil sie den bürgerlichen Muth besassen, die Rechte ihres Volkes zu vertheidigen, wurden sie in Processe verwickelt und fast alle mussten sie die Wohlthaten Eures Liberalismus — in den Kerkern von Waitzen, Klausenburg, Hermannstadt und Segedin verkosten!

Es ist wohl eine bittere Constitution, welche selbst den reactionärsten österreichischen Absolutismus an Unterdrückungen und Verfolgungen übertrifft

Aus diesem Grunde wäre es von Eurem Standpunkte aus rathsamer gewesen, wenn Ihr von der Freiheit Eures Constitutionalismus, der in der Praxis nichts ist, als eine traurige Parodie der Freiheits- und Rechts-Principien, lieber gar nichts erwähnt hättet. —

Ihr Eurer Schrift bemüht Ihr Euch, nachzuweisen, dass wir den Beginn unserer eignen Cultur nur dem Einflusse Eurer Cultur zu verdanken hätten.

Diese Eure Behauptung aber wollt Ihr durch die Thatsache beweisen, dass die calvinischen Fürsten Siebenbürgen's auch in rumänischer Sprache Kirchenbücher drucken liessen.

Auch wir wissen es, dass jene Fürsten in rumänischer Sprache Bücher drucken liessen, doch wissen wir auch, dass sie dies nicht zu dem Zwecke thaten, uns zu cultiviren, sondern um uns zu Calvinern zu machen. Das ist so klar, wie das Sonnenlicht!

Die Vereinigung unserer Kirche mit Rom war der wahre und dauerhafte Impuls unseres nationalen Culturfortschrittes. Diese Vereinigung ward indessen nicht von Seite des Magyarenthums, sondern von Wien aus gegen die magyarisch calvinischen Cliquen Siebenbürgens eingeleitet. ---

Die rumänische Jugend, welche in Folge der Union nach Rom, Wien und anderwärts entsendet worden war, brachte von dorther die Eindrücke abendländischer Cultur heim.

Im Allgemeinen haben wir beinache unsere ganze Cultur Italien und dem Deutschthum zu verdanken.

Wenn in Ungarn und Siebenbürgen ein Element der Cultur vorhanden war, so waren es die Deutschen, von denen wir sowohl als auch Ihr culturell beeinflusst wurdet.

Jene sogenannte „magyarische Cultur" befand sich damals noch beim „A-b-c", sie war nicht in der Lage, Andern etwas von dem zu geben, was sie selber nicht besass.

Ihr behauptet ferner, dass bis zum Jahre 1848 die Rumänen keine nationalen Rechte verlangt hätten.

Die Wahrheit ist, dass das rumänische Volk bereits in der esten Hälfte des XVIII. Jahrhunderts national-politische Rechte forderte.

Unser Bischof Inocenz, der sein ganzes Leben an der Spitze des Klerus und des Volkes für unsere nationale und kirchliche Emancipation gekämpft

hat, beschreibt im Jahre 1743 unsere Unterdrückung in folgender Weise: „und
es sind noch viele andere Uebelstände, geheiligte Königin, welche den rumänischen
Klerus und die rumänische Nation bis auf's Blut drücken, die wie in
einer wahrhaften ägyptischen Sclaverei schmachten".[1])

Und was forderten die Rumänen damals? Das, was wir heute, nach 150
Jahren beständig und entschieden fordern, dass das Rumänenthum als
„berechtigte Nation anerkannt werde".[2])

Wenn aber Ihr, übrigens im flagranten Widerspruche mit Euch selbst,
noch behauptet, dass unsere Aspirationen erst seit der Erhebung Rumäniens zum
Königthum datiren, so ist es klar, dass Ihr absichtlich die Thatsachen fälschet.

Im Jahre 1743 und 1848 war Rumänien nicht das, was es heute ist;
trotzdem haben die Rumänen aus Siebenbürgen und aus Ungarn damals ebenso
wie heute, mit der Entschiedenheit selbstbewusster Völker ihre unveräusserlichen
Rechte national-politischer Individualität reclamirt.

Zur Vertheidigung der Attentate, die Ihr gegen die nationale Existenz der
nichtmagyarischen Nationen gerichtet habt, zur Erklärung der Berechtigung (!!)
Eurer utopischen Magyarisirungsbestrebungen, beruft ihr Euch selbst auf die
italienische und deutsche Einheit?!!

Das soll wohl heissen, dass die eventuelle Germanisirung der
Italiener in Oesterreich, oder die Russificirung der Deutschen
in den baltischen Provinzen, nach Euren Theorien, mit der Einheit
einer und derselben italienischen oder deutschen Nation ver-
glichen werden könnte?!!

Auf ähnliche „Theorien" geben wir natürlich keine Antwort, sie passen
ja wie — die Faust auf's Auge!

In Eurer Schrift habt ihr es für nöthig erachtet, von Zeit zu Zeit auch
den Rumänen in Rumänien irgend eine Derbheit an den Kopf zu werfen, indem
Ihr deren Land und Geschichte zu bespötteln und den Eindruck hervorzubringen
versucht, als wenn sie in alten Zeiten nicht so standhaft und tapfer in den
Kämpfen gewesen wären, wie es Euch und uns in den Schulen erzählt wird,
dass es die Magyaren gewesen wären.

Wir streiten nicht; die Rumänen drüben im Königreiche haben unsere
Hilfe nicht nöthig; damit man jedoch sehe, welchen Werth Eure Behauptungen
haben, wollen wir ganz einfach die Ansichten einiger alter Schriftsteller citiren
über das, was unsere Connationalen in der Vergangenheit waren.

Gratiani schrieb um das Jahr 1550 über die rumänischen Heere Folgendes: „Sie schlagen sich mit solcher Verwegenheit, mit solcher

---

[1]) Eudoxius von Hurmuzachi: *Documente*, Bucarest, Bd. VI. S. 567. Denkschrift
des Bischofs Innocenz an die Kaiserin Maria Theresia. Im Original heisst es: „Ac pluria alia
sunt, Sacratissima Regina, ... quae Clerum Nationemque Valachicam quasi in altera
servitute Egyptiaca suspirantem usque ad sanguinem feriunt".

[2]) „Agnoscamur pro recepta natione". Die Acten befinden sich im Capitular
Archiv von Alba-Julia, zu Blasendorf.

Todesverachtung und mit solchem Selbstvertrauen, dass sie, eine
Hand voll Tapferer, oft ganze Heere ihrer Nachbarn besiegten".[1]
Sebastian Münster schrieb um dieselbe Zeit über die Rumänen der
ehemaligen Moldau, dass sie „kühn und eine schwere Plage für Siebenbürgen, kriegerische, tapfere und allzeit kampfbereite Männer"
seien".[2]

Der hervorragende polnische Historiker, Orzechowski, schreibt Folgendes
über die Rumänen: „Sie sind harte und äusserst tapfere Männer, und
es existirt kaum auf der ganzen Erde ein anderes Volk, das um
kriegerischen Ruhm und um Heroismus ein kleineres Land gegen mehrere Feinde
vertheidigen, diese ohne Unterbrechung angreifen oder zurückweisen würde".[3]

Wir könnten fortsetzen, beschränken uns jedoch, zu schliessen, indem wir
noch die Ansicht des Herrn Rudolf Bergner anführen, der aus eigener Anschauung
und durch gründliches Studium die hiesigen Verhältnisse kennt; er drückt sich,
wie folgt, aus: „Dem rumänischen Volke aber gebührt genau in
demselben Masse, wie dem ungarischen der Dank des Abendlandes: es
diente im heissen verzweifelten Ringen als beklagenswerther
Mauerbrecher gegen das Osmanenthum und beugte sich diesem endgiltig
erst in jener Zeit, wo Westeuropa. dank dem Genius und dem Glücke eines
Prinz Eugenius, erleichtert aufathmete".[4]

Auf allen Seiten Eurer Antwort gebt Ihr Euch fort und fort Mühe,
den Eindruck hervorzubringen, als wäret Ihr eine bereits europäisirte und die
Freiheit liebende Nation.

Und gerade Ihr selbst sagt dieses?!

Habt nicht Ihr selbst, Ihr magyarischen Universitäts-Studenten von Klausenburg, uns in gemeinster Weise bei Gelegenheit unserer friedlichen National-Feier
vom 15. Mai 1884 insultirt?

Habt nicht Ihr uns die rumänischen Zeitungen am Trencin-Platze zu Klausenburg unter unbeschreiblichem Gejohle verbrannt?

Habt nicht Ihr Euch herabgewürdigt zu Denunciationen und die Schliessung
unserer literarischen Gesellschaft „Julia" verlangt?

Habt nicht Ihr damals das ewig infame Gedicht mit dem Refrain: »Büdös
bocskor«[5] verfasst und gesungen, in welchem Ihr ein ganzes Volk beschimpftet?

---

[1] Gratiani, *De Heraclide despota*, Seite 22: Tanta autem audacia proelia
ineunt tantaque hostium contemtione et fiduci sui. ut saepe haud magna manu
integros finitimorum exercitus fuderint.

[2] Sebastianus Münsterus, *Cosmographia*. Basiliae, 1550, S. 918.

[3] Orzechowski, *Annales ad calcem Dlugossi*, apud Dlugosz, *Historia polonica*. Leipzig,
1711, II., S. 1555. Suntque homines feri magnae que virtutis, neque alia gens est
quae pro gloria belli et fortitudine, angustiores fines cum habet plures ex propin-
quitate hostes, sustineat, quibus continenter aut bellum inferat aut illatum defendit.

[4] Rudolf Bergner, *Rumänien. Eine Darstellung des Landes und der Leute*, Bresslau,
Kern, 1887, S. 272.

[5] Stinkende Sandale.

Habt nicht Ihr im Jahre 1891 die Versammlung der Rumänen zu Klausenburg erstürmt, mit Steinen beworfen und ihnen die Köpfe eingeschlagen, weil
sie es „gewagt" (!) hatten, zu einer Wählerversammlung zu kommen, um über
den entnationalisirenden, die Kinderasyle betreffenden Gesetzentwurf zu berathen
und gegen denselben zu protestiren?[1]

Und Ihr, die Ihr uns mit solcher Brutalität verletzt habt, Ihr habt noch
die Unverfrorenheit, von Civilisation und Freiheit zu faseln?

Ist wohl eine grössere Blasphemie denkbar?

Und da macht Ihr noch unseren Brüdern den Vorwurf, dass sie mit ihrem
Memorandum die Magyaren „um ihren guten Ruf" bringen wollten?

Guten Ruf? Nun lasst uns mal sehen!

Herr H. Biedermann, Professor an der Universität in Graz, kennt euch
sehr gut, und nun hören wir, wie er sich über Euren vielbelobten „Constitutionalismus" äussert: „Es schadet auch kaum den Magyaren, wenn man ihnen
immer von Neuem die schwere Verantwortung ins Gedächtnis
zurückruft, welche sie durch Jahrhunderte langen Misbrauch
ihrer Macht auf sich geladen haben".[2]

Ein Mann, welcher intensive Studien über das öffentliche Leben in Ungarn
gemacht hat, seht einmal, wie er Euch charakterisirt, die Ihr stets allein dieses
Land monopolisirt habt; Herr Schuler-Libloy, ein ehemaliger Professor des
öffentlichen Rechtes Ungarns, schreibt: „Wer stark ist, schiebt den Andern
in den Sack", charakterisirte ein scharfer Beobachter die ungarischen Zustände".[3]

Der Engländer Charles Bonner, welcher Siebenbürgen an Ort und Stelle
studirt hat, und sehr viel Sympathie für die Magyaren zeigt,
sagt unter Anderem: „Dank diesem einseitigen Parteigefühle kann der
Ungar in dem, was er behauptet oder berichtet, nur als ein
wenig verlässlicher Gewährsmann angesehen werden... Mit besonderer
Vorliebe verweilt der Ungar stets bei dem, was er den „historischen Standpunkt" nennt... Auf der andern Seite aber besteht er gar nicht auf
seinem „historischen Standpunkt", wenn und wo derselbe nicht im
Einklange mit seinen Wünschen steht".[4]

Franz von Löher schreibt: „Die Magyaren müssen noch viel Edles und
Grosses leisten, sonst wird die Geschichte der Menschheit das Jahr,
in welchem sie bei Munkács auf die ungarische Ebene kamen, für
immer mit Trauerrand umziehen".[5]

[1] Die Rohheiten der magyarischen-academischen Jugend gegenüber dem rumänischen
Volke sind für die gegenwärtige Frage derart charakteristisch, dass wir sie in einem speciellen
Capitel besprechen mussten. Siehe das Capitel „Die magyarische Gesellschaft".
[2] H. J. Biedermann, *Die ungarischen Ruthenen, ihr Wohngebiet, ihr Erwerb und ihre
Geschichte.* Innsbruck 1887, Bd. II. S. 4.
[3] Friedrich Schuler-Libloy, *Das ungarische Staatsrecht*, Wien, Gerold, 1870 ,S. 20.
[4] Charles Bonner, *Siebenbürgen, Land und Leute,* Deutsche, vom Verfasser autorisirte
Auflage, Leipzig, I. J. Weber, 1868, S. 593-594.
[5] Franz von Löher, *Die Magyaren und andere Ungarn*, Leipzig, Fues, 1874, S. 27.

Seitdem der verstorbene Löher diese Zeilen niedergeschrieben hat, sind lange Jahre vergangen; in diesem Zeitraume haben die Magyaren sich redlich Mühe gegeben, Alles nur nichts „Edles und Grosses" zu leisten, so dass wir Rumänen sammt den anderen geknebelten Nationalitäten das bevorstehende Millenium der magyarischen Invasion nach Europa, als einen tausendjährigen Fluch beweinen werden müssen. —

Zum Schlusse wollen wir noch den Franzosen Eduard Thouvenel hören, welcher über eine national-magyarische Feier sprechend, Euch, wie folgt, charakterisirte: „Das Volk durchzog die Strassen mit dem Rufe: Ungarn und die Freiheit! Und als Probe seiner Achtung für die Freiheit Anderer schlug es die Fenster der Bürger ein, welche den Patriotismus nicht bis zur Beleuchtung ihrer Häuser ausdehnen wollten. . . .

Zehn Jahrhunderte sind über dieses Volk hinweggegangen, ohne seinen Charakter zu ändern: Der Magyare von heute ist der würdige Sohn des ehemaligen Barbaren".[1]

Ihr werdet also so gut sein, liebenswürdige Collegen, von Eurer Lobhudelei und Prahlerei ein klein wenig nachzulassen! —

Wie Ihr sehet, habt Ihr keine besondere Ursache, Euch im Rechte zu fühlen, über uns, die nichtmagyarischen Nationalitäten in Ungarn, mit jener empörenden Aufgeblasenheit zu reden, wie Ihr dies in Eurer Broschüre thut!

Im übrigen war Eure „Antwort" kaum erschienen, und da höret, wie ein unverfälschtes magyarisches Blatt selbst, »Magyar Állam« sich über dieselbe ausspricht: „Es sind gewisse Thatsachen, die nicht hinweggeleugnet werden können.

So ist es Thatsache, dass in Ungarn ein Nationalitätengesetz besteht, dessen Bestimmungen nicht respectirt werden.

Thatsache ist, dass das Wahlsystem derart künstlich zusammengesetzt ist, dass die von Rumänen bewohnten Gebiete weniger Abgeordnete entsenden, als die Gebiete, welche von den Magyaren bewohnt sind.

Die kleinen magyarischen Städte wählen mit 200—300 Stimmen einen Abgeordneten, während auf anderer Seite erst auf 5000 rumänische Wähler ein Abgeordneter kommt. Das ist eine Ungerechtigkeit. . . . —

Es ist Thatsache, dass auf dem von den Nationalitäten bewohnten Territorium ein ganzes Heer von Beamten sich befindet, welche im Namen des ungarischen Staates eine Paschaliks-Verwaltung und Justiz führen.

Und so könnten wir eine ganze Legion solcher Erscheinungen aufführen, welche alle beweisen, dass selbst die Aemter das Nationalitätengesetz nicht respectiren, so dass auch nach der Erscheinung der „Antwort" der magyarischen Jugend die traurige Wahrheit unverändert bleibt, dass de facto die Nationalitäten unterdrückt sind".[2]

---

[1] Eduard Thouvenel, »La Hongrie«, in der »Revue des Deux Mondes« vom 15. März 1839.
[2] »Magyar Állam«, vom 22. Juli 1891.

Wolan denn, Collegen, habt Ihr noch den Muth, die Wahrheit zu fälschen und mit Emphase auszurufen: „Was die politische Freiheit anbelangt, hat man niemals eine ungerechtere Beschuldigung gehört, als die der Wallachen gegen die Magyaren"?

Oder glaubt Ihr etwa, dass Ihr durch derlei hartnäckiges Leugnen die Vergewaltigungen werdet verdecken können, die uns angethan werden?

Erinnert Ihr Euch nicht, geehrte Collegen, der Vaterlands - Geschichte gehört zu haben, dass auch Euch einstens Fesseln angelegt wurden, damit Ihr Euch nicht in Eurem nationalen Geiste entwickeln möget? Habt Ihr die Germanisirungs-Versuche Josef des II. vergessen? Erinnert Ihr Euch nicht mehr der Ursachen, wegen deren Ihr Euch im Jahre 1848 empört habt? Habt Ihr den germanisatorischen Absolutismus Bach's und Schmerling's vergessen?

Ja wohl, Ihr habt Alles vergessen, weil Ihr das fremde Joch nicht mehr fühlt, Euch nicht bedroht sehet in dem Schatze Eurer Nationalität, Euch in Eurer nationalen Sprache und Individualität sicher wisst gegen die Zumuthung, als Rohmaterial zur Kräftigung einer fremden Nation verbraucht zu werden.

Ja wohl, Ihr seid aus der Finsternis des einstigen österreichischen Joches heraus und jetzt, an der Sonne Eurer nationalen Freiheit, seid Ihr erblindet!

Fühlt Ihr denn nicht, Ihr Sprossen einer ritterlichen Nation, dass es ein himmelschreiendes Verbrechen ist, wenn Ihr unter nichtswürdigen Vorwänden Völker zu vernichten versucht, welche von heissem Streben nach freier nationaler Entwicklung durchdrungen sind?

Es ist der Höhepunkt der Bossheit, wenn Ihr die Meinung des Auslandes irreführen wollt, indem Ihr heute Eure einstigen Tugenden als verdammenswerthe Bestrebungen aus dem einfachen Grunde darstellen wollet, weil jene Tugenden auch die unserigen sind, Ihr aber heute dieselben nicht mehr nöthig habt.

Und dann, gibt es nicht unter Euch auch heute noch ganze Legionen von Connationalen, welche Jahre hindurch gegen den damaligen Staat und selbst gegen den Monarchen conspirit haben?

Insultirt nicht Ihr die Fahnen der gemeinsamen Armee, weil sie nicht magyarisch sind? Verlangt nicht Ihr unausgesetzt die Einführung Eurer Sprache auch in der gemeinsamen Armee? Fordert nicht Ihr in den Sitzungen der Delegationen die „Pflege des magyarischen National-Gefühls" in der Armee?

Und Ihr, die fanatischesten Repräsentanten des Nationalitäts-Princips, untersteht Euch uns zu bekämpfen, weil auch wir gleiche Rechte zu Gunsten unserer Nationalität fordern?

Seht Ihr denn nicht, dass der Fanatismus der Magyarisirung einen unaussprechlichen Hass gegen Euch nicht nur bei den Nationen im Lande, sondern auch im Herzen ihrer angrenzenden Brüder und Stammesgenossen erweckt hat? In Ungarn habt Ihr Euch mit den Rumänen, mit den Serben und Ruthenen, mit den Sachsen und Slovaken verfeindet.

Wer ist andererseits in Rumänien, Serbien, Böhmen und Kroatien Euch Freund? Niemand! Alle Welt meidet Euch, alle Welt betrachtet Euch als Feinde.

Erst kürzlich sagte eines der ältesten und angesehensten Blätter Deutschlands zu Euch: „Haben die Ungarn hierzulande und ausserhalb auch nur einen einzigen wahren Freund, wenn sich auch die Deutschen von Ihnen wenden?

Und glauben denn diese Chauvinisten, dass die vereinzelte magyarische Nation ohne Verwandte und Freunde sich werde erhalten können?".[1]

Wenn aber jetzt der Koloss von Norden über uns herfallen würde, welche Früchte würde wohl dieser unversöhnliche Hass zwischen Euch und den anderen Nationen zeitigen?!

Seht Ihr nicht, dass Ihr und nur Ihr allein durch Euer Thun das Grab der ganzen Monarchie und aller Nationen in derselben und um dieselbe schaufelt?

Beweisen diese Thatsachen nicht, dass im ganzen Südosten Europas das magyarische Element nichts ist, als ein turbulentes Element der Unordnung und Destruction? Denn es ist klar, dass ein Element, welches, beherrscht von soviel Egoismus, sich nicht scheut, an der Nationalität anderer Völker sich zu vergreifen, nach der Logik des gesunden Menschenverstandes eo ipso ein Element der Unordung und Destruction ist, denn, indem es den Frieden, die Sicherheit und das Leben dieser Völker unterwühlt, drängt es diese mit Gewalt zu verzweifelten Thaten.

„Das Nationalbewusstsein wird aber", sagt Held „zu einer zerstörenden und sich selbst aufreibenden Leidenschaft durch jene sittliche Verirrung eines Volkes, vermöge welcher es das Princip der Selbsterhaltung zu einem specifisch nationalen Egoismus entarten lässt".[2]

[1] „Allgemeine Zeitung", München, Nr. 292 vom 21. Oct. 1891.
[2] Josef Held, Grundanschauungen über Staat und Gesellschaft, Leipzig, Brockhaus, 1861, Bd I. S. 536.

ZUR ETHNOGRAPHIE UND STATISTIK SIEBENBÜRGENS UND UNGARNS.

Der Ursprung der Rumänen.

Die Rumänen wohnen in compacten Massen im Osten Oesterreich-Ungarns, in Bessarabien und im Königreiche Rumänien.

Ausserdem finden sich noch kleinere Bruchtheile in Serbien, Bulgarien und insbesondere in Macedonien vor.

Nach dem Ergebnisse der Forschungen unserer und der meisten fremden Historiker erscheinen die Rumänen als Volk daco-römischer Abstammung, welches heute, nach 17 leidensvollen Jahrhunderten, noch immer eine romanische Sprache spricht, die sich aus der »lingua rustica latina« entwickelt hat [1]

Die Magyaren haben nun, nachdem sie keine anderen Waffen gegen unsere berechtigten nationalen Aussprüche in's Feld zu führen vermögen, die Axt an unsere daco-romanische Abstammung angesetzt, indem sie behaupten, dass wir zwar Romanen, jedoch in Dacien nicht autochthon seien; vielmehr habe sich unsere Nationalität aus den romanischen Elementen Thraciens gebildet und wir hätten uns ganz unvermerkt in unser heutiges Gebiet nach der Einwanderung der Magyaren geschlichen. quod erat demonstrandum!

---

[1] Hier scheint es passend, wenigstens einige Worte über die rumänische Sprache oder vielmehr in derselben anzufügen, nebenstehend die lateinischen Grundwörter, nur um zu zeigen, dass sie ihrem Grunde und Wesen nach lateinisch ist, lateinischer als selbst das Italienische:

Teranul român descrie viaţa sa aşa: Locuesc în o casă de lemn şi lut cu uşe şi ferestri, pe care o veghiază un câne. Intr'însa se află mese, scaune, un almar şi altele. Alăturea se întind câmpii late, pe care îmi cresce grâu, săcară, orz si altă verdeaţă. Mai am în curte pruni, meri, peri, un car cu patru boi, vaci, capre, oi, pe care le mulg însumi. Afară de aceste sînt găini şi porumbite, a căror carne o mânânc cu pâne neagră sau albă, unt, caş. Beau apă din fântână sau lapte, la sêrbători vinul cel bun din ţeară. Îmbrăcămintele şi schimburile 'mi-le ţese muierea, ca sê-'mi acoper pielea în timp de vară şi sê mê încâldesc iarna. Pe fiecare Duminecă merg la biserică, ca sê aud liturghia.	Terranus ille romanus describit vitam suam aeque sic: Locuisco in una casa de ligno sic luto cum ostio sic fenestris, per qualem vigilat unus canis. Inter ipsam se affant mensae, scamna, unum armarium sic altera. Adaltera se intendunt campi lati per quales cresit granum, secale, hordeum sic altera viriditia. Magis habeo in cohorte prunos, malos, piros, unum carrum cum quatuor bovus, vaccas, capras, oves, per quales mulgeo ipse. Ad foras de istis sunt gallinae sic columbae, qualium carnem manduco cum pane nigro seu albo, uncto, caseo. Bibo aquam de in fontana seu tac (tem) illa ad servatorias vinum ecce illud bonum de in terra. Imbracamenta sic scambia texit mihi mulier, qua si mihi accoperiant pellem in tempore de vere sic me incalidiscant hibernis Per fiat-qualem dominicam mergo illa ad basilicam, ut audiam liturgiam".

Siehe: W. Rudow, Geschichte des rumänischen Schriftthums bis 1892. Herausgegeben mit Unterstützung des kgl. Preuss. Kultusministeriums. Wernigerode, 1892. S. 14—15.

Diese Behauptungen bringt auch die magyarische Jugend in Ihrer „Antwort" vor.

Die Frage unserer Abstammung liegt folgendermassen:

Kaiser Trajan eroberte nach langwierigen Kriegen Dacien und siedelte daselbst um das Jahr 106 n. Chr. eine ganze Menge römischer Colonisten und Legionen an.

In kurzer Zeit ward Dacien eine reiche Provinz und von den Römern *»Dacia felix«* genannt.

Unter Aurelian begann das Zeitalter der Barbaren-Einfälle; er zog daher im Jahre 260 die Legionen zurück und siedelte sie in Moesien oder der heutigen Balkan-Halbinsel an.

Heute, nach 17 Jahrhunderten ist das einstige römische Gebiet Daciens von einem romanischen Volke bewohnt, das eine romanische Sprache spricht.

Es entsteht nun die Frage: Sind wir die Abkömmlinge der in Dacien verbliebenen Dacier und Römer, oder woher, wann und auf welchem Wege sind wir hieher gekommen?

Die meisten Historiker halten die Ansicht aufrecht, dass Aurelian nur die Legionen und die städtischen Elemente über die Donau geführt haben konnte, während die Masse des Land-Volkes in Dacien ausgeharrt haben musste, in dessen Hochebenen es in jenen Zeiten schwerer Noth seine Sprache und Nationalität bewahrte. In diesem Sinne erklärt auch die rumänische historische Schule unsere Abstammung.

Die Herren Hunfalvy[1]) und Réthy, zwei Magyaren, pflanzten in einigen Schriften, welche von Hass gegen die „Olähen" und „Rumunen", wie sie uns nennen, übergehen, — die Idee eines Grazer Professors, Robert Rössler, fort, der die Continuität des romanischen Elementes in Dacien leugnete.

Nach der Hypotese dieser Trias sind wir Rumänen wohl ein lateinisches Volk, doch sind wir nach der Ankunft der Magyaren hiehergekommen.

Wann, woher und auf welchem Wege wir gekommen sind, auf alle diese einzig und allein entscheidenden Fragen antworteten Rössler und seine magyarischen Trabanten gar nichts, aus dem einfachen Grunde, weil in der ganzen Geschichte sich nicht ein einziges Wort vorfindet, das darauf hinweisen würde, wann die ganze rumänische Nation und warum gerade nach Dacien gekommen wäre?

Trotz alledem bleiben die Magyaren steif und fest dabei, dass sie vor uns gekommen seien. Wir haben hier nicht Raum, diese These zu besprechen.

Andrerseits wollen wir aus Princip mit den magyarischen politischen Historikern uns in keine Auseinandersetzungen über unsere eigene Abstammung einlassen.

Wir bestreiten ihnen jedwedes Recht, in dieser Frage zu entscheiden, gestützt auf das äusserst beredte Motiv, dass sie unsere unversöhnlichsten Feinde in Allem sind, was unser nationales Leben, unseren nationalen Stolz betrifft.

---

[1]) Vor Magyarisirung seines Namens nannte sich dieser Gelehrte Hundsdorfer.

Es ist das ererbte Bewusstsein und die innigste Ueberzeugung der rumänischen Nation, dass wir Nachkommen der von Kaiser Trajan nach Dacien geführten römischen Colonien sind.

Die Geschichte, soweit sie bekannt ist, die Sprache, die Kleidung, der Typus, und der Name selbst: *»Român«* *»Români«* sind uns genug beredte Beweise über unsere Abkunft

Die meisten fremden und unparteiischen Geschichtsforscher traten dafür ein, dass wir in Dacien autochthon seien.

Der leidenschaftlichste Leugner der Continuität, der Neumagyare Hunfalvy selbst, ist gezwungen, Folgendes zu bestätigen: „Aus den Anführungen ersieht der Leser, dass der lateinische Ursprung des rumänischen Volkes allgemein anerkannt war und anerkannt ist... Ueber den lateinischen Ursprung der Rumänen herrscht also, wie wir sehen, keine Meinungs-Verschiedenheit. — Und bei weitem die meisten Schriftsteller theilen auch die Ueberzeugung Gibbons und Rankes: dass die Vorfahren der heutigen Rumänen seit Trajanus Zeiten ununterbrochen Bewohner des alten Daciens — d. h. Siebenbürgens, der Moldau und der Walachei, — gewesen; dass demnach die heutigen rumänischen Bewohner der genannten Länder unmittelbare Nachkommen der Colonisten sind, welche Trajanus in das alte Dacien verpflanzt hat".[1]

Wir werden weiter unten sehen, dass dem so ist.

Die Ansichten der fremden und in der Sache nicht befangenen Historiographen haben für uns, — die magyarische Jugend möge es uns glauben: — einen unvergleichlich reellern Werth, als alle Sophismen der erzchauvinistischen Historiographie des Magyarenthums".[2]

Aber auch angenommen, wenn auch nicht zugegeben, dass wir nach den Magyaren gekommen wären, so wird uns Niemand in der Welt dazu bringen, jemals auf unsere natürlichen und unveräusserlichen Rechte nationaler Individualität hier, wo wir uns befinden zu verzichten.

Wir sind ein compactes Volk von 3 Millionen, wir besitzen die strategisch wichtigsten Gebiete Siebenbürgens und Ungarns, wir bezahlen aus unserem Schweisse alle Abgaben an den Staat; wir haben tausendmal unser Blut und unser Leben zur Vertheidigung der Monarchie hingegeben ; diese unsere Steuern

[1] Paul Hunfalvy, *Neuere Erscheinungen der rumänischen Geschichtsschreibung,* Wien u. Teschen, Prohaska 1886, S. 9—10.

[2] Als Beispiel für die politische Motive, welche die magyarischen Historiker veranlassen, unseren autochthonen Character zu negiren, möge Folgendes dienen : Die „Magyarische-historische Gesellschaft" sagt wörtlich in einer Schrift, in welcher sie auch über die Rumänen aus der Marmaros spricht, dass sie „neben der Förderung historischer Forschungen und der nationalen Cultur sich auch zum Ziele gesetzt habe, Propaganda zu machen für die magyarische Staatsidee".... d. h. für die Magyarisirung! Siehe: *A magyar történelmi társulat 1890 Aug. 25—35-ki vidéki kirándulása Máramaros vármegyébe és Nagybánya városába.* Budapest, 1889, S. 5.

aber und das Blut unserer Väter geben uns den begründetsten und mächtigsten Rechtstitel für alle unsere nationalen Ansprüche.

Nun aber wollen wir die Männer der Wissenschaft sich über unsere Abstammung aussprechen lassen. Wir bemerken zuvörderst, dass alle alten magyarischen Chroniker uns als autochthon in Dacien erwähnen.[1] Die magyarische historische Weisheit, welche uns als Eindringlinge hinstellt, datirt von der Zeit her, in welcher das Nationalitäts-Princip eine Macht zu werden begann! —

Professor Jung, ein berühmter Schüler Mommsens sagt: „Fasst man alles zusammen, so ist das Festhalten an dem Gedanken von der Continuität des rumänischen Volkselementes im Trajanischen Dacien und auf der südlichen Balkanhabinsel die beste Lösung der Frage nach der Herkunft der Rumänen.

Entscheidend bleibt doch, -- so äussert sich H. Kiepert — das fast vollständige Zusammenfallen des heutigen romanischen Sprachgebietes mit den Grenzen des Reiches und der Provinz Dacia. Die Blutsverwandtschaft der heutigen Rumänen oder Wlachen mit ihren dacischen Vorfahren vor zwei Jahrtausenden erhellt auf's schlagendste aus der Gleichförmigkeit ihrer äusseren Erscheinung; nicht nur im Gesichtsschnitt und Haarwuchs, sondern selbst in Hinsicht auf die unverändert beibehaltene Volkstracht, wie sie die zahlreichen Figuren überwundener dacischer Krieger in den zur Verherrlichung der Siege Trajans bestimmten Bildwerken uns noch jetzt vor Augen stellen. »Non datur saltus in natura!«[2]

Franz v. Miklositsch, der berühmte Slavist, ist folgender Meinung: „Der Ursprung der rumänischen Sprache datirt vom Anfang des zweiten Jahrhunderts, wo römische Colonisten sich am linken Ufer der Donau niederliessen".[3]

Professor Pic, der mehrere Werke über unseren Ursprung veröffentlichte, äussert sich folgendermassen: (Die Rumänen in Ungarn) „hatten ihre eigenen Woivoden, Bane, Duces, hatten ihren nationalen Adel, dem Adel gleichgestellte Kuezen, gewöhnliche Dorfknezen, lebten nach eigenem wallachischen Recht, bildeten also eine vom Staate

[1] Siehe: Keza ed. Florianus, Historiae Hungaricae fontes domestici II. 65—70. Chronicon pictum ibid. S. 114—120. Chronicon Budense ed. Podhradezky, Budae, Gyurián & Bagó, 1838, S. 21. 32. Chronicon Dubnicense ed. Florianus III. 17. 28. Chronicon Posoniense ibidem IV. 15. 21. Bonfinius, Historia Hungarica, coloniae Agripinae, 1690, Decad. 1 Lib. 1. Dacia, S. 4—5; Decad. II. Lib. Valachorum origo, S. 196.

[2] Dr. Julius Jung, Die romanischen Landschaften des römischen Reiches, Innsbruck, Wagner, 1881, S. 480—481.

[3] Franz Miklositsch, Die slavischen Elemente im Rumänischen, Wien, S. 4—5.

anerkannte nationale Individualität. . . . . Auf keinen Fall wird
der Schluss gezogen werden können, die Verhältnisse der nord-
danubianischen Romanen hätten sich aus den Verhältnissen der
Macedo-Vlachen unmittelbar entwickeln können, oder anders gesagt,
die nord-danubianischen Vlachen könnten unmittelbar aus den Macedovlachen
hervorgegangen sein".[1]

Der bekannte Geschichtsschreiber Ungarns. Fessler schreibt: „Die
Rumänen, einst die Herren Siebenbürgens und noch immer die weit
überwiegende Mehrheit der Bevölkerung, waren andern Völkern durch Eroberung
unterworfen worden und sanken, besonders nachdem sie 1437 aufgestanden
waren, die Ungarn, Sekler und Sachsen aber Bündnisse zur Vertheidigung
ihrer Rechte wieder sie geschlossen und sie besiegt hatten, immer mehr in
Knechtschaft".[2]

Der berühmte deutsche Historiker Leopold von Ranke spricht sich über
unsere daco-romanische Abstammung wie folgt aus: „Dacien ward nun als
Provinz eingerichtet. Noch nennen die Eingeborenen (Rumänen) die
Strasse, die durch die Walachei nach Siebenbürgen führt *Callea Traianului*
und das Thor jenseits des rothen Thurmes *Poarta Romanilor*. Sie sind die
Nachkommen der Menschen, welche Trajan aus allen Ländern der
römischen Herrschaft dahin verpflazte.

Diese Landschaften (Dacien) waren schon gutentheils romanisirt, wie man
aus der heutigen Landessprache (Rumänisch) ersieht, die sich von
jenen Zeiten her erhalten hat".[3]

Traugott Tamm gelangt in seinen kritischen Studien über unsere Abkunft
zu folgendem Schlusse: „Die Rumänen sitzen heutzutage, wo vor
anderthalbjahrtausenden ihre Väter sassen: Volk auf Volk wechselte
in der Herrschaft über die Gebiete an der unteren Donau, aber keines hat das
Romanenthum in seinem nationalen Bestande gefährdet — „Das Wasser läuft
ab, die Kiesel bleiben",[4] die Horden der Völkerwanderung, losgelöst von dem
heimatlichen Boden, verschwanden wie Nebel vor der Sonne, aber das dacische
Romanenthum, liess gebeugten Hauptes die Ungewitter über sich hinziehen und
klammerte sich an die altererbten Sitze, bis bessere Tage kamen, und es aufstand
und die Glieder reckte". . . .[5]

Wir schliessen die Reihen dieser Zeugen, indem wir die Ansicht des grossen
französischen Historikers Viktor Duruy anführen, welcher in seinem monumen-

[1] Jos. Lad Pic, *Ueber die Abstammung der Rumänen*, Leipzig, 1880, S. 191—192.

[2] J. A. Fessler, *Geschichte von Ungarn*, II Aufl., Leipzig, Brockhaus, 1883, Bd. V.

[3] Leopold von Ranke, *Weltgeschichte*, I und II. Aufl., Bd. III., Th. I., Leipzig, Duncker & Humblot, 1883, S. 272, 148.

[4] *Apa trece, petrile remân*, rumänisches Sprichwort.

[5] Traugott Tamm, *Ueber den Ursprung der Rumänen*, *Ein Beitrag zur Ethnographie Südosteuropas*, Bonn, Strauss, 1891, S. 51—85.

talen Werke über die Römer sich bezüglich unserer Abkunft in folgender Weise ausspricht:

„Als Trajan die Karpathengebirge zur Grenze des Reiches bestimmte, begriff er, dass nur wenige, vereinzelte und zerstreute Garnisonen in dieser ausgedehnten Provinz nicht ausgereicht hätten, um die Dacier zu beherrschen, und dass die zurückgedrängten Barbaren in dem Masse wieder erscheinen würden, als das siegreiche Heer sich zurückziehen würde; er hat somit aus den alten Provinzen ein vollständig neues Volk gebildet. Trotz aller Drangsale im Laufe von 1500 Jahren, zählen die Rumänen heute 12 Millionen Menschen....

Wir werden uns nicht so leicht, wie Kaiser (Aurelian) von dieser tapferen Bevölkerung im trajanischen Dacien trennen. Würdig ihrer Abstammung und desjenigen, der ihr die ersten Festungen gegeben, hat sie in den Karpathen die Rolle des Pelagus und seiner Genossen in Asturien gespielt, indem sie an der Höhe dieser unüberwindlichen Veste alle Anstürme zurückschlug, Schritt für Schritt den verlorenen Boden wieder eroberte, und nach 15 Jahrhunderten voller Kämpfe ein neues Italien »Ţeara Românească« wiedererrichtete, dessen Erhebung in die Reihen der freien Nationen die Völker lateinischer Rasse begrüssen".[1]

Wie man ersieht, erklären die meisten Historiker unseren Ursprung im Sinne des autochthonen Characters der Rumänen in den von ihnen bewohnten Provinzen.

Die magyarische Jugend, nachdem sie „Paul Hunfalvy" und „Hunfalvy Pál"[2] citirt, ruft mit Emphase aus: „So gestaltet sich die Abstammung der Rumänen vor dem Richterstuhle der Wissenschaft" warscheinlich wollte sie sagen „des magyarischen Chauvinismus". —

Auch wir hätten eine ganze Bibliotek von rumänischen Historikern (Petru Maior, Şincai, Balcescu, Densuşianu, Xenopol, Onciul u. a.) anführen können, doch schien es uns passender, an der Hand der Forschungen fremder, nicht-befangener Gelehrten zu zeigen, wie lügenhaft der Richterstuhl magyarischer Wissenschaft ist.

Feindselig für unsere Nation sind blos die Erkenntnisse unseres vaterländischen Gerichtshofes in Klausenburg: das Urtheil der unparteiischen Fremde scheuen wir niemals. —

Wie sich die Magyaren vermehren.

Die magyarische Jugend, gerade so, wie die Gesellschaft, von welcher sie einen Theil bildet, gibt sich viele Mühe, vor den fremden Lesern die Existenz der nicht magyarischen Nationen in Ungarn zu verschweigen.

---

[1] Victor Duruy, *Histoire des Romains depuis les temps les plus reculés jusqu'à l'invasion des Barbares*, Paris, Hachette, 1879. Bd. V., S. 185. VI., S. 378.

[2] Ang. W. S. 19.

Auf die Gefahr hin, unsere Collegen zu verstimmen, müssen wir betonen, dass in Ungarn 6 Nationen[1]) wohnen, welche sich untereinander sowohl durch ihre Abstammung, durch die Sprache, die sie reden, als auch durch die Gewohnheiten, Gebräuche, Bestrebungen und theilweise auch durch confessionelle, Momente unterscheiden. Diese Nationen sind folgende:

Magyaren,	Slovaken,
Rumänen,	Ruthenen,
Deutsche,	Serben.

Die Kroaten, welche ein von Ungarn relativ unabhängiges Land einnehmen, gehören nicht in diese Kathegorie.

Bevor wir die Unwahrheit der statistischen Daten in der magyarischen „Antwort", nachweisen, müssen wir einen Umstand constatiren.

Die Volkszählungen in Siebenbürgen und in Ungarn waren und sind auch heute noch pannmagyarischer Färbung, so wie alle von Seite der herrschenden Magyaren in diesem Lande mit Gewalt getroffenen Einrichtungen.

Es ist somit leicht begreiflich, dass die von magyarischen Beamten, auf Befehl der magyarischen Regierung, zu Gunsten der magyarischen Staatsidee, d. h. der Magyarisirung, durchgeführten Volkszählungen nicht anders, als dem Magyarismus entschieden günstig und den übrigen Nationen welche sich der Entnationalisirung widersetzen, nachtheilig ausfallen konnten.

Das sagen nicht nur wir, sondern alle unparteiischen Leute, welche die hiesigen Verhältnisse kennen.

So äussert sich Professor Jung folgendermassen:

„Die Magyaren sind ein stolzes Volk, welches inmitten fremdrassiger Nationen wohnend, sich bemühte und fort bemüht, diese zu beherrschen und zu magyarisiren, und es geschieht dies in einer Weise, dass darunter selbst die Wissenschaft leiden muss.

Beispielsweise besteht bei der Volkszählung das Bestreben, die Magyaren zahlreicher darzustellen, als sie es in Wirklichkeit sind.[2])

---

[1]) Alle Welt weiss, dass in Ungarn immer nur von der Gleichberechtigung dieser 6 nationalen Individualitäten die Rede war, da es in Ungarn und Siebenbürgen sonst keine anderen Nationen oder Nationalitäten gibt. Es ist ein alter magyarischer Kniff, vor fremden Lesern diese sonst klaren Verhältnisse durcheinander zu werfen. Hier ein Beispiel dieser magy. Verdrehungsmanie. Der schon erwähnte magy. „Ge'ehrte" Hunfalvy schrieb schwarz auf weiss: „Auch der hält, wie Pic, das ungarische Königreich für eine Fiction, der die Forderung stellt, dass, weil in der Schweiz drei Sprachen diplomatisch gleichberechtigt sind, in Ungarn gleichfalls dreizehn (!!!) Sprachen diplomatisch gleichgestellt werden müssen".
Siehe: Paul Hunfalvy, *Pic's Kampf gegen das ungarische Staatsrecht*, Wien und Teschen, Prohaska, 1883, S. 90.

[2]) Dr. Julius Jung, *Römer und Romanen in den Donauländern, historisch-ethnographische Studien*. Innsbruck, 1877, S. 300.

Und die magyarischen Collegen behaupten: „. . . . wenn wir, Magyaren, uns zählen, so finden wir uns noch immer mit 9 Millionen vertreten".

„Die erwähnten 8 Millionen Magyaren sind also heute schon 9 Millionen geworden".[1]

Wir aber, die wir den Magyaren nicht völlig trauen, nehmen die amtliche magyarische Statistik [2] zur Hand und finden hinsichtlich der Zahl der Nationalitäten Ungarns und Siebenbürgens Folgendes:

Magyaren [3] . .   6,403.657

Nichtmagyaren . . . 9,335.654

Was sollen wir angesichts dieser unbestreitbaren amtlichen Zahlen zu den Spiegelfechtereien der magyarischen Jugend sagen, die da behauptet, die Zahl der Magyaren sei von 5 Millionen auf 9 gestiegen!?

Und dieselben Leute wollen diese Lüge mit einer andern noch offenkundigeren begründen, indem sie sich in die Brust schlagen und laut ausrufen: „Wahrheit und Ehrenhaftigkeit sind unsere Waffen!!!"

Fürwahr! ein schönes Arsenal von „Wahrheit und Ehrenhaftigkeit".

Es erhellt daraus, dass man die Zahl der 638.311 Juden nicht vergeblich zu den Magyaren hinzugefügt hat!

Der Ursprung des Märchens von den „neun" Millionen Magyaren.

Am 31. December 1891 wurde hierlandes eine neue Volkszählung vorgenommen.

Um den zehrenden Durst des panmagyarischen Chauvinismus zu stillen, hielt Herr Keleti Károly (vormals Karl Klethe) einige Tage nach der Volkszählung in der „magyarischen Academie" zu Pest einen Vortrag

Herr Keleti gibt, wie er selber eingesteht, nicht auf Grundlage der Volkszählung, was mit Rücksicht auf die Kürze der Zeit unmöglich gewesen wäre, sodern auf Grundlage seiner Schlussfolgerungen die Zahl jener Landesbürger, die ungarisch sprechen, mit etwa 8,200.200 an.

„Aber, fragt Herr Keleti, sind dies wohl auch lauter Magyaren mit Leib und Seele?"

---

[1] Ang. W. S. 34.

[2] *Magyarország statistikája* Keleti Károly és Jekelfalussy József *közreműködésével szerkeszti* Láng Lajos, Budapest, Athenäum, 1884, Band I. S. 103.

[3] Zu diesen Magyaren sind fast sämtliche im Lande in der Zahl von 638.311 wohnenden Juden mitgerechnet. Die wirkliche Zahl der Magyaren kann nicht mehr als 5—5½ Millionen betragen.

Wir aber wollen, ohne es zuzugestehen, in unserer Replic annehmen, die Magyaren seien 6.4 Millionen stark.

„Wer könnte hierüber noch im Zweifel sein".[1]

Nicht Herr Keleti, sondern wir werden auf diese Frage antworten und es heraus sagen: Zehn Millionen Nichtmagyaren im Lande bezweifeln es nicht nur, sondern müssen diese moderne Erfindung einer magyarischen Volkszählung als eine unerhörte Insolenz bezeichnen.

Wenn man herumzuklügeln beginnen würde, so fände man, dass es in diesem Lande an die 7 Millionen Bürger gibt, die deutsch sprechen; etwa 5 Millionen, die rumänisch sprechen und die gesammte rumänische Nation würde 20 Millionen solcher Bürger zählen.

Nur eine krankhafte Grossmannssucht kann sich erdreisten, die Sprach-kenntnisse mit der Zugehörigkeit zu irgend welcher Nationalität zu ver-mengen.

Es soll uns nicht Wunder nehmen, wenn man uns heute oder morgen in der gelehrten „magyarischen Academie" erzählt, die Zahl der Magyaren sei auf 20 Millionen gestiegen, die nichtmagyarischen Nationalitäten dagegen seien verschwunden! —

Das Gebiet der Rumänen in Siebenbürgen und Ungarn.

Die magyarische Jugend behauptet, dass in den von Rumänen bewohnten 25 Comitaten noch 2,900.000 Nichtrumänen mitwohnen.

Und wenn dies auch wahr wäre, so wäre es von keiner Wichtigkeit, weil hier nicht die Grenzen der Comitate massgebend sind.

Die ungarische Regierung kann, wenn sie nur will, diese 25 Comitate auch so arrondiren, dass diese neben den Rumänen nicht 2·9, sondern 10 Millionen Nichtrumänen enthalten.

Von Wichtigkeit kann nur die Frage sein: bilden die Rumänen Sieben-bürgens und Ungarns ein compactes nationales Ganzes oder nicht?

Die Antwort kann nicht anders, als entschieden bejahend sein.

Doch lassen wir zu diesem Zweck die magyarische Statistik selbst zum Worte kommen!

In Siebenbürgen befanden sich im Jahre 1880: 2,054.045 Bewohner; hievon waren:[2]

Rumänen . 1,154.883
Magyaren 630.477
Sachsen . 211.748

---

[1] Dieser Vortrag erschien auch deutsch in der »Ungarischen Revue«, Budapest, IV. Heft vom Jahre 1891, Seite 291. Die Berechnung des Herrn Keleti hätte noch einen Sinn, wenn man die Zählung wie in Oesterreich nach der „Familien- oder Conversationssprache" vernehmen würde; in Ungarn dagegen erfolgt sie nach der „Muttersprache" und in einer abgesonderten Rubrik wird hinzugefügt, ob der Betreffende auch ungarisch oder eine andere Sprache spreche. Diese Rubrik dient dazu, um die Magyarenfabrication einzuschmuggeln.

[2] Magyarország statisztikája etc. Seite 116—117.

Wir constatiren also auf Grundlage der magyarischen Statistik, dass in Siebenbürgen das rumänische Element gegenüber den Magyaren und Sachsen zusammen, die absolute Majorität der Bevölkerung bildet.

Im eigentlichen Ungarn bilden die Rumänen die absolute Majorität in den Comitaten :[1]) Caransebeş, Arad, Selagi; in den Comitaten Bihor, Satmari, Temeş, Marmaroş und Torontal bilden die Rumänen zwar die Minderheit ; aber diese Minoritäten grenzen unmittelbar an einander und vereinigen sich mit dem Centrum des rumänischen Elementes in den vorgenannten Comitaten und aus Siebenbürgen.

Zieht man eine Linie von dem Punkte Neu-Moldova, (an der untern Donau) durch die Punkte Weisskirchen, Temesvar, Gross-Salonta, Grosswardein, Baia-Mare und Borza, so ist dieses ganze Gebiet bis zur Siebenbürger Grenze compact rumänisch; es befinden sich darunter einige Tausende Fremdsprachiger, deren Zahl sich mit den Tausenden der Rumänen hebt, welche von hier gegen die Theiss zu zwischen den Ungarn sich befinden.

Wenn man demnach von der gekünstelten Arrondirung der Comitate absieht, so bilden die Rumänen im eigentlichen Ungarn ein viel gleichartigeres nationales Ganzes als selbst in Siebenbürgen.

Dass die an das Centrum des Magyarenthums gegen Westen angrenzenden rumänischen Comitate thatsächlich so arrondirt sind, dass die Magyaren in der Majorität sind, beweist an und für sich die den Rumänen gegenüber geübte Ungerechtigkeit.

Wir sehen demnach, dass das rumänische Volk ein vollständiges nationales Ganzes bildet, während die auf diesem national-rumänischen Gebiet mitwohnenden Nichtrumänen nicht einmal die Zahl von einer, geschweige denn von zwei oder drei Millionen erreichen, wie die magyarische Jugend fabelt.[2])

Im Uebrigen liefert uns diese edle Jugend, sicherlich ohne es zu wissen, einen Beweis für die Richtigkeit unserer Behauptungen, indem sie die statistische Thatsache erhärtet, dass kaum 6% der Rumänen ungarisch sprechen.

Wäre es wohl möglich, dass der Stand der magyarischen Sprachkenntnis unter den Rumänen ein so minimaler wäre, wenn das Rumänenthum auf diesem Gebiete nicht die absolute und überwältigende Majorität, das Magyarenthum aber kleine, unbedeutende, zwischen den Rumänen verschwindende Enclaven bilden würde ?

Was beweist denn dieser geringfügige Procentsatz ?

Beredter als zehn magyarische „Antworten" beweist er für sich allein, dass die Rumänen die ungarische Sprache nicht lernen, weil sie derselben

---

[1]) *Magyarország statistikája* etc., Seite 121.

[2]) Unsere „Gebieter" haben zu wiederholtenmalen versucht, magyarische Colonisten unter uns anzusiedeln, aber bei allen Begünstigungen seitens des Staates gehen diese Colonien sichtbar zu Grunde, und die Ueberreste derselben — o Ironie des Schicksals — lernen rumänisch.

thatsächlich nicht bedürfen, indem dieses Gebiet — von wenigen eingesprengten Enclaven abgesehen — rein rumänisch ist.

Noch auf Eines haben die magyarischen Collegen vergessen.

Es ist nämlich eine notorische Thatsache, dass die meisten Nichtrumänen des rumänischen Gebietes ohne den geringsten Zwang seitens der Schule oder der Verwaltung, die rumänische Sprache erlernen.

Es ist Jedermann bekannt, dass der Sachse, wenn er mit dem Magyaren zusammentrifft, sich der rumänischen Sprache bedient.

Was ist die Ursache?

Sie ist eine einfache und natürliche: Jene fremden Enclaven sind nur Inseln in einem Meer von Rumänen. —

DIE GEGEN DEN WILLEN DER MAJORITÄT DER BEWOHNER SIEBEN-BÜRGENS VOLLZOGENE FUSION DIESES LANDES MIT UNGARN.

> . . . richtig ist es doch immer, dass eine Rechtsbeständigkeit der einzelnen Handlungen bedingt ist durch einen rechtlichen Ursprung.
>
> *Robert von Mohl.*[1]

> . . . kein Verlauf der Zeit verwandelt die Gewalt in Recht.
>
> *T. Mamiani.*[2]

Die magyarische Jugend glaubt die Frage der Fusion Siebenbürgens mit Ungarn durch einige wohlfeile Redensarten erschöpft zu haben.

Unsere Collegen bemühen sich, gerade so, wie die Urheber dieser Fusion, bei der Vertheidigung dieser ewig gewaltthätigen und ungerechten That den Eindruck hervorzubringen, als wäre das Grossfürstenthum Siebenbürgen weder autonom, noch unabhängig gewesen.

Doch die historische Wahrheit lässt sich nicht verleugnen, vollendete Thatsachen und Ereignisse lassen sich nicht verheimlichen.

Die Geschichte der Verfassung Siebenbürgens zerfällt in 3 Perioden: in die des Woiwodates,[3] des unabhängigen Fürstenthums[4] und der Personal-Union oder des autonomen Grossfürstenthums.[5]

In der ersten Periode waren die Woiwoden Siebenbürgens den Königen von Ungarn unterstellt, doch besass Siebenbürgen seine eigene Legislative, Justiz, Verwaltung und sein Heer.

In der zweiten Periode war das Land vollständig unabhängig von Ungarn, und seine Fürsten waren souverain im vollsten Sinne des Wortes.

In der dritten Periode waren die Könige Ungarns zu gleicher Zeit auch Fürsten von Siebenbürgen.

Während dieser Periode waren blos die Person des Herrschers und das Heer beiden Ländern gemeinsam.

---

[1] Robert von Mohl, *Encyclopädie der Staatswissenschaften,* Tübingen, Laupp, 1859, S. 85.

[2] Terenzio Mamiani, *D'un nuovo diritto europeo,* Turin, Marzorati, 1859, S. 55.

[3] Seit der Ankunft der Magyaren aus Asien bis zur Katastrophe von Mohács (29. August 1526).

[4] Von Mohács bis zur Verkündigung des leopoldinischen Diploms vom 4. Oct. 1691.

[5] Von 1691 bis zur Fusion mit Ungarn (1. Mai 1896).

Die Gesetzgebung, Justiz und Verwaltung waren durchaus getrennt.[1])

Uebrigens ersieht man die Unabhängigkeit und Autonomie Siebenbürgens selbst aus den gekünstelten Ausführungen des chauvinistischen Schriftstellers über das öffentliche Recht in Ungarn, Dr. Korbuly,[2]) dessen Handbuch bei allen Rechtsfacultäten Ungarns benützt wird, und die magyarische Jugend würde, wenn sie vertrauenswürdig wäre, nicht ihre eigenen Professoren desavouiren, nur um die historische Wahrheit nach ihrem Gutdünken zu entstellen

Doch wird jeder Leser, so wenig orientirt derselbe auch sein mag, sagen müssen : wenn Siebenbürgen nicht unabhängig war, wozu war es dann nöthig, die Union mit Ungarn mittelst so vieler Gesetze zu decretiren?[3])

Wenn Siebenbürgen nicht einmal autonom war, wozu war dann die Fusion nöthig?

Weil es klar ist, dass der vollzogene Act der Union an und für sich die vorherige Autonomie und Unabhängigkeit voraussetzt, weil im Leben jener zwei Länder nur dann die Rede von einer Union oder Fusion sein konnte, wenn sie zwei Länder und nicht ein einziges Land gebildet haben und weil die Factoren, welche die Union-Fusion decretirt haben, durch den Act der Decretirung allein die vorhergegangene Autonomie und Unabhängigkeit anerkannt haben.

Aus welcher Ursache ward jene Fusion in's Werk gesetzt?

Die Ursache ist leicht zu erklären, wenn in Betracht gezogen wird, dass der eifrigste Vertheidiger dieser Idee, der magyarische Baron Wesselényi, zu gleicher Zeit auch der fanatischeste Propagator der Ideen der Magyarisirung war.[4])

Doch wer hat die Fusion Siebenbürgens mit Ungarn decretirt und mit welchem Rechte?

Die Magyaren, die absolute Minorität Siebenbürgens, haben sie decretirt.

Die magyarische Jugend behauptet, dass vom Landtage zu Klausenburg vom Jahre 1848, welcher die Union decretirt hat, „Niemand ausgeschlossen war von jenen, welche berechtigt waren, an demselben theilzunehmen". Mit Verlaub, das sind leere Phrasen. —

Der Landtag von Klausenburg vom Jahre 1848 hatte gar kein Recht, die Union Siebenbürgens mit Ungarn zu decretiren weil das rumänische Volk,

[1]) In Gemässheit des Diploms vom 4. October 1691, bestätigt von Karl VI. in der *Sanctio Pragmatica*, anerkannt durch Leopold II. und zuletzt auch durch Kaiser Ferdinand V. im Jahre 1837.

[2]) Dr. Em. Korbuly, *Magyarország közjoga*, 4. Aufl. 1834, S. 69—72.

[3]) V. zw. durch G.-A. VII. des ung. Landtages in Pressburg vom Jahre 1847; G.-A. I. des Klausenburger Landtages vom Jahre 1848 und 1865 und G.-A. XLIII. des Pester Landtages von 1868.

[4]) Nic. von Wesselényi, *Szózat a magyar és szláv nemzetiség ügyében*, Leipzig, Otto Wigand, 1843. Dieses Buch stellt eine Art Evangelium der Magyarisirung dar.

mit anderen Worten, die absolute Majorität der Bevölkerung Sieben
bürgens nicht vertreten war in jenem feudalen Landtage, welcher
auf Basis des siebenbürgischen Gesetz-Artikels XI. von 1791 zusammengesetzt war und nur der magyarischen Aristokratie das
Recht zuerkannte, im Namen des Landes zu entscheiden.

Die Rumänen haben nicht nur an diesem Landtage nicht theilgenommen,
sondern sie haben *a priori* gegen die Union in ihrer denkwürdigen National-
Versammlung auf dem *Câmpul Libertăţii* vom 15. und 16. Mai 1848 feier-
liche Verwahrung eingelegt.

Im Punkt 16 ihrer Resolution verlangten die Rumänen, dass: „D i e
Magyaren auf keinen Fall die Frage der Union Siebenbürgens
in Verhandlung nehmen, insolange die rumänische Nation nicht
im gesetzgebenden Landtage mit berathender und beschliessender
Stimme constituirt und organisirt sein werde: sollte sich aber der
siebenbürgische Landtag dennoch in die Verhandlung jener Union
de nobis sine nobis einlassen, dann protestirte die rumänische
Nation feierlichst dagegen".[1])

Dieser Protest ward der siebenbürgischen Regierung durch eine Deputation
von 110 Mitgliedern, und durch eine andere Deputation dem Kaiser Ferdinand
überreicht.

Die Rumänen wollten also durchaus nicht zugeben, dass das Land, in
welchem sie die überwiegende Majorität der Bevölkerung bilden, der magyarischen Minorität zu Liebe mit Ungarn verschmolzen werde, ohne dass
sie wenigstens befragt werden, ob sie zustimmen oder nicht, eventuell unter
welchen Bedingungen.

Uebrigens wurde die Kraft der Gesetze vom Jahre 1848 durch die
Ereignisse desselben Jahres vernichtet, als die Rumänen sich mit den Waffen
gegen ihre magyarischen Unterdrücker erhoben hatten.

Im Jahre 1863 ward die Autonomie Siebenbürgens wieder hergestellt und
culminirte diese in der Einberufung und den Beschlüssen des Hermannstädter
Landtages von 1863 und 1864, welcher auf Basis der Gleichberechtigung der Nationen zusammengestellt war.

Die Rumänen konnten sich jedoch nicht lange der Gleichheit der Rechte
erfreuen, die sie damals besassen.

Im Jahre 1865 war die Situation des Habsburgischen Reiches gefährdet:
man hatte das Vorgefühl des Krieges mit Preussen.

Die Magyaren benützten diese Gelegenheit, und es gelang ihnen, die Krone
zu veranlassen, dass sie einen anderen Landtag nach Klausenburg auf den 6.
October 1865 einberufe behufs „Revision der Union Siebenbürgens mit Ungarn"
wie es im kaiserlichen Rescripte hiess.

[1]) Georg Bariţin, Angef. Werk, S. 124.

Dieser Landtag hat die im Jahre 1848 votirte Union für giltig erklärt,[1]) und der Landtag zu Pest hat diese Union ratificirt.[2])

Doch dieser Landtag zu Klausenburg war nicht berechtigt, wie auch der vom Jahre 1848 nicht berechtigt war, sich in Sachen der Union zu äussern, weil weder der eine noch der andere auf Basis der nationalen, politischen und individuellen Gleichberechtigung, sondern ebenfalls immer noch auf Basis des feudal-aristokratischen Gesetz-Art. XI von 1791 einberufen worden waren.

Dieser Landtag ward gebildet wie folgt: „Von den Deputirten waren 89 Magyaren, 31 Sachsen und 13 Rumänen. Die Zahl der Regalisten mit Stimmrecht betrug 189 **und war ausschliesslich aus der magyarischen Aristokratie zusammengesetzt".[3])**

Auf diese Weise war die rumänische Nation als solche und als politische Individualität vollständig ignorirt und mit Füssen getreten.

Es ist somit evident, dass die Fusion Siebenbürgens mit Ungarn, so, wie sie gegen den Willen der Rumänen durchgeführt wurde, ein geradezu gegen die Existenz der Letzteren gerichteter Gewaltact ist.

Fischhof, der gründliche Kenner der Nationalitätenfragen, äussert sich über diese Fusion wie folgt: „Indem die Magyaren Siebenbürgen, das bis zur jüngsten Zeit eine völlig gesonderte Verwaltung und Gesetzgebung hatte, incorporirten und ihm nicht einmal einen Provincial-Landtag zugestanden, machten sie es der Mehrheit der Landesbevölkerung, den Rumänen unmöglich, in irgend einem grossen Berathungskörper sich ihrer Muttersprache zu bedienen. Nicht die Diatriben Bratianu's, sondern die Verkehrtheit magyarischer Politik bedroht unsere Interessen an der unteren Donau" etc.[4])

„Die Gewalt an sich", sagt Julius Fröbel „selbst wenn sie vom Rechtsgebiete ausgeht, begründet noch kein Recht. Sie ist vielmehr, selbst in diesem Falle, das Gegentheil des Rechtes und fordert das sittliche Gefühl und die sittliche Kraft zum Widerstande heraus".[5])

Mögen die Magyaren mit sammt ihrer Jugend überzeugt sein, dass die Rumänen der ihnen angethanen Gewaltthat ewig gedenken und nie und nimmermehr ablassen werden, die Wiederherstellung der Autonomie Siebenbürgens, wie dieselbe im Jahre 1864 bestand, mit aller Entschiedenheit zu fordern. —

[1]) Durch die Adresse vom 18. December 1885.
[2]) G.-A. XLIII. ex 1868.
[3]) Siehe »Siebenbürgisch-Deutsches Tageblatt«, Nr. 5363 ex XVIII.
[4]) Dr. Ad. Fischhof, Oesterreich und die Bürgschaften seines Bestandes, Politische Studie, Wien, Wallishauser, 1869, S. 55—56.
[5]) Julius Fröbel, Theorien der Politik als Ergebnis einer erneuerten Prüfung demokratischer Lehrmeinungen, Wien, Gerold's Sohn, 1861, Bd. I., S. 30.

DAS AUSNAHMS-GESETZ FÜR DIE RUMÄNEN IN SIEBENBÜRGEN.

„So haftete denn den Rechtsverhältnissen des
Mittelalters lange der Character der Grausam-
keit und Willkür an, wie jetzt noch bei
tieferstehenden Stämmen.... Fast allgemein
bezog sich die Rechtsgleichheit nur auf die
Mitglieder desselben Volkes".. . .

Fr. v. Hellwald.[1])

Die Verfasser des Bucarester Memorandums behaupteten, dass die Magyaren
ein specielles Wahlgesetz für Siebenbürgen geschaffen haben, nach welchem der
magyarische Adel das Stimmrecht ohne jeden Census besitzt, während von den
Rumänen ein enorm hoher Census gefordert wird.

Da die magyarische Jugend nicht weiss, wie sie der Nothwendigkeit, auf
diese begründete Beschuldigung zu antworten, entgehen könnte, nimmt sie ihre
Zuflucht zu lächerlichen Verdrehungen, indem sie anführt, dass selbst in Rumänien
der Census höher wäre, als in Ungarn.

Das ist möglich, aber es beweist nichts. —

Nicht hievon ist die Rede, sondern von der unbestreitbaren Thatsache,
dass in Siebenbürgen ein ungleicher Census besteht, welcher für
die Rumänen ein hoher ist, von den Magyaren aber gar nicht gefordert wird.

Wenn der Census in Siebenbürgen selbst höher, als der von den Rumänen
geforderte, aber für alle wäre, würden sich die Rumänen nicht beklagen.

So aber ist jenes Gesetz nichts als eine exceptionelle, von den
Magyaren gegen die Rumänen ergriffene Massregel, damit diese in
den gesetzgebenden Körper des Landes nicht eintreten können.

Und in der That enthält das Gesetz, welches die Abgeordnetenwahlen
regelt, exceptionelle Bestimmungen als ebensoviele specielle Gesetze, welche mit
Absicht und insbesondere zu Gunsten der magyarischen Rasse und zum Schaden
der Rumänen in Siebenbürgen geschaffen wurden.

Die ungerechten Verfügungen des in Rede stehenden Gesetzes, insoweit
dieselben die unverhältnissmässige Beschränkung des Wahlrechtes berühren,
bestehen hauptsächlich in Folgendem:

1. Besitzen das Wahlrecht ohne jeden Census, auf Basis der
alten Berechtigung, alle Jene, welche in den Wählerlisten

[1]) Friedrich von Hellwald, Angef. Werk S. 351. *(Rechtsverhältnisse im Mittelalter'.*

vom Jahre 1848 bis 1872 eingetragen waren [1]) (d. h. der magyarische Adel).

2. In den städtischen Gemeinden haben das Wahlrecht alle Jene, welche Häuser mit mindestens 3 Wohnzimmern, oder Grund und Boden besitzen, welche der Besteuerung auf Grund eines Reinertrages von wenigstens 6 Gulden unterzogen sind. [2])

3. In den grossen und kleinen Land-Gemeinden haben das Wahlrecht alle Jene, welche mindestens 1/4 Urbarial-Session [3]) an Grund und Boden besitzen. [4])

4. In den grossen und kleinen Land-Gemeinden Siebenbürgens haben das Wahlrecht nur Jene, welche eine Grundsteuer von einem katastralen Reinertrage von wenigstens 84 Gulden zahlen, oder welche, soferne sie der ersten Steuerclasse unterworfene Häuser besitzen eine Grundsteuer von einem Katastral-Reinertrage von wenigstens 79 Gulden 80 kr. zahlen; schliesslich haben auch Jene das Wahlrecht, welche an landesfürstlicher Grund-, Gebäude- und Einkommensteuer der III. Classe zusammen nach wenigstens 105 Gulden Reinertrag zahlen.

Aus diesem Paragraph geht zur Evidenz hervor, dass:

a) obschon dieses Wahlgesetz auf dem Census begründet ist, dasselbe an tausend und aber tausend Wähler das Wahlrecht **ohne jeden Census ertheilt**, unter dem Vorwande, dass sie **„adelige Magyaren"** und **„freie Székler"** seien: [5])

b) in Siebenbürgen der Census der städtischen Gemeinden 3—6-mal niedriger ist, als jener der Land-Gemeinden, weil unter den 30 städtischen Gemeinden die Rumänen nur in 6 derselben die Majorität, in den anderen dagegen kaum 30% der Bevölkerung bilden, [6]) während andererseits die Rumänen, ein ackerbautreibendes Volk, in den Landgemeinden die Majorität haben; es ist somit sonnenklar, dass nur aus diesem Grunde der Census, welcher von den Wählern der Land-Gemeinden gefordert wird, gegenüber jenem der städtischen Gemeinden so übertrieben hoch ist;

---

[1]) XXXIII. G.-Art. vom Jahre 1874, §. 2.

[2]) XXXIII. G.-Art. vom Jahre 1874, §. 3.

[3]) 1/4 Session ist gleich 8 Joch Grund.

[4]) §. 4. des erwähnten Gesetzartikels

[5]) So kann es nicht Wunder nehmen, dass es in einer siebenbürgischen Gemeinde im Jahre 1885 vorkam, dass der Bürgermeister nicht wahlberechtigt war, aber der adelige Schweinehirt, — Pista Áron hiess dieser wackere magyarische Aristokrat, — das Wahlrecht besass!

[6]) Den Grund dieses Missverhältnisses, finden wir in der Thatsache, dass es den Rumänen bis zum Jahre 1848 gesetzlich verboten war, sich in den Städten Häuser zu bauen

c) dass der Census der Landgemeinden in Siebenbürgen
8—9-mal höher ist, als jener in den Land-Gemeinden Ungarns,
weil ¹/₄ Session, im Durchschnitte gerechnet, 9 Joch beträgt, während
in Siebenbürgen, um einen Katastral-Reinertrag von 79 Gulden 80 kr.
oder 84 Gulden zu erzielen, über 72 resp. 75 Katastral-Joch
nothwendig sind.¹)

Die rumänische Land-Bevölkerung in Siebenbürgen setzt sich jedoch auch
heute noch aus Kleingrundbesitzern mit einem Grundbesitze von 28—30 Joch
zusammen,²) und da ist es klar, dass die Absicht des Gesetzes nur dahin-
geht, **das rumänische Landvolk, die grosse Majorität der Bevölkerung Siebenbürgens,** *en masse* **und vollständig von dem con-
stitutionelsten bürgerlichen Rechte, von dem activen Wahlrechte
auszuschliessen!**

Allein, nicht nur die Beschränkung des Wahlrechtes, auch die Arrondirung der Wahlbezirke bildet in Siebenbürgen eine Ungerechtigkeit gegenüber den Rumänen.

Damit die Magyaren nicht der Eventualität, von den Rumänen majorisirt
zu werden, ausgesetzt seien, haben sie verfügt,³) dass von den 74 Abgeordneten,
welche Siebenbürgen in den Pester Landtag zu entsenden hat, 35 in 4 magyarischen Comitaten und in 15 städtischen Gemeinden, und nur der Rest von
30 Abgeordneten in den übrigen 11 Comitaten gewählt werden, was ein weiteres
Unrecht begründet.

Denn wenn die territoriale Ausdehnung und die Bevölkerungsziffer berücksichtigt wird, so stehen jenen 4 magyarischen Comitaten und 15 städtischen
Gemeinden 11 Comitate mit der grossen Majorität der rumänischen Bevölkerung
im Verhältniss von 28% : 72% gegenüber!

Daher kommt es, dass in jenen 4 magyarischen Comitaten und 15 städtischen Gemeinden auf 460 ☐ Kilom. und 17,000 Einwohner je ein Abgeordneter
entfällt, dagegen in 11 rumänischen Comitaten, 1000 ☐ Km. und 34,000 Einwohner
ebenfalls nur einen Abgeordneten zu entsenden berechtigt sind, so dass die
magyarischen Städte und Comitate, privilegirt wie sie sind, zum mindesten,
im Verhältnisse, die doppelte Anzahl von Abgeordneten wählen.

Es gibt aber eine staatliche Anzahl von Bezirken, in welchen
je ein Adgeordneter auf circa 2—3000 Magyaren entfällt, *während erst
50.000, 70.000, ja 100.000 Rumänen auch blos einen einzigen
Abgeordneten zu wählen berechtigt sind!*

---

¹) Da nach den amtlichen Angaben die 9.638.741 Joch Grund Siebenbürgens einen Katastral-Reinertrag von 10.398.274 Gulden abwerfen, so hat ein Joch im Durchschnitt 1 fl. 10 kr.
Kata-tral-Reinertrag.

²) Dieser betrübende Umstand erklärt sich aus den unmenschlichen feudalen Verhältnissen vor 1848, als es dem rumänischen Leibeigenen nicht gestattet war, mehr als eine
Session Grund zu besitzen, was beiläufig 20 Joch betragen mochte.

³) X. G.-A. vom Jahre 1877, §. 1.

Die Einrichtung der Wahlbezirke wurde gleichfalls zum Nachtheile des rumänischen Volkes bewerkstelligt.

Das Gesetz verfügt,[1] dass die Wahl in gewissen Centren vorgenommen werde, dass die Wähler nicht in ihren eigenen Gemeinden abstimmen, wie dies in allen europäischen Staaten üblich ist, sondern gezwungen werden, sich aus den verschiedenen Gemeinden des Bezirkes an einem bestimmten Abstimmungsorte einzufinden.

Wir haben gesehen, dass das Wahlrecht von Haus aus für die Rumänen äusserst beschränkt ist; damit aber noch weniger Rumänen zur Wahlurne gelangen, sind die Wahlcentren derart ausgesucht,[2] dass die Rumänen die grössten Entfernungen und auf den miserabelsten Wegen zurücklegen müssen, um zum Wahlorte zu kommen, und die Wahlorte sind, um Confusion hervorzurufen, derart zusammengesetzt, dass rumänische Gemeinden mit den magyarischen vermischt werden.

Diese Ungerechtigkeiten hat das Bucarester Memorandum betont; die magyarische Jugend aber hält, anstatt darauf zu antworten, Vorlesungen über die Entwicklung der Jurisdictionen von Árpád herwärts, was in gar keinem Zusammenhange mit der vom Bucarester Memorandum besprochenen Frage steht.

Wie werden die Reichstagswahlen unter dem magyarischen Constitutionalismus durchgeführt?

Wir haben gesehen, dass das Wahlgesetz Ausnahmsbestimmungen gegenüber den Rumänen enthält.

Ausserdem ist der magyarische „Liberalismus" unerschöpflich in infamer Beeinflussung und Vergewaltigung der Wahlen.

Der Obergespan, der Vice-Gespan, die Stuhlrichter, die Notäre, die Gemeindevorsteher und die Gensdarmerie in unseren Gebieten recrutiren sich fast ausschliesslich aus zusammengelesenen Magyaren.

Zur Zeit der Wahlen überbieten sich diese ehrenwerthen Mitglieder der „herrschenden Nation", den Willen der Wähler zu fälschen.

Alle diese öffentlichen Organe, welche nach dem Gesetze gar kein Recht besässen, die Wähler zu beeinflussen, thun dies nicht nur ungenirt, sondern sind geradezu ausschlaggebend für das Durchdringen der ungarischen Candidaten. Wie so das komme?

Durch Corruptionen aller Art, durch Bestechungen, Einschüchterungen und Bedrohungen, durch Gewalt und Zwang werden die Wähler kirre gemacht, und wenn diese Mittel noch immer nicht genügen, erhält die magyarische Gensdarmerie den Befehl von Seite ihrer Connationalen, *brevi manu* die Wähler des rumänischen Candidaten mit Gewalt von der Wahlurne

[1] XXXIII. G.-A. v. J. 1874, §. 65.

[2] Nach den Beschlüssen der Municipal-Congregationen und der Regierung. Siehe G.-A. X. vom Jahre 1877, §. 9.

z u r ü c k z u h a l t e n; unter Umständen wird die Militärmacht des Bezirkes aufgeboten, die Gensdarmerie in ihrem „constitutionellen" Werke zu unterstützen.

Und der magyarische Candidat?

Für diesen sind alle verlotterten Elemente ohne Wahlrecht zur Abstimmung zugelassen: mehr noch, es gibt Tausende von Fällen, wo die brave Gensdarmerie die problematischesten Existenzen herzuschleppt, u m i m N a m e n v e r s t o r b e n e r W ä h l e r z u s t i m m e n!

Alles dies geschieht im W a h l l o c a l e s e l b s t, ja s e l b s t i n G e g e n - w a r t u n d u n t e r d e m S c h u t z e d e r P r ä s i d e n t e n d e r C o m m i s s i o n e n!

Wir lassen übrigens ein magyarisches Blatt selbst reden, welches, obwohl es uns ewig insultirt, dennoch für diesmal die Wahrheit nicht verdecken konnte.

Im Wahlbezirke Ceul-Silvaniei sind die Wähler Rumänen.

Ihr Candidat im Jahre 1884 war Herr Georg Pop de Băsesti.

Der Candidat der magyarischen Regierung war der Jude Ambros Neményi (früher N e u m a n n).

Hören wir nun w i e d a s m a g y a r i s c h e B l a t t »*Ellenzék*« diese Wahl beschreibt:

„Es ist eine erwiesene Thatsache, dass in diesem Bezirke etwa 110 magyarische Wähler gesiegt haben, gegenüber 800—900 rumänischen Wählern.

Sie haben gesiegt, nicht in einem constitutionellen Kampfe, sondern mit ungesetzlichen Mitteln, welche gegen die Wahl Georg Pops angewendet wurden.

Ungefähr 600 — 700 rumänische Wähler des Georg Pop langten gegen 10 Uhr Vormittags vor der Stadt an. Die Abstimmung erfolgte bereits für beide Candidaten.

Die r u m ä n i s c h e n W ä h l e r w u r d e n j e d o c h v o m M i l i t ä r m i t a u f - g e f l a n z t e m B a j o n e t t e e m p f a n g e n u n d d e n s e l b e n e r k l ä r t, *dass ihnen nicht gestattet sei, die Stadt zu betreten!*

Die Abstimmung erfolgte in der Stadt; hier sind die magyarischen Bewohner in der Majorität; sie votirten alle; Neményi erhält die „Majorität" und der Präsident kündigt bereits den Abschluss der Wahl an.

Die Partei Georg Pops, w e l c h e s i c h i n g r o s s e r Majorität b e f a n d, erklärte dem Präsidenten, dass die Wähler schon seit langer Zeit am Eingange der Stadt angelangt seien, dass sie jedoch durch das Militär verhindert werden, in die Stadt zu kommen.

D e r P r ä s i d e n t r ü h r t s i c h n i c h t; vergebens berufen sich die Rumänen auf das Gesetz, vergebens auf die Verantwortlichkeit des Präsidenten, vergebens parlamentiren sie mit dem Militär-Commando, indem sie diesem bedeuten, dass doch die Aufgabe des Militärs nicht die Vergewaltigung sei, dass das Militär die Freiheit der Wahl Jenen gegenüber zu vertheidigen berufen sei, welche Unordnungen hervorbrächten, und dass es nicht das Recht habe, die Freiheit der Wähler zu vernichten. Alles umsonst!

Die rumänischen Wähler werden ausserhalb der Stadt zurückgehalten, der Präsident aber proclamirt Neményi zum Abgeordneten!!!"...¹)

Das sagt ein magyarisches Blatt, was sollen wir noch dazu sagen?

Wenn aber trotz alldem es sich dennoch ereignet, dass der rumänische Candidat die Majorität der Stimmen erlangt, dann reisst der Präsident ganz einfach Blätter aus dem Abstimmungs-Protocolle heraus und proclamirt als gewählten Abgeordneten den magyarischen Candidaten, welcher die Minorität der Stimmen erhalten hatte!²)

Es sind Fälle vorgekommen, dass der Präsident den rumänischen Candidaten gleich bei Beginn des Wahlactes bedrohte und ihm rund heraus erklärte, dass er ihm alle Stimmen vernichten und nicht gestatten werde, dass ein anderer, als der magyarische Candidat reussire!!³)

Mit einem Worte, in Ungarn wählt nicht der Wille der Bürger die Abgeordneten, sondern die magyarische Regierung ernennt dieselben. — Die magyarische Jugend sagt, dass jede Partei, welche einen Candidaten hat, das Recht besitzt, zwei Vertrauensmänner in die Scrutiniumscommission zu entsenden.

Was besagt es jedoch in Ungarn, ein „Recht zu haben?"

Rechte existiren in Ungarn für Niemand Anderen, als für die Magyaren. Das erkennen übrigens die Magyaren selbst hie und da an, so wie z. B. Herr Carl Eötvös, der im vollen Parlamente sagte: „Und ich frage, ob es eine vernünftige Politik von Seite der vorigen Regierung war, ob es eine vernünftige Politik von Seite des gegenwärtigen Cabinets wäre, dass hier im Hause nicht ein einziger rumänischer Deputirter sich befindet, trotzdem in Ungarn 2½ Millionen Rumänen wohnen? Stehen wir besser mit den Rumänen, wenn sie durch Kniffe aller Art von hier verjagt werden?" ⁴)

Die Thatsache an und für sich, dass in den rumänischen Bezirken sich magyarische Candidaten aufdrängen, welche die Sprache der Wähler und ihre Bedürfnisse nicht kennen, kein Herz und keine Zuneigung für sie haben, diese Thatsache an und für sich beweist klar, dass die magyarischen Candidaten nur auf die Gewalt rechnen, welche ihnen die Regierung gegenüber dem rumänischen Volke und gegenüber den nichtmagyarischen Völkern überhaupt zur Verfügung stellt.

¹) »Ellenök«, Nr. 148 vom 25. Juni 1884.

²) Z. B. der Fall von Bogsa-Romănă im Jahre 1884, Ladislaus v. Tisza gegen Brediceanu. Herr v. Tisza kennt gar nicht den Wahlbezirk, spricht kein Wort rumänisch, folglich kann er sich absolut nicht mit seinen „Wählern", durchwegs Rumänen, verständigen, doch damit auch dieses Mitglied der „herrschenden Nation" im Parlamente sitzen könne, riss der Wahl-Präsident ganz einfach Blätter aus dem Wahl-Protocolle heraus!

³) Z. B. der Fall von Baia-de-Criş (Hollaky gegen Trnţia).

⁴) C. Eötvös in seiner am 11 Juli im Budapester Reichstage gehaltenen Rede.

Gelegenheit zu den verschiedenen Ungesetzlichkeiten bieten die Bestimmungen des Gesetzes selbst, welche anordnen, dass die Abstimmung öffentlich sei, nach Parteien und mündlich geschehen müsse.

Criminalklagen bei den magyarischen Gerichtshöfen, Gesuche und Nullitäts-Proteste an das Abgeordnetenhaus in Pest haben niemals Erfolg gehabt.

Der Rumäne hat in seinem Vaterlande Niemanden, von dem er Gerechtigkeit erwarten könnte Alle diese Umstände zusammengenommen sind die Ursache, dass die Rumänen sich gezwungen sahen, in ihren Conferenzen die Passivität für Siebenbürgen zu beschliessen; am 20. Jänner 1892 haben sie mit Stimmeneinhelligkeit die absolute Passivität, nicht nur in Siebenbürgen sondern auch in Ungarn beschlossen.

Doch die magyarische „Antwort" sagt, dass nur die rumänische Intelligenz sich von den Wahlen fernhielt, während das Volk an vielen Orten an den Wahlen theilnahm.

Nun lassen wir uns von einem magyarischen Blatte mittheilen, in welcher Weise unser Volk an den Wahlen sich betheiligte.

Egyetértés schreibt: *„Die Gensdarmen schleppten mit Gewalt die rumänischen Wähler aus ihren Häusern!"* . . .

„Die Husaren rannten im Bezirke herum, *fingen die Wähler ein und jagten sie zu den Wahlen!"* [1]) . . .

Das ist die „Betheiligung" der rumänischen Wähler an den Wahlen. — Und es kam noch ärger.

In Chivesti z. B., im Norden Siebenbürgens, weigerten sich die Rumänen, an den Wahlen theilzunehmen.

Die Gensdarmerie wollte sie indessen auch hier einfangen und mit Gewalt zur Urne schleppen; weil aber die Rumänen sich um keinen Preis von der Stelle rührten und sich zu stimmen standhaft weigerten, *legten die Gensdarmen ohne viele Umstände die Gewehre an und feuerten auf die Rumänen!* Durch diesen barbarischen Gewaltact wurden zahlreiche Rumänen theils getödtet, theils schwer verletzt. —

Wir könnten ganze Bände mit der Beschreibung dieser unerhörten Gewaltthätigkeiten ausfüllen. — —

Und dann ist es durchaus kein Zufall, dass auch das slovakische Volk bereits im Jahre 1884 die Abstinenz von den Wahlen beschlossen hat!

Im Jahre 1892 wurde diese Abstinenz von Neuem beobachtet und in ihrem diesbezüglichen Appell [2]) bringen die Slovaken dieselben Beschwerden vor, welche die Rumänen an die Adresse der Usurpatoren gerichtet haben.

---

[1]) »Egyetértés«, Nr. 30 ex 1892.

[2]) »Narodnie Noviny«, Nr. 4 ex 1892.

Wen repräsentirt also der sogenannte gesetzgebende Reichstag in Budapest?

Er repräsentirt die Ungesetzlichkeit und die Gewalt und hat so gut wie gar kein Recht, im Namen des Landes Gesetze zu schaffen.

Es gefällt unseren Usurpatoren, uns von Zeit zu Zeit mit dem Schicksale der Polen in Posen und in West-Preussen zu bedrohen.

Doch die Polen in Deutschland waren und sind jederzeit in der gesetzgebenden Versammlung zu Berlin vertreten. Dabei ist aber Deutschland ein reiner National-Staat und nicht ein Staat von Nationalitäten, wie Ungarn. In Deutschland wohnen 48 Millionen Deutsche und beiläufig 2 Millionen Polen. Diese aber hatten während aller legislativen Perioden die Möglichkeit, durch eine Anzahl von 13—18 nationalen Abgeordneten im Reichstage zu Berlin vertreten zu sein.

In der ungarischen „Landes-Versammlung" dagegen sitzen 417 Deputirte.

Von diesen müssten, wenn Ungarn ein constitutioneller Staat, ein Rechtsstaat wäre, circa 70 nationale, rumänische Abgeordnete sein, welche die Interessen unseres Volkes zu vertreten hätten.

Thatsächlich ist jedoch nicht ein Einziger dort.

Ein Volk von 3 Millionen Menschen wird seit Jahren gewaltsam verhindert, in der Legislative seines Landes vertreten zu sein !

Und so haben wir folgendes Verhältnis: 6 Millionen Magyaren entsenden 417 Vertreter, 10 Millionen Nichtmagyaren dagegen dürfen gar keinen Vertreter haben![1])

Die magyarische Jugend aber könnte sagen, dass dennoch alle Wahlbezirke vertreten sind, und dass auch in anderen Ländern bei den Wahlen Unregelmässigkeiten vorkommen.

Ja wohl, in allen Ländern werden Ungesetzlichkeiten bei den Wahlen begangen, *aber dass ganze Völker in der Legislative ihres Vaterlandes durch die Erzfeinde ihrer nationalen Existenz „vertreten" sein sollen, diese Art constitutioneller Freiheit besteht nur in Ungarn allein !*

---

[1]) Ausser den 200.000 Siebenbürger Sachsen, die etwa 7 nationale Abgeordnete besitzen, die jedoch *propter bonum pacis* sich der magyarischen Majorität anschlossen. Wie jedoch die Sachsen mit dem vielgenannten »Pacte« zufrieden sind, werden wir am Schlusse dieser Schrift sehen.

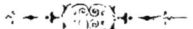

DAS SOGENANNTE „NATIONALITÄTEN-GESETZ" — EINE SPIEGELFECHTEREI !

> Es existirt keine schrecklichere Tyrannei,
> als jene, welche im Schatten der Gesetze und
> unter dem Scheine der Gerechtigkeit geübt wird ..
>
> *Montesquieu.*[1]

Unsere magyarischen Collegen sagen in ihrer Antwort: „Des Memorandums gesammte Anklagen aber, so viele man demselben nur entnehmen könnte, noch tausend erfundene und erst noch zu erfindende dazu, seien sie auch noch so schwerwiegenden Characters, sie entkräftet alle ein einziges Factum: Ein Fundamentalgesetz Ungarns, das Gesetz „Ueber die Gleichberectigung der Nationalitäten in Ungarn" (XLIV. G.-A. vom Jahre 1868), mit dem sich, was die Würdigung der Interessen, Gerechtigkeit und Liberalismus anbetrifft, vielleicht nichts zu messen vermag, was in unserer Zeit geboren wurde".

Nachdem sie das Gesetz angeführt, rufen unsere Collegen aus: „An vielen Orten der Welt existiren Minoritäten einer Nationalität, eines derartigen Schutzes jedoch, wie bei uns, erfreuen sie sich nirgends".[2]

Bevor wir die Hinfälligkeit dieser Phrasen beweisen, müssen wir betonen, dass in Ungarn nicht die Rede ist von „der Minorität einer Nationalität", sondern von fünf Nationalitäten, welche von der sechsten unterdrückt werden.

In Bezug auf die „Gerechtigkeit" dieses Gesetzes werden wir die Ansicht eines deutschen Gelehrten citiren, welcher einer Parteinahme für die Nationalitäten nicht verdächtigt werden kann, denn dieser Gelehrte selbst ist sonst mehr auf Seiten der Magyaren, als auf unserer Seite.

Herr Professor Dr. L. Gumplowicz an der Grazer Universität schreibt Folgendes über den Wert dieses vielbelobten Gesetzes: „In der Einleitung erklärt dasselbe „sämmtliche Staatsbürger Ungarns" „in politischer Beziehung" für eine „Nation", welcher Begriff aber eine Vielheit von „Nationalitäten" offenbar nicht ausschliesst, da es in demselben Absatze heisst, dass „alle Bürger des Vaterlandes, welcher Nationalität immer sie angehören mögen, „gleichberechtigte Mitglieder" dieser Nation sind.

Dass schon dieses Alinea der schönen Phrase von der „Gleichberechtigung" die gesunde Logik zum Opfer bringt, liegt auf der Hand. Denn wenn es, wie es da heisst, in Ungarn viele „Nationa-

---

[1] Montesquieu, *Grandeur et décadence des Romains*, Paris, Firmin-Didot & Compagnie, 1886, S. 97.

[2] Angef. W. S. 32.

litäten" und doch nur eine „ungarische Nation" gibt, so sind doch offenbar die nichtungarischen Nationalitäten, die es sich gefallen lassen müssen, die eine „ungarische Nation" mitbilden zu helfen, mit der letzteren, die sich diesen Luxus, eine Nation zu bilden, auf Kosten der „gleichberechtigten Nationalitäten" wohl erlauben kann, nicht gleichberechtigt.

In der That erhält auch gleich im Alinea 2 diese „Gleichberechtigung" eine einschränkende Clausel, indem gesagt wird, dass dieselbe „blos bezüglich des amtlichen Gebrauches der im Lande üblichen verschiedenen Sprachen und nur insoweit eigenen Vorschriften unterliegen kann, als dies die Einheit des Landes, die practische Möglichkeit der Regierung und Verwaltung, sowie eine pünktliche Justizpflege nothwendig machen".

Wenn wir auch zugeben wollten, dass dieses „blos" und „nur insoweit" etc. die verausgeschickte „Gleichberechtigung" nur sehr wenig einengt: so ist es doch vom Standpunkte der Logik unzweifelhaft, dass diese zwei Clauseln den Begriff der Gleichberechtigung aufheben. Bedenkt man aber noch die so dehnbaren und unbestimmt gehaltenen Einschaltungen, wie „die practische Möglichkeit der Regierung und Verwaltung", „pünktliche Justizpflege": so wird man wohl zugeben, dass diese so stark verclausulirte „Gleichberechtigung" hier nur ein leeres Wort ist und dem wahren Stand der Dinge eine ganz andere Benennung etwa **„Herrschaftsordnung"** entsprechen würde. . . .

Diese Nichtgleichberechtigung der in Ungarn gebräuchlichen Sprachen nun besteht darin, dass zuerst die ungarische Sprache als „Staatssprache" proclamirt wird (§. 1)." [1]

Nicht wir sagen dieses, — ein Professor für öffentliches Recht in Oesterreich sagt es. Da kann man sehen, auf was sich die hochtönenden Phrasen unserer magyarischen Collegen reduciren. —

Eine ebenso hochtönende Unwahrheit ist die Behauptung, dass in gar keinem Lande ein ähnliches liberales Gesetz für die Nationalitäten besteht.

In Oesterreich, in Belgien, in der Schweiz, ja selbst in Canada und in Indien sind die Nationalitäten unvergleichlich mächtiger geschützt und respectirt, [2] als wir in unserem confiscirten Vaterlande.

Jeder, der den panmagyarischen Egoismus sieht, welcher dieses Gesetz beherrscht, würde glauben, dass wenn den Nationalitäten schon ein derart mangelhaftes und jesuitisches Gesetz gegeben wurde, die Art, wie dasselbe von Seite des Magyarismus vollzogen wird, jene Schärfen mildern wird, die dasselbe enthält.

[1] Prof. Dr. L. Gumplovicz, *Das Recht der Nationalitäten und Sprachen in Oesterreich-Ungarn*, Innsbruck, Wagner, 1879, S. 226—227.

[2] Siehe: *Die Sprachenrechte in den Staaten gemischter Nationalität nach den von* Dr Adolf Fischhof *gesammelten Daten und gemachten Andeutungen dargestellt*. Wien, 1885, Manz.

Leider ist es eine bekannte Thatsache, dass dieses Gesetz seit langer Zeit blos auf dem Papiere existirt.

Es wurde gebracht, um dem Magyarenthum als Mittel zu dienen, sich selbst in den Augen der Welt mit seinen Gefühlen für „Gerechtigkeit" und „Liberalismus" zu preisen.

Lassen wir übrigens unsere nichtrumänischen Mitbürger selbt über die offene Misachtung dieses Fundamentalgesetzes Ungarns reden.

Herr L. Mocsáry, ein Magyare, Abgeordneter im magyarischen Reichstage sagt Folgendes: „Es ist nicht genügend, dass dieses Nationalitätengesetz in unserer Gesetzessammlung als todter Buchstabe geschrieben steht"... „es ist Thatsache, dass mehrere Gesetze geschaffen wurden, welche im principiellen Widerspruche mit dem Nationalitätengesetze vom Jahre 1868 stehen".[1]

Weiter oben haben wir erwähnt, dass ein reinmagyarisches Blatt »Magyar Állam« sagte: „Es ist eine Thatsache, dass in Ungarn ein Nationalitätengesetz existirt, dessen Bestimmungen nicht respectirt werden".

Herr Josef W. Filtsch, national sächsischer Abgeordneter schreibt: „Die oben erwähnte Gleichberechtigung existirt entweder nur am Papier oder sie wurde eingeschränkt".[2]

Eine national sächsische Zeitung aus Siebenbürgen schreibt: „Man möge ja nicht glauben, dass durch den Personenwechsel in einigen Obergespanschaften die Beschwerden der Sachsen behoben wären.

Unsere Beschwerden sind grundsätzlicher Natur und beziehen sich auf die Ausserachtlassung der Gesetze und insbesondere des Nationalitätengesetzes".[3]

Hören wir, was die Slovaken über die Nichtbeachtung des erwähnten Gesetzes schreiben: „Es ist eine Heuchelei, wenn die Magyaren im Parlamente ein Nationalitätengesetz schaffen, es der Sanction des Königs unterbreiten, jedoch nicht eine einzige Bestimmung desselben vollziehen, im Gegentheile es mit Füssen treten, diese Verletzung als ein Verdienst betrachten und sie belohnen.

Das ist eine himmelschreiende Ungerechtigkeit, es ist eine Schande, welche den natürlichsten Hass der Nichtmagyaren, den Hohn und die Verurtheilung der civilisirten Welt provociren".[4]

[1] Mocsáry Lajos, A közművelődési Egyletek és a nemzetiségi kérdés, Budapest, Kokai Lajos Bizománya 1886, S. 38, §. 40.

[2] Josef W. Filtsch, Zur Sprachenfrage in Ungarn, Kronstadt, Johann Gött & Sohn Heinrich, 1885, S. 30.

[3] »Kronstadter Zeitung« Nr. 151 vom 6. Juli 1891.

[4] »Narodnie Noviny« Nr. 133 aus 1890.

48

In gleicher Weise äussern sich in ihren Blättern auch die Rumänen, die Serben u. a.

Hieraus ersieht man, was in Ungarn die Existenz der Gesetze und insbesondere die des vielgepriesenen Nationalitätengesetzes bedeutet, wenn dasselbe ausschliesslich vom „ritterlichen" Magyarenthum gehandhabt wird.

Selbst unsere Brüder in Rumänien haben die Existenz dieses Gesetzes nicht geleugnet, sie haben blos betont, dass dasselbe mit dem geheimen Vorbehalte erbracht wurde, nie vollzogen zu werden.

Mit geschriebenen Gesetzen beweisen die Magyaren Niemandem etwas, weil bei uns nur jene Gesetze respectirt werden, welche auf die magyarische Nation Bezug haben; für uns, so glauben unsere „constitutionellen" „Herren", genügt es ja, wenn die Gesetze auf dem Papiere bestehen. —

Hören wir, was ein österreichischer Rechtsgelehrter, Herr Dr. Hugelmann, über eine solche Escamotirung der Nationalitätenrechte sagt: „Ein solcher Zustand ist gefährlicher, als die rückhaltloseste Negation, denn er untergräbt das Vertrauen in die Heiligkeit des Gesetzes, er nagt an dem rechtlichen Sinne des Volkes, er nagt damit an der Wurzel des Staatslebens selbst. Fürwahr, keine Bestimmung der Verfassung kann unheilvoller wirken, als wenn sie auch nur einen Bruchtheil des Volkes zu dem Glauben berechtigt, die Verfassung sei nur ein geduldig Stück Papier"....[1]

Im Verfolge unserer Darstellung werden wir Gelegenheit haben, reichhaltige Belege für die Thatsache zu erbringen, dass das erwähnte Gesetz *de facto* so gut wie nicht besteht.

[1] Dr. Carl Hugelmann, *Das Recht der Nationalitäten in Oesterreich und das Staatsgrundgesetz über die allgemeinen Rechte der Staatsbürger*, Graz, „Styria", 1880, S. 52.

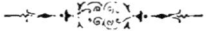

DER ÖFFENTLICHE UNTERRICHT IM DIENSTE DER MAGYARISIRUNG.

Wer mir meine Sprache verdrängt, will mir
auch meine Vernunft und Lebensweise, die Ehre
und die Rechte meines Volkes rauben!

Herder.

Die hauptsächlichsten Beschwerden der Rumänen gegen die ungarische Regierung haben den öffentlichen Unterricht zum Gegenstande.

Das ungarische System verwendet die Macht des öffentlichen Unterrichtes nicht zu Cultur-Zwecken, sondern im Interesse der Entnationalisirung des rumänischen Volkes.

Dieses dagegen verlangt, es solle der öffentliche Unterricht seiner national-culturellen Entwicklung dienstbar gemacht werden. Hierin besteht der Conflict.

Seit Jahren zwingen uns die ungarischen Regierungen den Unterricht der magyarischen Sprache auf, weil sie die Sprache der in unsere Mitte importirten Beamten ist. —

Niemand ist von dem Werthe fremder Sprachen mehr durchdrungen, als wir. Die Rumänen lernen aus eigenem Antriebe und mit dem grössten Eifer die deutsche, französische und italienische Sprache, weil ihnen wohlbekannt ist, welche Bildungs-Schätze in den Literaturen dieser Nationen aufgespeichert sind.

Von uns aber zu verlangen, dass wir magyarisch lernen, ist eine Unbilligkeit, weil die auf das Studium dieser Sprache aufgewendete Zeit rein verloren ist.

Denn wenn auch von allen übrigen Umständen abgesehen wird, so ist schon das eine Moment ausschlaggebend, dass die magyarische Literatur bis zum heutigen Tage sich mindestens auf keiner höheren Stufe der Entwicklung befindet, als die rumänische.

Für unsere culturelle Entwicklung wollen wir jedoch aus erster Quelle, und nicht aus einer Literatur schöpfen, die nicht einmal den Cultur-Bedürfnissen ihres eigenen Volkes genügt. —

Wir wollen uns jedoch auf Grund der westlichen Cultur in unserer nationalen Sprache weiter entwickeln. „Man kann ein Volk" sagt Fischhof „in einer fremden Sprache unterrichten, aber nicht bilden: die Bildung erblüht nur auf dem Boden der eigenen Sprache, aus dem ureigenen Genius jedes Volkes".[1]

Das wissen auch die Magyaren, desswegen sagen sie auch: „In seiner Sprache lebt ein Volk" sie sagen es aber nur dann, wenn es sich um ihre eigene Nationalität handelt, und vergessen dieses Axiom sofort, wenn eine andere Nationalität in Frage kommt!

[1] Fischhof, Angef. Werk, Seite 31.

Kaiser Josef II. wollte sämtliche Völkerschaften der Monarchie zu einem einheitlichen deutschen Volke verschmelzen; er verfügte zu diesem Zwecke die Germanisirung sämtlicher Schulen und sonstigen Bildungsanstalten.

Die Magyaren waren die ersten, welche laut ihre Stimme gegen diese Verfügungen erhoben, sie gestatteten es nicht, dass man sie in einer fremden Sprache, in fremdem Geiste bilde.

In gleicher Weise erhoben sie Einsprache gegen die germanisirenden Systeme Bach's und Schmerling's. Hiebei ist zu beachten, dass die Sprache, gegen welche sie Protest erhoben, eine europäische, eine gebildete und weit verbreitete ist! Desto erklärlicher ist es, dass wir zum mindesten ebensoviel Grund haben, uns gegen die Magyarisirung zu wehren, als die Magyaren seinerzeit als sie von der Germanisirung bedroht waren.

Ganze Völker zu zwingen, ihr Gehirn und ihre Ohren mit den Lauten einer Sprache Jahre lang martern, welche kaum 6--7 Millionen Menschen verstehen, welche Einen selbst in ausgedehnten Theilen Ungarn's im Stiche lässt und ausserhalb der Landesgrenzen schon völlig unverwendbar ist, welche endlich in ihrer Literatur kaum etwas Bedeutendes enthält, heisst geradezu die Entwicklung der betreffenden Völker absichtlich unterbinden. —

Die Volksschulen.

In ihrer Antwort führt die magyarische Jugend an, dass die Rumänen in Siebenbürgen und Ungarn über 3000 Volksschulen besitzen, und will aus dieser Thatsache ein Verdienst der Magyaren uns gegenüber ableiten.

Wir besitzen in der That bei 3000 Volksschulen, aber nicht durch die Gnade der Magyaren, sondern in Folge eigener Bemühungen; denn diese Schulen werden nicht aus dem Staatsschatze, sondern aus besonderen Beiträgen des rumänischen Volkes erhalten, welches keinen Anstand nimmt, den letzten Pfennig zu opfern, wenn es sich um seine und seiner Kinder Bildung handelt. Diese Schulen besitzen wir gegen die innigsten Wünsche der Magyaren, die übrigens schon seit Langem ihre Minen gelegt haben, um uns auch unsere Kirchen- und Schulautonomie zu untergraben.

Was beweist das aber, wenn ein ausgesogenes Volk, wie wir es sind, aus freiwilligen Beiträgen bei 3000 Schulen unterhält, nachdem es dem Staate namhafte Steuern entrichtet hat?

Es beweist, dass dieses Volk einen förmlichen Heisshunger nach Bildung fühlt und heute auf einer andern Stufe stände, wenn man es nicht unablässig in seiner Entwicklung behindert hätte!

Die Confessionen des Landes haben das Recht, in allen Gemeinden, in denen sich Glaubensgenossen befinden, für sich Schulen zu errichten.

Zur Erhaltung dieser Schulen trägt der Staat nichts bei.

---

¹) Gesetzartikel XXXVIII. ex 1868, §. 11.

Diese Schulen sind autonom, sie stehen unter der unmittelbaren Juris-
diction der Kirche, der sie angehören. Sein Ueberwachungsrecht übt der Staat
durch die Schulinspectoren aus. Dieses Recht beschränkt sich vorwiegend auf
die Controle, dass der Unterrichtsplan gewissenhaft befolgt, und das Vermögen
entsprechend verwaltet werde.[1])

Unter dem Titel der Ueberwachung haben die Inspectoren einen sehr ausgedehnten Einfluss auf diese autonomen Schulen. Dieselben suchen nicht nur
die Entwicklung der confessionellen Schulen zu behindern, sondern bewirken
unter verschiedenerlei Vorwänden die Schliessung oder Umwandlung derselben
in Gemeindeschulen (d. h. in magyarische Schulen.[2])

Wo die Organe des Staates ihren Zweck, Gemeindeschulen zu errichten,
nicht erreichen können, werden Staatsschulen sogar in solchen Gemeinden errichtet, in denen die Confessionen bereits vorzügliche Schulen besitzen.

Solche Gemeinde- und Staatsschulen, deren Vortragssprache die magyarische
ist, haben innerhalb einer nichtmagyarischen Bevölkerung gar keinen Sinn.

Der Zweck dieser Schulen ist ein aggressiver: nämlich die Magyarisirung.

Es ereignet sich der Fall häufig, dass dergleichen Schulen nicht einen
einzigen Schüler aufzuweisen haben.

Im Interesse der Erhaltung solcher Schulen wird aber das rumänische
Volk durch neue Umlagen bedrückt, indem es verhalten wird, sowohl für seine
eigene confessionelle rumänische Schule, als auch für eine zweite magyarische
Schule deren es nicht mehr bedarf, beizusteuern.

Auf diese rein zu Magyarisirungszwecken in's Leben gerufenen Schulen
beruft sich die Antwort, wenn sie ausführt, dass der Staat über 100 Gemeinde-
und Staatsschulen in rumänischen Gemeinden unterhalte.

Aber gerade diese Schulen sind ein Stein des Anstosses für
die Rumänen, denn;sie wurden nicht im Hinblick auf unsere Ausbildung, sondern zum Zwecke unserer Magyarisirung errichtet!

Im Jahre 1879 hat die ungarische Regierung und Gesetzgebung den Unterricht in der magyarischen Sprache allen nichtmagyarischen Schulen als obligaten Lehrgegenstand auferlegt

Diese Verordnung hat den Widerspruch aller nichtmagyarischen Nationen
hervorgerufen.

Denn sie steht nicht nur in ausgesprochenem Gegensatze zum Nationalitätengesetze, sondern ist auch unvernünftig und widerspricht allen pädagogischen
Grundsätzen.

Bei ihren Schulvisitationen kümmern sich die Schulinspectoren um nichts
anderes, als um den Fortschritt in der ungarischen Sprache. Jene Lehrer, welche
die besten Fortschritte in dieser Sprache aufweisen, werden vom Staate belohnt,
die übrigen werden verfolgt.

---

[1]) Gesetzartikel XXXIII. ex 1868 §. 14.

[2]) So hat ein ungarischer Schulinspector durchgesetzt, dass in einem einzigen (dem
gr. or. Hatzeger) Decanalsprengel mehr als 20 confessionelle rumänische Schulen in magyarische
Gemeindeschulen umgewandelt wurden!

4*

Dergestalt corrumpiren die staatlichen Organe unsere Lehrkörper, indem sie dieselben verleiten, die übrigen Lehrgegenstände zu Gunsten der magyarischen Sprache zu vernachlässigen. — An manchen Orten geht die Kühnheit der Inspectoren so weit, dass sie nach eigenem Ermessen confessionelle Lehrer, welche ihre Schuldigkeit thun, entfernen und sie durch unverwendbare Menschen, die sie als Werkzeuge gebrauchen können, ersetzen.

Die Mittelschulen.

Nach den Jahresberichten des Unterrichts-Ministers wurden im Jahre 1889—90 die Mittelschulen Ungarns von 40.596 Schülern besucht.

Von diesen waren: Magyaren . 29.242 oder 72·0%
Rumänen 2.470 „ 6·1%
Der Confess. nach gab es: Juden . . . 7.992 „ 19·7%
(Letztere sind bereits in die Zahl der Magyaren eingerechnet).

Mit andern Worten: 6½ Millionen Magyaren schicken gegen 30.000 Schüler in die Mittelschulen, 3 Millionen Rumänen dagegen etwa 2500!

Der Grund dieses uns so schädigenden Missverhältnisses erklärt sich aus folgender Thatsache:

In Ungarn gibt es 180 Mittelschulen, von denen 6 rumänisch und 167 magyarisch sind![1]

Die Rumänen können daher keine Mittelschulen besuchen, weil für sie derlei Anstalten fast gar nicht bestehen, sondern nur für die Magyaren und für jene, die ihrem Herzen soweit Gewalt anthun, um sich an fremden, ja sogar feindlichen Anstalten heranzubilden

Die rumänischen Gymnasien wiesen im Jahre 1891 folgende Frequenz auf:

Ort	Anzahl der gesammten Schüler	Hievon sind Rumänen	Die rumänische Bevölkerung in dem betreffenden Comitate beträgt	Die magyarische Bevölkerung in dem betreffenden Comitate beträgt
Blasendorf .	360	353	78·79%	15·02%
Beiuş . . .	255	218	43·16 „	54·03 „ [2]
Kronstadt . .	226	224	36·18 „	29·61 „
Năsăud .	233	218 [3]	76·97 „	3·85 „

[1] In einigen dieser Schulen gebraucht man in der I. und II. Classe beim Vortrage ausser der magyarischen auch eine andere Sprache als Hilfssprache.

[2] In diesem Comitate befindet sich ein magyarisches Gymnasium in Grosswardein; das Beiuş'er Gymnasium dagegen wurde in der neuesten Zeit gewaltsam magyarisirt. Siehe Seite 57.

[3] Siehe die Jahresberichte der betreffenden Gymnasien.

Vergleichen wir jetzt die Zahl der Rumänen in den auf rumänischem Gebiete befindlichen magyarischen Gymnasien: [1])

Ort	Anzahl der gesamten Schüler	Hievon sind Rumänen	Die rumänische Bevölkerung in dem betreffenden beträgt Comitate	Die magyarische Bevölkerung in dem betreffenden beträgt Comitate
Arad . . .	405	45	63 36	23·12
Klausenburg .	364	81	59·31	24·31
Temesvar . .	501	59	39·02	6·80
Lugoş . . .	192	87	78·35	1·94
Karlsburg . .	290	77	78·79	15·02

u. s. w.   u. s w.   u. s. w.   u. s. w.

Aus diesen wenigen Beispielen ersieht man, dass wenn auch in diesen Comitaten die Magyaren absolute und verschwindende Minoritäten bilden, daselbst nur magyarische Gymnasien vorhanden sind, und dies ist auch der Grund, warum die Zahl der rumänischen Schüler eine so geringfügige ist.

Untersuchen wir jetzt, was das Gesetz vorschreiben würde, wenn die Magyaren irgend welche Achtung vor geltenden Gesetzen hätten.

Paragraph 17 des Nationalitäten-Gesetzes lautet: „Da der Erfolg des öffentlichen Unterrichtes vom Standpunkte der allgemeinen Bildung und des Gemeinwohles eine der wichtigsten Aufgaben des Staates ist, *so ist dieser verpflichtet dafür Sorge zu tragen, dass jedwede Nationalität, welche in grössern Massen beisammen wohnt, in der Nähe des von ihr bewohnten Bezirkes sich in der eigenen Muttersprache bis zu jenem Punkte ausbilden könne, wo die höhere academische Bildung ihren Anfang nimmt*".

Hieraus geht klar hervor, dass in jenen 20 rumänischen Comitaten der Staat allein die Verpflichtung hätte, bei 20 vollständige rumänische Gymnasien, Realschulen, u. s. w. zu erhalten.

Der Staat erhält aber keine einzige nichtmagyarische Mittelschule!

Ja noch mehr! die nichtmagyarischen Nationen dürfen nicht einmal mit ihrem eigenen Gelde, aus ihren eigenen Fonden Bildungs-Anstalten errichten!

[1]) Diese statistischen Daten wurden dem Berichte der betreffenden Gymnasien für das Jahr 1890—91 entnommen.

Kann es ein ungerechteres System geben?

Gibt es eine offenkundigere Tendenz, die Bildung der nichtmagyarischen Nationen gewaltsam zu hindern?

Und die Leute, die uns in so empörender Weise ausbeuten und in unserer Entwicklung hindern, reden von „Liberalismus" und „Constitutionalismus"!

Verweigerung der Bewilligung ein rumänisches Gymnasium in Arad zu errichten.

Nach dem Wortlaute des citirten Paragraphen des Nationalitäten-Gesetzes wäre der Staat verpflichtet, im Arader Comitat ein vollständiges Gymnasium mit rumänischer Vortragssprache zu erhalten.

Wie aber der Staat auch sonst nirgends dergleichen Anstalten erhält, so erhält er auch kein rumänisches Gymnasium im Arader Comitat.

Es war demnach natürlich, dass die Rumänen sich aus eigenen Mitteln ein Gymnasium zu errichten bestrebt sein mussten, und daher beschlossen denn auch die auf Grund der vaterländischen Gesetze bestehenden Behörden der griechisch-orient. rumänischen Diöcese Arad im Jahre 1885 die Errichtung eines rumänischen Gymnasiums in der Stadt Arad.

Paragraph 26. des Gesetzes lautet: „So wie bisher, werden auch künftighin einzelne Bürger, einzelne Gemeinden, die Kirchen und kirchlichen Gemeinden jedweder Nationalität das Recht haben, aus eigenen Mitteln oder im Wege der Association niedere, mittlere und höhere Bildungsanstalten zu errichten".

Die kirchlichen Behörden boten der Regierung alle nur möglichen Garantien für die Erhaltung des Arader Gymnasiums. Unter andern verfügten sie über ein Gebäude mit den entsprecheden Räumlichkeiten und über einen Fond von mehr als 800.000 Gulden, dessen Erträgnis sie theilweise zum gedachten Zweke widmeten.

Ausserdem waren auch noch andere Quellen vorhanden, wie die Ergebnisse einer öffentlichen, unter den Rumänen des griech.-orientalischen Bekenntnisses zu veranstaltenden Subscription u. s. w.

Trotz alledem verweigerte der ungarische Minister die Bewilligung zur Eröffnung der Schule und bemerkte in seinem Erlasse, dass er diese Bewilligung auch künftighin immerdar verweigern werde!!

Diese Willkür begründete der Minister mit der Erklärung, dass in Arad ein (magyarisches) Gymnasium bestehe, dass ein rumänisches Gymnasium den Interessen des „Staates" (d. i. des Magyarismus) nicht entspreche, sondern eher den politischen Separatismus fördern würde.[1] —

---

[1] Ministerialerlass Zl. 23,357 vom 14. Juli 1885.

Verweigerung der Bewilligung zur Errichtung eines rumänischen Gymnasiums in Caransebeş.

Im Jahre 1881 fassten 84 Gemeindevertretungen der alten „rumänisch-banater Grenze" mit rein rumänischer Bevölkerung den einstimmigen Beschluss, aus den Einkünften jener Fonde, die bei Auflösung der Grenze in den ausschliesslichen Privatbesitz der Grenzer übergegangen waren, die erforderlichen Mittel zur Errichtung eines Obergymnasiums in Caransebeş, dem Centrum des Bezirkes beizusteuern, in welchem unter Beachtung aller Verfügungen des bestehenden Schulgesetzes die Sprache des Volkes, d. i. die rumänische die Vortragssprache sein sollte.

Zu diesem Zwecke widmeten die Gemeinden i h r e i g e n e s, a l l e n g e s e t z-l i c h e n B e s t i m m u n g e n e n t s p r e c h e n d e s und e i g e n s dazu e r b a u t e s G e b ä u d e und a u s s e r d e m noch e i n e n j ä h r l i c h e n Geldbeitrag v o n 17,525 Gulden öst. W.

Der mit der Durchführung dieses Beschlusses seitens der Gemeinden betraute Ausschuss that alle erforderlichen Schritte.

Derselbe stellte sich unter der Führung des Generals Trajan Doda persönlich dem Unterrichtsminister, überreichte ihm ein schriftliches Gesuch mit dem Datum des 18. Februar 1882 und bat um die Genehmigung des Beschlusses der Gemeinden.

Obwohl dieses Gymnasium für eine compacte Bevölkerung von über einer halben Million ein absolut tief gefühltes Bedürfnis ist, oder vielleicht gerade aus diesem Grunde h a t d e r M i n i s t e r bis auf d e n h e u t i g e n Tag k e i n e A n t w o r t gegeben!

Wenn die magyarische Jugend behauptet, der Minister habe die Errichtung eines Gymnasiums ohne ausreichende Einkünfte nicht gestatten können, so spricht sie eine offenbare Unwahrheit aus.

Denn die Gemeinde-Vertretungen haben zu wiederholten Malen ihrer Bereitwilligkeit Ausdruck gegeben, j e d e z u r E r h a l t u n g d e s G y m n a s i u m s w e i t e r s e r f o r d e r l i c h e S u m m e in b i n d e n d e r W e i s e s i c h e r s t e l l e n z u w o l l e n, und doch wurde das Gymnasium nicht errichtet, weil der magyarische Minister schwieg und auch heute noch fortschweigt!

Trotzdem haben die Gemeinde-Vertretungen nicht aufgehört, den Gymnasial-fond mit der jährlichen Quote von 2000 Gulden öst. W. zu dotiren, so dass diese Beiträge allein sammt den Zinsen derselben heute bereits 26.000 fl. aus-machen, wobei sämmtliche übrigen Leistungen nicht eingerechnet werden.

Die wiederholt im privaten, öffentlichen und amtlichen Wege gemachten Schritte, Berufungen und Beschleunigungsgesuche waren seit dem Jahre 1884 ausser Stande, unserer „liberalen" Regierung ein einziges Wort zu entreissen.

Ein Jahrzent vergeblicher Anstrengungen hat schliesslich die Rumänen von Severin überzeugt, dass sie innerhalb des Rahmens der Gesetze ihres

Vaterlandes kein Recht haben, selbst aus eigenen Mitteln ihre nationale Sprache zu pflegen.

Betrachten wir nun das väterliche Wohlwollen der ungarischen Regierung unseren bereits bestehenden Gymnasien gegenüber. Fast alle diese Institute datiren aus der Zeit des österreichischen Absolutismus. Der Staat trägt zur Erhaltung derselben absolut nichts bei. Unser Volk erhält sie im Wege freiwilliger Beiträge.

Der magyarische Constitutionalismus hat diesen Instituten gegenüber die einzige Sorge, den Moment wahrzunehmen, in welchem die Magyarisirung derselben in's Werk gesetzt werden könnte.

Wenn die Magyaren nicht die elementare Reaction fürchten würden, welche die Schliessung dieser Institute im rumänischen Volke erzeugen würde, so hätten dieselben schon längst das Loos der slovakischen Gymnasien gehabt.

Der erste Schritt zur Erreichung dieses Zieles ist der Gesetzartikel XXX. vom Jahre 1883, in welchem die ungarische Regierung sich das Recht der Ueberwachung, theilweise auch der Leitung dieser Institute aneignete, wobei es ihr gleichzeitig gelang, in diesen Gymnasien die ungarische Vortragssprache beim Unterricht in der ungarischen Sprache und Literatur einzuführen.

Die gewaltsame Magyarisirung des rumänischen Gymnasiums in Beiuș.

In ihrer Antwort behauptet die magyarische Jugend, das Beiușer Gymnasium sei im Sinne der Gründungsurkunde magyarisirt worden.

Charta non erubescit, werden sich unsere magyarischen Freunde gedacht haben, als sie die Augen zudrückten und die erwähnte Behauptung zu Papier brachten.

Die Sache verhält sich folgendermassen:

Ein rumänischer Bischof griech.-kath. Bekenntnisses, der selige Samuel Vulcan, gründete im J. 1826 in Beiuș, seinem Bischofssitze, ein Gymnasium.

In der ganzen Umgebung war und ist die gesammte Bevölkerung rein rumänisch.

Zu jener Zeit war, wie auch sonst überall, die Vortragssprache die lateinische. Im Jahre 1851 entschied Bischof Vasilie Erdeli in seiner Eigenschaft als gesetzlicher Patron des Gymnasiums mitsammt dem Schulinspector, den Professoren u. s. w., es solle, weil dieses Gymnasium ein national-rumänisches ist, im Sinne der Intentionen seines Begründers als Vortragssprache die rumänische Sprache eingeführt werden.[1]

---

[1] „Actum est de stabilienda Institutionis lingua ac determinatum est: *Cum gymnasium hoc sit nationale Romanum, altissimae intentioni conformiter linguam Institutionis Romanam esse debere*" etc.

Und mit Recht, denn in der Gründungsurkunde heisst es klar, es solle dieses Gymnasium, da es dazu bestimmt sei, das rumänische Volk zu bilden, einen rumänischen Charakter haben.[1] Die absolutistische 1851-er Regierung hat ohne Umschweife den rumänischen Charakter dieses Institutes anerkannt und dem gemäss die Verfügung des Patronates, es solle die rumänische Sprache die Vortragssprache sein, gutgeheissen.[2]

Der „constitutionellen" ungarischen Regierung blieb es vorbehalten, dieses Institut zu untergraben und es zu vernichten. Von Zeit zu Zeit hatte der ungarische Minister am Gymnasium allerlei auszusetzen

In letzterer Zeit fand er, dass das Schulgebäude baufällig sei, er drohte dem Patronat, das Gymnasium zu sperren, woferne es nicht renovirt werden würde.

Sofort liess der jetzige Bischof das Gebäude nicht nur ausbessern, sondern geradezu in einen wahren Palast umwandeln und danneben noch ein Internat und sonstige entsprechende Räumlichkeiten herstellen.

Später übte der Minister auf den Bischof eine Pression aus, dass er drei der gelehrtesten und bei den Schülern am meisten beliebten Professoren entlasse, weil dem Minister denuncirt worden war, die genannten Professoren seien „Daco-Rumänen". Im entgegengesetzten Falle drohte der Minister, das Gymnasium zu schliessen.

Zuletzt musste der Bischof nachgeben; er glaubte, von nun an werde das Gymnasium die Ruhe der Chauvinisten nicht mehr stören. Bittere Täuschung!

Wie aus heiterem Himmel ordnete der Minister die Beseitigung der rumänischen Sprache und Einführung der magyarischen als Vortragsprache an![3]

Und diese offenbare Willkür findet die magyarische Jugend im Einklang mit der Gründungsurkunde!

Wenn der Bischof Vulcan gewusst hätte, dass man das Gymnasium, welches er zur Ausbildung seines Volkes bestimmt hatte, in eine Entnationalisirungs-fabric umwandeln werde, so hätte er sicherlich vorgezogen, sein Geld lieber in den Crişfluss zu werfen. —

---

[1] „Infrascriptus in emolumentem publicum in primis vero in utilitatem et culturam nationis Valachicae, culturae opiset omnino indigae, Paedagogium seu minus Gymnasium . . . . fundavissem", ... „ac quoniam hoc institutum praeferenter pro natione Valachica fundatum sit etc. Grammaticae item ac Literaturae Valachicae peculiaris reflexio habeatur etc." Siehe: „Notitia fundationis m. gr. cath gymnasii Belenyesiensis exhibbens litteras fundationales". Punkt 2.

[2] „In gymnasio Belenyesiensi, veteri systemate literario vigente, ad normam aliorum regni gymnasiorum, lingua institutionis fuit Latina . . . Anno 1851 subsecuto novo studiorum systemate in plano organisationis huius gymnasii, ut iuvenes propositas scientias facilius ac maiori cum fructu sibi propias reddere possint, nationalitatis iuvenum respectu habito Excelso C. R. ministerio pro futuro institutionis lingua est proposita Romana et qua talis ab Excelso C. R. ministerio decreto ddto 8-vae Julii anni 1851 Nr. 2191 277 emanato, haec etiam aprobata est".

[3] Die ministerielle Verordnung vom 22. Juli 1889. Zahl 21335.

Ueber die magyarische Willkür dem Nasauder rumänischen Gymnasium gegenüber werden wir an anderer Stelle berichten.

Die Universitäten.

Im verflossenen Jahre zählte die Budapester Universität 3533 Hörer.

Nach den Magyaren bilden die Rumänen die zahlreichste Nationalität Ungarns; diese waren in obiger Gesamtzahl mit 5% vertreten![1]) Die Zahl der Professoren beträgt 217, worunter sich ein einziger Rumäne befindet!

Wir haben gesehen, dass die Rumänen Ungarns und Siebenbürgens auf dem von ihnen bewohnten Gebiete ein compactes nationales Ganzes bilden.

Etwa in der Mitte dieses Gebietes, nämlich in der siebenbürgischen Stadt Klausenburg befindet sich eine Universität

Was wäre natürlicher und gerechter gewesen, als dass man diese Universität für die Bedürfnisse jener Nationalität eingerichtet hätte, welche die absolute und überwiegende Majorität dieses Gebietes bildet?

Jeder, der nur etwas Sinn für Recht hat, muss zugeben, dass diese Universität rumänisch oder doch zumindest wesentlich rumänisch sein müsste.

Trotz alledem und obwohl die Magyaren auf diesem Gebiete nur eine verschwindende Minderheit bilden, ist die Klausenburger Universität ausschliesslich magyarisch, ja ultramagyarisch!

Die Zahl der Studirenden betrug im verflossenen Jahre an dieser Universität 565. Der Nationalität nach waren:

Magyaren 405 oder 72·6%

Rumänen 67 „ 11·6 /o

Herr Schwicker, dessen Arbeiten wir diese Daten entnehmen, sagt selbst: „Die geringe Zahl rumänischer Hörer ist auffallend, da ja nicht nur Siebenbürgen, sondern auch die angrenzenden Comitate im eigentlichen Ungarn vorwiegend von Rumänen bewohnt sind. Es machen sich hierbei vorwiegend national-politische und sprachliche Einflüsse in störender Weise geltend".[2])

Die Zahl der Professoren und Docenten beträgt . . . 68

Darunter befindet sich nicht ein einziger Rumäne!

Fast sämmtliche Staaten verwenden für den öffentlichen Unterricht 10--15—20% ihres Einkommens. Rumänien, ein kleiner Staat mit einer Bevölkerung von annähernd 7 Millionen, verausgabt 15 Millionen Lei, Ungarn mit einem um das Doppelte grösseren Gebiete und 15 Millionen Einwohnern verausgabt jährlich für diesen Zweck blos 6,173.018 Gulden, das sind 2% der

---

[1]) In Wirklichkeit sind es nicht einmal 5%, weil wir in dieser Zahl sämtliche griech.-orient. und griech.-kath. Studenten der Universität mitgerechnet haben. Unter diesen gibt es aber viele Serben und Russen, so dass auf der ersten vaterländischen Universität die Rumänen mit nicht mehr als 3% vertreten sind.

[2]) Prof. Dr. I. H. Schwicker, *Das Mittel- und Hochschulwesen in Ungarn.* In der *Oester. ung. Revue.* Wien 1891, Band XI., Seite 315.

gesammten Staatsausgaben. — Man kann sich dieses Phänomen leicht erklären. Die Serben, Rumänen und Sachsen unterhalten ihre Schulen aus eigenen Mitteln, und für den Unterricht der etwa 6 Millionen Magyaren genügt die jährliche Summe von 6 Millionen Gulden! — Dass wir aber nicht vergessen, der Staat hat ja, wie die magyarische Jugend hervorhebt, für das Jahr 1891 zu Gunsten der confessionellen Schulen 112.000 Gulden präliminirt! In Ungarn gibt es aber blos 7 Confessionen!!!

Aber auch dieses minimale Präliminar wird nur unter die magyarischen confessionellen Schulen aufgetheilt. —

Verfolgungen der Rumänen in den magyarischen Instituten.

In den magyarischen Gymnasien, aus denen auch wir grossentheils herausgegangen sind, werden die Schüler nichtmagyarischer Nationalität nicht nur als Fremde, sondern geradezu als Feinde behandelt.

Die Professoren der Geschichte unterlassen es nie, in scandalöser Weise die Abstammung und Geschichte der Rumänen zu verhöhnen. Man erzählt den Schülern vom Katheder aus, die Rumänen seien die Nachkommen rein aus Verbrechern zusammengesetzter Colonien; die Führer der rumänischen Aufstände Horia, Cloşca, Crişan, Jancu u. s. w., seien die Anführer von Räuberbanden gewesen etc.

Die Lesevereine der rumänischen Schüler wurden gesperrt, deren Büchersammlungen wurden confiscirt, sie werden bei jedem Schritte von den magyarischen Collegen überwacht, die in der Kunst zu denunciren wahre Virtuosen sind.

Einige Fälle mögen das Gesagte näher beleuchten.

In der Stadt Lugoş besteht, obwohl die ganze Umgebung rumänisch ist, ein magyarisches Gymnasium.

Im Sinne des Nationalitäten-Gesetzes sollte dieses Gymnasium ein rumänisches sein. Es sollte sein! Die rumänische Sprache wird wöchentlich wie zum Hohn blos in zwei Stunden vorgetragen.

Im Jahre 1880 entschlossen sich die rumänischen Schüler, weil sie sahen, dass sie in ihrer nationalen Erziehung verkürzt werden, sich jeden Sonntag in einem der Verwaltung der rumänischen Kirchenfonde gehörigen Saale zu dem Zwecke zu versammeln, um sich gegenseitig in der rumänischen Sprache und Literatur auszubilden.

Da lasen und besprachen sie gegenseitig ihre literarischen Versuche, declamirten hin und wieder ein Gedicht und schufen sich aus freiwilligen Beiträgen eine gemeinschaftliche Bibliothek, die in kurzer Zeit 200 rumänische Werke umfasste: ein sprechender Beweis für den heissen Durst dieser jungen Leute, sich in ihrer eigenen Literatur auszubilden.

Sobald die magyarischen Professoren erfuhren, dass die rumänischen Schüler sich mit dergleichen literarischen Arbeiten befassen, wurden sofort Untersuchungen eingeleitet, mehrere rumänische Schüler ausgeschlossen und die Bibliothek wurde über Verlangen der Professoren von dem Obergespan confiscirt. Sie liegt auch heute noch auf dem Dachboden des Comitatshauses!

Die dortigen Rumänen wiesen klar nach, wie man sie vergewaltige, sie protestirten, reclamirten — alles umsonst!

Die Principien der ungarischen Freiheit gestatten es den rumänischen Schülern nicht, sich selbst auf privatem Wege und mit Hilfe freiwilliger Beiträge auszubilden! —

In gleicher Weise wurde auch den Klerikern des griechisch-katholischen Seminars in Budapest ihre Bibliothek confiscirt u. s. w.

Zu Chemnitz, Klausenburg und an andern Orten waren die rumänischen Jünglinge zu wiederholtenmalen das Ziel der schmutzigsten Denunciationen, Untersuchungen. Relegationen; man entzog ihnen die Stipendien, und dies geschah unter den nichtigsten Vorwänden z. B. weil die Chemnitzer rumänischen Studenten die „Tribuna" lasen — die rumänischen Studenten von Klausenburg eine Glückwunsch-Adresse an mehrere rumänische Redacteure aus Anlass der Freisprechung derselben in einem Pressprocesse abgesendet hatten.

Wie oft erlauben sich nicht die ungarischen Professoren den rumänischen Zöglingen in der Schule zuzurufen: „Packt euch ins Wallachenland" — „wenn Ihr magyarisches Brod esset, magyarische Luft einathmet, so müsst auch Ihr Magyaren sein".

Die Beinamen „Toller Wallache". „Elender Bundschuh", „Dummer Wallach" klingen uns auch heute noch in den Ohren aus der Zeit, da wir auf den Bänken der magyarischen Gymnasien sassen.[1]

Die Eigennamen der rumänischen Schüler werden ausser an den Universitäten in sämmtlichen magyarischen Schulen in magyarischer Schreibweise verunstaltet. damit sie nur magyarischer klingen.

Auf die Feiertage der rumänischen Schüler wird fast keine Rücksicht genommen.

Dafür werden sie aber verhalten. Hymnen zu singen wie: „Jedermann sei ein Mensch und Magyare". „Gott segne die Magyaren" u. s. w.

Verfolgung unserer didactischen Literatur.

Alle unsere Schulbücher werden seitens der Regierung einer strengen Censur unterzogen und. wenn sie mit den Magyarisirungstendenzen nicht im Einklang sind, unter dem Vorwande verboten, sie enthielten dem „Staate" abträgliche Stellen.

In den geographischen Handbüchern ist es den rumänischen Verfassern nicht gestattet. die rumänische. seit Jahrhunderten in dem Volksmunde eingewurzelte Nomenclatur zu gebrauchen An Stelle der ursprünglichen rumänischen Bezeich-

---

[1] Im Ungarischen sind die Ausdrücke stereotyp: »Takarodjanak az chadta Oláhországba«, »Itt magyar a kenyér, magyar a levegő, magyar az Ur Isten«, »Buta Oláhok«, »Bocskoros, dühös Oláhok«, »Dézsás Móc«, »Mokány«, »Lánkuj« etc.

nungen verlangt die Regierung den Gebrauch magyarischer Benennungen, die aber Niemand versteht.

Ebenso verhält es sich auch mit der Zusammenstellung der geschichtlichen Handbücher; die Verfasser dürfen nicht ein einziges leises Wort über unsere Existenz und unsere Vergangenheit sprechen.

Dass auch die Rumänen irgend Etwas für dieses Land gethan, dass auch sie ihre Helden besitzen, darf man in dem Geschichtsunterricht ungestraft nicht erwähnen.

Und weil man den rumänischen Verfassern so oft die von ihnen herausgegebenen Bücher verbietet, sind sie, um wenigstens theilweise den Anforderungen des Unterrichtes zu genügen, gezwungen, ungarische Bücher zu übersetzen.

Diese enthalten aber namentlich in Bezug auf das rumänische Element die empörendsten Unwahrheiten.

Um jedwede culturelle Gemeinschaft zwischen uns und unseren Brüdern aus dem freien Rumänien zu verhindern, wird seitens der Regierung der Eintritt auch den unschuldigsten literarischen rumänischen Erzeugnissen verboten.

Was die Tagesliteratur anbelangt, so werden wir an anderer Stelle ersehen, dass die siebenbürgische rumänische Presse unter einem Ausnahmsgesetze steht, auf Grund dessen viele rumänische Redacteure in Untersuchung gezogen, in den Kerker geworfen und mit empfindlichen Geldstrafen belegt wurden.

In Rumänien hat die Literatur im Ganzen und insbesondere die Tagesliteratur einen mächtigen Aufschwung genommen; damit wir aber auch dieses Vortheiles verlustig werden, ist den meisten Blättern der Eintritt nach Ungarn und Siebenbürgen verwehrt. —

So wie man der rumänischen Schulbücherliteratur das Leben sauer macht, so geschieht es auch der deutschen u. s. w.

„Wir halten", führt das »Siebenbürgisch-Deutsche Tageblatt« aus, .[1] „diese ganze Hetze gegen staatsfeindliche Lehrbücher — offen gesagt für kindisch, insbesondere auch darum, weil diese Staatsfeindlichkeit, um derentwillen so manches Buch verboten wird, ein gar seltsames Gewand an hat. Als staatsfeindlich wird es angesehen, wenn der Monarch von Oesterreich-Ungarn einmal Kaiser, nicht König genannt wird, wenn Siebenbürgen im Buch vorkommt, der unabschaffbare Name des Landes, den der Herrscher in seinem Titel führt, der in Gesetzen und Verträgen seit Jahrhunderten gebraucht auch heute staatsrechtlich unantastbar ist; wenn auf der Landkarte der Name Wien und nicht Becs vorkommt u. s. f.

Das muss denn doch auch mildeste Gemüther und friedensseligste Träumer erbittern. Denn es guckt aus diesen Bücherverboten immer wieder jenes unselige Streben hervor, jede Lebensäusserung zu unterdrücken, die Zeugnis davon ablegt, dass in Ungarn auch andere Leute als Magyaren wohnen! Wohin soll das führen? **Es ist ein neuer Beweis, dass wir dem Polizei-**

[1] »Siebenbürgisch-Deutsches Tageblatt« vom 3. Juli 1891.

**staat nicht nur entgegentreiben, sondern bis über Hals und Kopf
schon darin versunken sind!".**

Gewaltsame Magyarisirung der Kinder.

Verflossenes Jahr wurde im ungarischen Parlamente ein Specialgesetz behufs
Magyarisirung der kleinen Kinder geschaffen.[1]

Im Sinne dieses Gesetzes sind sämtliche Gemeinden verpflichtet, Kinderasyle
zu errichten. Alle Eltern, die nicht nachweisen können, dass ihre Kinder gehörig
betreut werden, sind gehalten, ihre Kinder vom 3-ten Jahre an in diese Asyle
zu schicken.

Hier „sollen sie in die Kenntnis der magyarischen Sprache eingeführt
werden", indem man sie in dieser Sprache singen lässt und „interconfessionelle"
Gebete lehrt, u. s. w.

Kurz, es handelt sich um eine Magyarisirungsfabric in grossem Style. —

Auch in Russland bedient man sich barbarischer Systeme zur Russificirung
der Bevölkerung, aber auf solche Janitscharen-Mittel sind die Russen bisher noch
nicht verfallen. —

Das Bucarester Memorandum hat Recht, wenn es ausruft: „Nirgends
in Europa, nirgends auf dem Erdboden, niemals, seitdem die
Menschheit sich zu Gesellschaften constituirte, hat man je eine
solche Vergewaltigung gesehen!"

Doch die magyarische Jugend scheut sich nicht, zu behaupten, dieses
Gesetz verfolge humanitäre Zwecke!

Wenn die Humanität die Magyaren veranlasst hätte, ein solches Gesetz zu
schaffen, so hätten sie die Kinder und insbesondere in einem so zarten Alter nicht
gezwungen, in diesen Asylen **ungarisch** zu lernen!

Der klare und wahre Zweck ist, die Kinder ihrer Muttersprache zu ent-
fremden, in der Hoffnung, sie auf diese Art magyarisiren zu können.

Als man dieses Gesetz im Parlamente beriet, erhob das rumänische Volk
in zahlreichen öffentlichen Versammlungen im Angesichte der Welt und Gottes mit
der ganzen Kraft seiner Seele Protest gegen diese asiatischen Angriffe auf seine
Existenz. Doch sein Protest verhallte in der Wüste. — Die Tyrannei versteht
den Schmerz eines Volkes nicht. Sie versteht die Sprache dieses Widerstandes nicht. —

Sie kennt nur ein einziges Ideal: die Magyarisirung! Ausrottung all'
dessen, was nicht magyarisch ist! Dass aber diese verfolgten Nationalitäten nahe
der Verzweiflung sind, kümmert die „ritterlichen" Magyaren wenig; lautet doch
ihre Devise: „Ungarn werde entweder magyarisch werden, oder untergehen!".

Sie mögen nur so fortfahren! *Quos deus perdere vult, prius dementat!* —

---

[1] Gesetzartikel XV. vom Jahre 1891

UNTERGRABUNG UNSERER KIRCHEN-AUTONOMIE.

Die Hälfte des rumänischen Volkes in Ungarn und Siebenbürgen bekennt sich zum orthodoxen orientalischen Glauben.

Nach hundertjährigen Kämpfen und Leiden gelang es der rumänischen Kirche dieser Confession endlich im Jahre 1868 ihre Autonomie zu erlangen.

Unsere magyarischen Collegen bezeichnen das Gesetz, welches diese Autonomie sicherstellt, als das wichtigste und wollen es als ein Werk des magyarischen Liberalismus darstellen.

Im Gegentheil, auch diese kirchliche Autonomie wurde, wie fast unsere sämtlichen nationalen Einrichtungen u n t e r d e m österreichischen Absolutismus decretirt,[1]) und die magyarische Gesetzgebung des Jahres 1868, die noch unter einem gewissen Einflusse Josef Eötvö's, des grossen ungarischen Patrioten und gleichzeitig des einzigen Vertheidigers der Nationalitäten stand, schrieb sie ins Gesetz ein.

Diese Autonomie ist das Werk unsers damaligen Bischofs Andreas Baron Şaguna und des genannten Baron Eötvös. Wir anerkennen offen, dass diese Autonomie seitens der Rumänen mit aufrichtiger Freude aufgenommen wurde. Aber kaum hatten sich die Magyaren mit der Macht unseres gemeinsamen Staates vertraut gemacht, so begannen sie sofort diese Autonomie uns zu untergraben.

Die in dieser Beziehung uns zugefügten Ungerechtigkeiten sind nachfolgende:

I. Wahl des Metropoliten.

Es war ein Erfordernis der magyarischen Politik, dass auf dem erzbischöflichen Stuhl und somit an der Spitze der rumänischen orthodoxen Kirche des Ostens ein Mann sich befinde, den man als Werkzeug zur Untergrabung der Kirchen-Autonomie, d i e d e n n a t i o n a l - r u m ä n i s c h e n C h a r a k t e r d e r K i r c h e r e p r ä s e n t i r t, gebrauchen könne.

Der am 27. October 1874 zusammengetretene Wahlcongress wählte den Caransebeş'er Bischof Joan P o p a s u zum Metropoliten

Die ungarische Regierung hatte aber ihren eigenen Candidaten und empfahl demnach Seiner Majestät den neugewählten Metropoliten n i c h t z u b e s t ä t i g e n ; So geschah es denn auch.[2])

---

[1]) Durch Allerhöchste Entschliessung vom 24. December 1864.

[2]) Allerhöchste Entschliessung aus Gödölö vom 19. November 1874

Der Congress schritt zu einer neuen Wahl, wobei die Majorität des Klerus und des Volkes gegen den von der Regierung aufgedrängten Candidaten sich dadurch auflehnte, dass sie weisse Kugeln in die Wahlurne legte.

Kaum bei der dritten Wahl gelang es der Regierung für ihren Candidaten, den jetzigen Metropoliten Miron Roman die Majorität zu erlangen.

II. Verhinderung des Zusammentrittes der national-kirchlichen Congresse.

Das von der ungarischen Gesetzgebung und der Krone anerkannte und garantirte Grundgesetz[1]) der orthodoxen orient. rumänischen Kirche, verlangt, der Congress, dieser höchste repräsentative Körper der Kirche solle von 3 zu 3 Jahren zusammentreten.

Bis zur Berufung des Metropoliten Miron Roman wurde das Gesetz in dieser Beziehung stets eingehalten.

Die ungarische Regierung dagegen hat durch ihren Auserwählten, den Metropoliten Miron Roman sechsmal[2]) den Zusammentritt des Congresses verhindert, und so wurde fünf Jahre nacheinander kein Congress abgehalten und die klare Gesetzesbestimmung in offenkundiger Weise übertreten. —

III. Verletzung des Jurisdictions-Rechtes in Angelegenheit der kirchlichen- und Schuldisciplin.

In dem Gesetze vom Jahre 1868 wird sowohl in der Bestätigungsclausel, als auch in den Punkten VI. und X. der allgemeinen Bestimmungen die Autonomie garantirt, und wird in bestimmter Weise unserer Kirche die Unabhängigkeit ihrer Gerichtsbarkeit in allen richterlichen Schul- und Kirchenangelegenheiten vorbehalten.

Nach der Verfügung dieses Fundamental-Gesetzes[3]) ist in unserer Kirche das Metropolitan-Consistorium das oberste Gerichts-Organ; ferner gelten als Gerichtsstellen in allen unsere Lehrer betreffenden Disciplinar-Angelegenheiten die Exarchial-Consistorien und als letzte Instanz behufs endgiltiger Austragung derselben das Metropolitan-Consistorium

Ungeachtet all dieser klaren Bestimmungen des Grundgesetzes befiehlt[4]) der ungarische Minister in auffallendem Widerspruche mit dem Gesetze und unter Verletzung unseres autonomen Kirchenrechtes „es sollen alle Disciplinar-Angelegenheiten" der confessionellen Lehrer, welche mit der Amtsenthebung verbunden sind, der ministeriellen Ueberprüfung unterzogen werden, das heisst der Minister hat sich ein Polizeirecht zugeeignet. —

IV. Unterstützung der Geistlichkeit aus dem Staatsbudget.

Auf die Bitten und Bemühungen des Bischofs Şaguna verfügte [1]) Seine Majestät, es solle alljährlich aus dem Staatsschatze ein Betrag von 24.000 Gulden an das Hermannstädter Consistorium abgezahlt werden, die derselbe im Einverständnis mit dem Bischofe als Unterstützung an die Geistlichkeit der Erzdiöcese zu vertheilen habe.

So geschah es auch bis zum Jahre 1875.

Die „verfassungsmässige" Regierung trug aber Verlangen darnach einen Theil der Geistlichkeit von sich abhängig zu machen; in folge dessen verständigte der ungarische Minister den Erzbischof Miron Roman, dass über ministeriellen Antrag, die Allerhöchste Resolution dahin abgeändert worden sei, es solle künftighin der ungarische Minister die Vertheilung der Unterstützungsgelder vornehmen und dieser beeilte sich auch dem Erzbischofe ein Statut zur Vertheilung dieser Gelder zu übermitteln.[2])

Zufolge dieses octroirten Statutes sind die Gesuche der Geistlichen unmittelbar dem ungarischen Minister zu unterbreiten, und die bewilligten Unterstützungen von den Betreffenden direct aus der Staatscasse zu beheben.

Die erzbischöfliche Synode unterbreitete dem Minister eine Repräsentation, in welcher, unter Hinweis darauf, dass das Inslebentretten des Statutes die Autonomie und das Ansehen der Kirche verletzen würde, um die Rückversetzug auf die Basis vom Jahre 1861 gebeten wird.

Der Minister antwortete hierauf, er könne die Repräsentation der Synode nicht berücksichtigen.[3])

Mittelst einer fünfgliedrigen Abordnung präsentirte sich das Consistorium am 21. Februar 1885 bei Seiner Majestät und bat um Wiedereinsetzung der frühern Vertheilungsbasis.

Später verständigte der ungarische Minister den Erzbischof davon, dass Seine Majestät das Gesuch des Consistoriums unberücksichtigt gelassen, den ungarischen Minister ermächtigt habe, dasselbe ablehnend zu erledigen und, um das Ansehen des Erzbischofes nicht vollständig zu compromitiren, überlässt er ihm aus der Summe von 24000 fl. den geradezu possenhaften Betrag von 4000 fl. behufs Vertheilung an die armen Geistlichen![4])

Wir ersehen hieraus, dass jener geringfügige Unterstützungsbetrag, den uns ein absolutistisches System gewährt hatte, vom ungarischen „Constitutionalismus" in einen ministeriellen Dispositionsfond umgewandelt wurde, um daraus die eventuellen Agenten der Magyarisirungspolitik belohnen zu können ---

---

[1]) Infolge Allerhöchster Entschliessung vom 28. Mai 1861. (Man beachte, dass auch dieses zur Zeit der Absolutismus geschah!)
[2]) Am 18. Jänner 1884.
[3]) Ministerielle Verordnung vom 13. Jänner 1885, Zl. 1794.
[4]) Ministerielle Verordnung vom 1. Mai 1885, Zahl 16013.

Es ist selbstverständlich, dass unter solchen Umständen unsere kirchliche Vertretung sich gezwungen sah, auf dieses Danaïden-Geschenk zu verzichten, und so verbot sie unserer Geistlichkeit, um sie vor solch entsittlichendem Drucke zu bewahren, um solche ministerielle Unterstützungen bittlich einzuschreiten oder dieselben anzunehmen.

V. Der Lehrer-Pensionsfond.

Ein Gesetzartikel[1]) verfügt die Einrichtung eines Fondes behufs Unterstützung und Pensionirung der Lehrer.

Dieser Fond wurde durch regelmässige jährliche Beiträge seitens der Lehrer, oder der die Schule erhaltenden Körperschaft unterhalten.

Das betreffende Gesetz befreit[2]) also jene Lehrer und Körperschaften, welche ihren dem Gesetze entsprechenden eignen Fond besitzen, von der Beitrageleistung zum staatlichen Pensionsfond,

Der letzte Absatz des betreffenden Paragraphen dispensirt klar und deutlich jene Schulbehörden, die im Verlaufe von vier Monaten vom Tage der Sanctionirung des Gesetzes die Erklärung abgeben, dass sie von dieser Begünstigung Gebrauch machen wollen, — von jeder Beitragleistung zum staatlichen Pensionsfonde. Der Minister setzt als letzten Termin behufs Unterbreitung von dergleichen Erklärungen den 30. Jänner 1876 fest.[3])

Alle unsere Exarchial-Consistorien unterbreiteten ihre vom Gesetze verlangten Erklärungen, dass sie nämlich von den in demselben enthaltenen Begünstigungen Gebrauch machen wollten und zwar das Arader am 24. das Caransebeş'er am 29. und das Hermannstädter am 30. August 1875.

Ungeachtet alles dessen gestattete der ungarische Minister den Consistorien keinen eigenen Fond,[4]) und verhielt die sämmtlichen Lehrer unserer autonomen Schulen, zum staatlichen Pensionsfonde Beiträge zu leisten, damit sie auf diese Weise den magyarisirenden Regierungen zur Verfügung stehen. —

VI. Die confessionellen Schulen aus der bestandenen Banater Militär-Grenze.

Die Königin Maria Theresia verordnete[5]) der Banater Regierung dafür Sorge zu tragen, dass in jeder kirchlichen und Pfarrgemeinde eine Schule errichtet und ein Lehrer bestellt werde.

So wurden durch die Gläubigen der rumänischen griech.-orient. Kirche in 100 Banater Gemeinden confessionelle Schulen errichtet.

Wenn auch diese Schulen, die man stets „griechisch-nichtunirte National-Schulen" nannte durch Organe der öffentlichen Verwaltung ad-

---

[1]) G.-A. XXII. vom Jahre 1875.
[2]) §. 31.
[3]) Ministerial-Erlass vom 30. December 1875, Zahl 32385 (§. 5, Absatz 6).
[4]) Ministerial-Erlass vom 23. Mai 1876, Zahl 975, dann vom 15 November 1877 Zahl 31581 und vom 3. März 1878 Zahl 32642.
[5]) Allerhöchste Entschliessung vom 22. Juli 1766.

ministrirt wurden, so entbehrten sie gleichwohl niemals ihres confessionellen Charakters, was aus zahlreichen autentischen Acten hervorgeht.[1])

Aus allen diesen geht klar hervor, dass die militärischen Behörden diese
kirchlichen- und Schulangelegenheiten nicht im eigenen Wirkungskreise, sondern
nur als Mandatare der Kirche verwalteten.[2])

Bei allen diesen Schulen wurden nur Lehrer, die der griech. orient. Confession angehörten im Einverständnis mit den Kirchenbehörden angestellt.

In Gemeinden mit mehreren Confessionen wurden ebensoviele abgesonderte
Schulen errichtet.

Im Jahre 1868 ward ein Gesetz erlassen[3]), welches den öffentlichen Unterricht regelte und „confessionelle" und „Gemeindeschulen" unterschied.

Kurz vor der Provincialisirung der Militärgrenze erklärte der ungarische
Minister den Kirchenbehörden, er beabsichtige die Schulen, welche die Confessionen zu erhalten wünschen, nicht in Gemeindeschulen umzuwandeln[3])

Die an das Temesvarer Militär-Commando gerichtete Verordnung des
Ministers[4]) bestätigt diese ministeriellen Anschauungen.

Es wird in derselben die Erklärung abgegeben, es sei unter dem bis-
herigen Charakter der Volksschulen der confessionelle Charakter zu verstehen.

Durch eine andere ministerielle Verordnung[5]) aber, die an den Schulinspector der Militärgrenze gerichtet wurde, werden sämmtliche Schulen
dieser Grenze ohneweiteres zu Gemeinde d. i. zu magyarischen
Schulen erklärt!

**So wurden ohne die kirchlichen Behörden anzuhören, im
Wege einer einfachen Verordnung diesen nahezu 100 Schulen
entrissen!**

So respectirt der ungarische „Constitutionalismus" unsere in einem grund-
legenden Staatsgesetze inarticulirte Autonomie!

Unsere magyarischen Collegen brüsten sich damit, die ungarische „Constitution" gebe uns für unsere nicht-unirte Kirche jährlich 100.000 Gulden.

Vor allem müssen wir feststellen, dass unsere rumänische Kirche nur
die Hälfte von dieser Summe erhält, die andere Hälfte wird der serbischen
Kirche gleichen Bekenntnisses zutheil.

---

[1]) Der Bericht des Caransebes'er Schuldirectors aus dem Jahre 1820; die Entschliessung
des Regiments-Commandos vom 15. August 1820, Zahl 2346; Die Verodnung des Temesvarer
Militär-Commandos vom 25. September 1827, Zahl 1319; der Concurs, den dasselbe Commando
am 5. Juni 1856 veröffentlichte und schliesslich der in den Jahren 1869—1870 herausgegebene
Militär-Schematismus.

[2]) Insbesondere aus der kriegsminist. Resolution vom 30. Jan. 1871, Z. 138.

[3]) Artikel XXXVIII. von dem Jahre 1868.

[4]) Ministerieller Erlass vom 22. Februar 1873, Zahl 1.

[5]) Ministerieller Erlass vom 2. October 1872, Zahl 15117.

Nun aber fragen wir, ob 50.000 Gulden eine Confession zufriedenstellen können, welche anderthalb Millionen Gläubige zählt, die gleichwie die magyarischen Bürger die Staatskosten tragen müssen?

Ist dies wohl für eine Confession, die aus eigenen Mitteln an 2000 Kirchen und 1500 Schulen erhalten muss, eine „gerechte" Betheiligung?

Und damit man ersehe, wie himmelschreiend diese magyarische „Gerechtigkeit" ist, wollen wir nur erwähnen, dass aus der gemeinsamen Staatscasse, zu welcher sämmtliche, nicht-magyarische Nationen ihre Gelder beisteuern müssen, *zur Unterstützung der magyarischen Theater allein alljährlich 300.000 Gulden verabfolgt werden!*

Und die Jugend dieses Panmagyarismus, der uns so schamlos ausbeutet, hat noch die Unverfrorenheit sich in die Brust zu werfen und mit Rücksicht auf jene 50.000 Gulden, die einer ganzen Confession gegeben werden, laut auszurufen, wie „grossmüthig" die magyarische Nation uns gegenüber sei!

Thatsächlich sind jene Paar Tausende geradezu ein Hohn gegenüber jenen Millionen, welche das Magyarenthum unserem bedrückten Volke herauspresst!

VERGEWALTIGUNG DER RUMÄNEN IN DER VERWALTUNG.

Durch Misachtung der Gesetze, durch unrichtige Auslegung derselben und durch allerlei Ministerial-Verordnungen wird den Rumänen die Theilnahme am öffentlichen Leben nahezu unmöglich gemacht.

In den Municipien wird die magyarische Suprematie durch Festhalten am Virilstimmrechte gesichert.

Die Municipalausschüsse setzen sich zur Hälfte aus den Höchstbesteuerten zusammen, wobei den Honoratioren die Steuerleistung doppelt angerechnet wird, und nur zur Hälfte aus gewählten Vertretern.[1]

Die Höchbesteuerten sind in der Regel magyaronische Armenier und Juden, und die Honoratioren werden der Schaar der Champions der „magyarischen Staatsidee" entnommen.[2]

Was die diesfälligen Wahlen betrifft, so wird der ganze Verwaltungs-Apparat in Bewegung gesetzt, damit ja nicht auch ein Rumäne gewählt werde. Wer für einen unabhängigen Rumänen einzutreten sich erkühnt, riskirt zum Agitator und Daco-Rumänen gestempelt zu werden.

Wir haben eigens das Wort „unabhängig" betont, denn die Gemeindesecretäre, Waisen-Vormunde und Gemeindevorsteher sind vollständig der Willkür ihrer Vorgesetzten preisgegeben, von deren Gutdünken ihre Weiterbelassung in den von ihnen eingenommenen Stellen abhängt.

Daher kommt es, dass in rein rumänischen Bezirken fast nur Magyaren oder Magyaronen zu Municipalvertretern „gewählt" werden.

Wenn es einmal den Rumänen trotz aller Willkürlichkeiten und Ungerechtigkeiten, die sie ertragen müssen, gelingt, einige der ihren durchzubringen, so haben sie neuerlich mit der Verifications-Commission zu kämpfen, welche ebenfalls nur aus rumänenfeindlichen Elementen besteht. Einige von den zahllos vorkommenden Fällen mögen das eben Gesagte illustriren.

Im Wahlkreise Masca[3], welcher zweihundert rumänische Wähler und nur einen magyarischen aufweist, wurden bei der am 19. November 1887 vorgenommenen Wahl 9 Rumänen gewählt.

Die Verifications-Commission zeigte dem Wunsche und ausdrücklichen Befehle des Obergespans gemäss diesem an, dass die Wahl mit ungesetzlichen Mitteln zustandegebracht worden sei. Als bei einer neuerlich vorgenommenen

---

[1] G.-A. XXI. vom Jahre 1886, §. 22
[2] Diese Honoratioren sind zumeist unter uns importirte steinfremde Leute. —
[3] Im Comitate Bistritz-Năsăud.

Wahl ebenfalls die Rumänen siegten, wurde die Wahl abermals beanständet, bis die Rumänen, angewidert von dem ihnen fortdauernd zugefügten Unrechte, vorzogen, sich von der Wahl gänzlich zu enthalten.

Damit die Misbräuche desto greller hervortreten, sei blos bemerkt, dass die Obergespäne durch Comitats-Beschlüsse die Wahlkreise in so willkürlicher Weise abtheilen, dass den rumänischen Wählern die Theilnahme an den Wahlen einfach unmöglich gemacht wird. So werden rein rumänische Wahlkreise andern Wahlkreisen zugeschlagen, welche 25—40 Klm entfernt liegen.

Wenn es sich darum handelt, uns niederzuhalten, wird Alles in Bewegung gesetzt, vom Obergespan bis herab zu den niedersten Organen. Gemeinde-secretäre und Gemeindevorsteher, alle wirken vereint, um uns zu Boden zu werfen. Und wenn die Wüllkür dieser kleinen Satrapen und Tyrannen nicht ausreicht, dann wird dem „miserablen Oláh" gegenüber Gewalt angewendet, dann muss der Gensdarme eingreifen, welcher zur Verfügung der Verwaltungs-organe steht.

Das rumänische Volk kann bittere Wahrheiten über die Brutalität, Tyrannei und Bedrückung berichten, die ihm unter dem magyarischen System zutheil wurden, welches die Budapester Jugend ohne Erröten als Schutz und Schirm der Freiheit bezeichnet. —

Und wer da glaubt, dass gegen derartige Vorkommnisse Proteste, Recurse oder Beschwerden Abhilfe schaffen, verkennt die Verhältnisse; denn alle diese Rechtsmittel — dies lässt sich mit apodictischer Gewissheit vorhersagen — haben nicht den mindesten Erfolg.

Nachdem solcherart die Comitats-Congregation zusammengesetzt wurde, ernennt der Obergespan, ihr berufener Leiter, in definitiver Eigenschaft die obersten Municipalbeamten.[1]) Selbstverständlich befindet sich unter den ernannten nicht ein Rumäne, welcher treu zu seiner Nation hält. Die übrigen Municipal-beamten werden von der Comitats-Congregation über Vorschlag der Candidirungs-Commission gewählt, welche derart eingerichtet ist, dass stets der Obergespan mit seinen Anhängern die Majorität hat.[2])

Aus dem bisher Gesagten erhellt zur Genüge, welche Misgunst und Heuchelei in den Behauptungen der magyarischen Jugend liegt, die die Welt glauben machen möchte, dass es nur vom rumänischen Candidaten abhänge sich das Vertrauen seiner Wähler zu sichern.

Wo die ganze Macht in den Händen des Obergespans con-centrirt ist, wo Alles nach seinem Gutdünken und seiner Willkür geschieht, kann von dem Vertrauen der Wähler gar nicht die Rede sein.

[1]) G.-A. XXI. vom Jahre 1886, §. 80.

[2]) G.-A. XXI. vom Jahre 1886, §. 82 bestimmt, dass die Candidaten-Liste von der Candi-dirungs-Commission zu verfassen ist; diese besteht aus dem Obergespan als Vorsitzenden, 3 von ihm aus der Congregation ernannten und 3 von der Versammlung gewählten Mitgliedern. Bei Stimmengleichheit entscheidet der Vorsitzende. Die Candidirungs-Commission ist zur Motivirung ihres Vorganges nicht verpflichtet. —

Doch lassen wir die Thatsachen sprechen. —

Anlässlich der im Jahre 1877 vorzunehmenden Restauration der Municipien[1]) begab sich eine aus drei rumänischen Vertrauensmännern zusammengesetzte Deputation zum Obergespan des Comitats Bistritz-Näsäud, um ihn zu bitten, dass er zu den Aemtern auch Rumänen candidiren möge, da ja die Rumänen in diesem Comitate die absolute Majorität besitzen. Der Obergespan antwortete ihnen, zur Schande des von der Budapester Jugend mit so viel Feuer vertheidigten magyarischen Liberalismus: „dass die magyarische öffentliche Meinung es nicht dulde, Beamten rumänischer Nationalität bei den Verwaltungsbehörden überhaupt anzustellen und insbesondere dort nicht, — wo sie mit dem Volke in Berührung kämen". —

Und was dieser Obergespan ausgesprochen hat, entspricht vollauf den Thatsachen.

Unter den drei Vierteln der ernannten Beamten findet man kaum hie und da in den niedersten Stellen einen Rumänen.

Wird die Feindseligkeit der Elemente in Betracht gezogen, aus welchen die Candidirungs-Comission für die Wahl der Beamten besteht, so ist es erklärlich, dass die rumänischen Bewerber, mögen sie noch so gut geeignet sein, noch so viele Dienstjahre aufweisen und von noch so integrem Charakter sein, stets übergangen werden.

So geschah es, dass bei der Vicegespanswahl im Fogaraş'er Comitate am 14. October 1891 der rumänische Bewerber gar nicht candidirt wurde. —

Sic volo, sic jubeo!

Die Gemeinden sind ähnlich organisirt, wie die Comitate. Die kleinen Tyranne suchen sich gegenseitig an „patriotischen" Verdiensten zu überbieten. Um beim allmächtigen Obergespan den Ruf energischer Männer zu erlangen, welche die „Olähen" im Zaume zu halten wissen, vergewaltigen und bedrücken sie uns in einer Weise, welche lebhaft an vergangene Jahrhunderte erinnert. Diejenigen unter ihnen, welche sich durch ihre Amtsmisbräuche einen gewissen Nimbus erworben haben, welche in der Misachtung ihrer Pflichten ein Verdienst sehen, welche anderwärts den ihnen gebührenden Platz nur im Zuchthause finden könnten, werden von ihren Chefs beschützt und begünstigt. Auch in der Gemeinde gilt das Losungswort: Die Rumänen haben keinen Platz in den Ämtern.

Der Gemeindeausschuss beruht analog dem Municipalausschusse auf dem Systeme des Virilstimmrechtes.

Den Vorsitz in der constituirenden Versammlung führt der Stuhlrichter,[2]) welcher auch das Vorschlagsrecht hat.[3])

---

[1]) Die Restauration der Municipien entspricht einer fünfjährigen Mandatsdauer.

[2]) G.-A. XXII vom Jahre 1886, § 72.

[3]) Derselbe G.-A. s §. 77: Das Recht der Candidation in Klein- und Grossgemeinden für die Stellen des Richters, ferner des Gemeinde- und des Kreissecretärs (oder -notärs), schliesslich des Gemeinde und des Kreisarztes steht dem Stuhlrichter zu. Der Stuhlrichter ist zur Motivirung seines Vorganges nicht verpflichtet. —

Wie der Stuhlrichter diese Befugnis ausübt, ist aus der nachstehenden Probe ersichtlich:

Im rein rumänischen Bezirke Şimand[1]) wird der Concurs zur Besetzung des Arztpostens mit dem ausdrücklichen Beifügen ausgeschrieben, dass die Bewerber der rumänischen Sprache mächtig sein müssen. Von den vier Bewerbern, und zwar: einem Magyaren, zwei magyaronischen Juden und einem Rumänen, wird der Letztere, obwohl er das Doctoren-Diplom der Universität Wien besitzt, durch den Stuhlrichter von der Candidirung willkürlich unter dem Voiwande ausgeschlossen: dass ihm das Gesetz ein solches discretionäres Recht einräume.

Der Posten wird mit einem aus der Pusta stammenden Magyaren besetzt, welcher in seinem Leben kaum Rumänen gesehen, geschweige denn ihre Sprache sich angeeignet hatte[2])

Die Wähler protestirten gegen diesen Vorgang bei dem Verwaltungs-Ausschusse, welcher dem Proteste keine Folge gab;[3]) dagegen recurrirten sie beim Ministerium des Innern und dieses bestätigte die vorgenommene Wahl.[4]) — In der rein rumänischen Gemeinde Sustarovej[5]) bewarben sich um den vacanten Arztposten ein Magyare und ein Rumäne. Die Gemeindevertretung wollte einhellig den Rumänen wählen: doch der Stuhlrichter brachte ihn gar nicht in Vorschlag und als der Magyare nicht eine einzige Stimme erhielt, wurde die Wahl annullirt. Auch beim zweiten Wahlgange beabsichtigte die Bevölkerung um jeden Preis den Rumänen zu wählen und dies hatte zur Folge, dass die Wahl gar nicht zugelassen wurde.

Als die Wahl zum drittenmale ausgeschrieben wurde bat der rumänische Candidat den Stuhlrichter, dass er den Wunsch der Wähler berücksichtigen und die Uebelstände vermeiden möge, welche sich aus der Vacanz des Arztpostens ergeben. Statt ihn zu candidiren belegte ihn der zornentbrannte Stuhlrichter mit einer Geldstrafe von 100 fl. ö. W[6]) In ganz gleicher Weise fand die Wahl des Arztes in den rein rumänischen Gemeinden: Toracul-Mare und Toracul-Mic statt, wo von fünf concurrirenden Bewerbern, die rumänischen Bewerber von der Candidatur willkürlich ausgeschlossen und ein magyarischer Jude mit den gouvernementalen Stimmen der zwei Gemeindesecretäre gewählt wurde. — Selbst wenn ein rumänischer Arzt einen Posten erlangt, wird er unter allerlei lächerlichen Vorwänden entfert. So wurde beispielweise der rumänische Arzt des Krankenhauses in Baia-de-Criş[7]) von seinem Posten aus dem Grunde weggejagt, weil er bei den 1881-er Wahlen nicht für den magyarischen

---

[1]) Im Comitate Arad

[2]) Patkóy Gábor aus Déva-Ványa nächst Szarvas

[3]) Entscheidung des Verwaltungsausschusses Zl. 643 ex 1891.

[4]) Entscheidung des Minist. des Innern Zl. 68.173 IV—7.

[5]) Im Comitate Timiş, Bezirk Lipova.

[6]) Entscheidung des Stuhlrichters Zl. 950 ex 1881.

[7]) Im Comitat Hunedoara.

Candidaten gestimmt haben soll. Seitdem löst bei diesem Krankenhause ein jüdisch-magyarischer Arzt den andern ab, ohne dass einer von ihnen die Sprache der Bevölkerung jener rein rumänischen Gegenden verstehen würde!

So werden selbst die nothwendigsten humanitären Anstalten in den Dienst des gehässigen magyarischen Chauvinismus gestellt. Dem Rumänen wird es unmöglich gemacht in Krankheitsfällen ärztliche Hilfe in Anspruch zu nehmen. Denn welchen Sinn mag sonst die Fernhaltung der rumänischen Aerzte von der Ausübung ihres Berufes inmitten des rumänischen Volkes haben? Oder ist es möglich, dass ein Arzt gewissenhaft seinem Berufe nachkomme, wenn er die Sitten und Gewohnheiten, die Lebensweise und Denkungsart und insbesondere die Sprache seiner Patienten nicht kennt? Unter diesen Umständen handelt es sich nicht mehr um politische Kämpfe sondern um die Ausrottung unseres Stammes. Diesbezüglich hat übrigens ein magyarischer Staatsanwalt von der Tribüne aus verkündet, dass wir ausgerottet werden müssten sei es selbst mit Gewalt! In derselben empörenden Weise wird auch bei der Wahl der Gemeindesecretäre und Vorsteher vorgegangen. Im Frühlinge 1891 bewarben sich um die Gemeindesecretärstelle in Zarand [1]) drei Rumänen und drei Magyaren. Der Stuhlrichter candidirte keinen von den Rumänen und der Bevölkerung wurde ein Magyare aufgedrängt. [2]) In eben demselben Jahre wurde auch der Secretärposten in Halmagi — einem rein rumänischen Kreise — wieder besetzt. Der Stuhlrichter wies die vier concurrirenden Rumänen von der Candidatur zurück und zwang dem Kreise einen Magyaren auf. [3]) Der rumänische Gemeindesecretär von Banesti [4]) wurde gezwungen aus seinem Posten zu scheiden damit an seine Stelle bei der am 26 Nov. 1891 vorgenommenen Wahl mit Uebergehung der concurrirenden Rumänen ein Magyare bestellt werden könne. Ganz dasselbe ereignete sich auch im Kreise Suciul-de-Sus [5]) wo der Stuhlrichter ohne Rücksicht darauf, dass mehrere rumänische Bewerber concurrirten nur seinen magyarischen Günstling candidirte, welcher auch mit einer einzigen Stimme als „gewählt" proclamirt wurde. Als die Secretärstelle in diesem Kreise neuerlich vacant wurde, ernannte der Stuhlrichter im September 1890 auf Befehl des Obergespans abermals einen Magyaren. Wir sagen „ernannte" denn dies erfolgte, ohne dass vorher eine Wahl stattgefunden hätte, welche übrigens auch sonst, wie aus dem Gesagten hervorgeht, eine reine Comödie ist. —

Für die Besetzung der betreffenden Posten in Cristior, Bucesi und Brad wurden ebenfalls nur Magyaren candidirt.

---

[1]) Im Arader Comitat.
[2]) S. Act Zl. 839 im Archive des Stuhlrichteramtes zu Chişineu.
[3]) S Act Zl. 429 im Archive des Stuhlrichteramtes zu Hălmagi.
[4]) Im Arader Comitat.
[5]) Comitat Bistriţa-Năsăud.

Es dürfte kaum nothwendig sein, noch zu erwähnen, dass den rumänischen Bewerbern auch die Möglichkeit zu recurriren benommen wird. Wenn sie aber auch recurriren könnten, so würden sie keinen
anderen Erfolg erzielen, als dass ihnen für die Zukunft auch die geringste
Hoffnung entzogen würde, jemals eine, wenn auch noch so bescheidene Anstellung
zu erlangen.

Sobald sich in einer rumänischen Gemeinde ein Jude als Branntwein-
schänker, oder ein Ungar als Flickschuster niederlässt, so unterliegt es keinem
Zweifel, dass er zum Gemeindevorsteher erwählt, oder richtig gesagt, ernannt
werden werde.

Ist ein rumänischer Gemeindevorsteher unseren „Beherrschern" nicht ganz
genehm, so haben sie auch schon sofort einen für ihre Zwecke „geeigneten"
Mann zur Verfügung, zetteln irgend eine Beschwerde seitens dieses oder jenes
magyarischen Inwohners an und der ahnungslose Gemeindevorsteher sieht sich
plötzlich in Disciplinar-Untersuchung versetzt und, wenn ihm schon nichts
anderes nachgewiesen werden kann, wegen Unkenntnis der magyarischen Sprache
gemassregelt.[1]   '

So ist der angestrebte Zweck erreicht.

Bei den Gemeindevorstehern, welche sich aus Magyaren und Magyaronen
recrutiren, ist kein Misbrauch bedeutend genug, um ihre Entlassung herbei-
zuführen.

Sie veruntreuen unbehelligt Gemeindegelder, deren Ersatz wieder den
Gemeinden aufgehalst wird. Ihnen ist, entgegen dem ausdrücklichen Wortlaute
des Gesetzes, gestattet, Wirtsgeschäfte zu betreiben, und wenn der Steuerträger
seine Steuer zu bezahlen kommt, so zieht ihm der bürgermeisterliche Brannt-
weinverschleisser vorerst seine Forderungen für sein verfälschtes Getränk ab. —

Ein unverlöschliches Brandmal auf diesem Gebiete, welches die Ausschreitungen des wahnwitzigen magyarischen Chauvinismus charakterisirt, ist die
empörende Verordnung[2] des Obergespans Banffy, mit welcher er die Einleitung
des Disciplinarverfahrens gegen alle Gemeindevorsteher anordnete, welche der magyarischen Sprache nicht in Wort und Schrift
mächtig waren.

Eine ganze Reihe von rumänischen Gemeindevorstehern wurden abgesetzt
und mit Geldstrafen von 50—100 fl. belegt.

Darunter befanden sich einige, welchen kurz vor der Erlassung dieser
Verordnung Geldstrafen bis zu fl. 100 für den Fall angedroht worden waren,
als sie sich weigern sollten, das Amt eines Gemeindevorstehers anzutreten.[3]

---

[1] Es existirt gar kein Gesetz, welches von den Gemeindevorstehern die Kenntnis der
magyarischen Sprache forderte; im Gegentheil, aus den §§. 21, 22, 23 des Nationalitäten-
Gesetzes ist es ersichtlich, dass die Orts-Vorsteher die (Protocoll)-Sprache ihrer
Gemeinde kennen müssen nicht aber die magyarische.

[2] Zl. 63 ex 1889.

[3] Der G.-A. XXII. vom Jahre 1886 bestimmt, dass das Gemeindevorsteher-Amt nur in
Ausnahmsfällen abgelehnt werden darf bei sonstiger Geldstrafe bis zu 100 Gulden.

Dieses Schicksal hatten unter Anderen die Gemeindevorsteher von Bebeni, Urisiori[1]) etc.

So werden das eine Mal die Gemeindevorsteher bestraft, weil sie nicht ungarisch können, das andere Mal deswegen, weil sie diese Function nicht annehmen wollen!

Hieraus lässt sich die Wahrheitsliebe unserer magyarischen Collegen ersehen, welche behaupten: dass für die Magyaren und Rumänen ebenso, wie für die übrigen Völker – die Gesetze gelten. Nein! für die Rumänen existirt überhaupt kein Gesetz, sie werden wie Parias auf dem von ihren Altvorderen ererbten Boden behandelt. —

Und nun, nachdem wir bewiesen haben, dass wir aus der gesammten Verwaltung hinausgedrängt worden sind, sei es uns gestattet zu zeigen, wer diejenigen sind, welche die uns zukommenden Plätze einnehmen.

Diesfalls mögen einige Beispiele genügen.

An die Spitze der Verwaltung stellt der Minister des Innern zumeist beschränkte, eingebildete und gewaltthätige Männer, welche jedoch in erster Linie Chauvinisten sein müssen. Und wie die Chefs sind, sind auch ihre Organe, welche sie nach Gutdünken wählen und bestellen.

Die magyarische Jugend bemerkt, dass unter dem absolutistischen Régime Bach's sich unter den Beamten gar keine Magyaren befanden, dass die Beamten alle den Bedürfnissen des magyarischen Volkes fremd gegenüber standen und daher spottweise „Bachhusaren" genannt wurden. Ja, sind denn die magyarischen Beamten in unserer Mitte heute etwas anderes für uns, als eine magyarische Ausgabe der Bachhusaren?

Wenn sich ruhige Leute über die Misbräuche, die Fahrlässigkeit und die Willkür dieser Beamten beschweren, finden sie bei denen, die zu ihrer Ueberwachung berufen wären, nicht das mindeste Entgegenkommen.

So wurde beispielsweise den seitens des Stuhlrichters in Baia-de-Criş zahllos begangenen Misbräuchen und Gewaltthätigkeiten gegenüber die Disciplinarbehandlung und Entfernung dieses Beamten gefordert. Doch der Verwaltungsausschuss und das Ministerium des Innern fanden sich nicht veranlasst, die Forderung in Erwägung zu ziehen.[2])

Anlässlich der zahlreichen, von dem Richter in Baia-de-Criş verübten Misbräuche wurde beim Justizministerium das Begehren gestellt, eine gerichtliche Untersuchung zu veranlassen. — Hiebei wurden diesem Richter unter Anderen auf Grund von Gerichtsacten auch Fahrlässigkeit im Dienste und Gesetzesunkenntnis zur Last gelegt. So hatte er einen rumänischen Advocaten mit 100 fl. gestraft, während sonst in derlei Fällen nur die Advocatenkammer zu entscheiden hat.[3]) In einem anderen Falle hatte er einer Partei in einem Summarprocesse 20 procentige rückständige Zinsen zugesprochen, während das

[1]) Comitat Bistritz-Năsăud.

[2] Entscheidung des Ministers des Innern, Zahl 72,717 ex 1890.

[3]) G.-A. XXVII. ex 1887. §. 3.

Gesetz die Zuerkennung von mehr als 6°/₀ verbietet [1]) und die Zuwiderhandelnden mit zweijähriger Gefängnissstrafe und mit einer Geldstrafe bis zu 4000 fl. bedroht.[2])

Trotz alledem hat das Justizministerium die Einleitung der Disciplinaruntersuchung gegen den erwähnten Richter verboten.[3])

In den Stuhlrichterämtern von Ighiu und Vinţul-de-Jos [4]) werden Stuhlrichter geduldet, welche kaum eine Elementar-Vorbildung besitzen. Bis vor wenigen Jahren existirte im Stuhlrichteramte zu Campeni [5]) ein Individuum, welches früher Copist beim Gerichtshofe in Alba-Julia gewesen und von dort wegen Unfähigkeit weggejagt worden war.

Schliesslich wurde dieser Mensch zu einer wahren Plage für die rumänische Bevölkerung, welche er Jahre lang bedrückt hatte. Die Nemesis hat ihn endlich ereilt, sonst würde er auch heute noch seinen Posten bekleiden, da er bei seinen Vorgesetzten wegen seiner Brutalität gegen die „Oláhen" äusserst beliebt war. —

Unter solchen Umständen kann es nicht Wunder nehmen, dass derlei Leute, denen die Sicherheit und die Habe der Bürger anvertraut sind, in der kurzen Zeit von 2—3 Jahren Vermögen aufspeichern und vierspännig spaziren fahren. —

Aus derselben Kategorie von Menschen recrutiren sich auch die Gemeindesecretäre. Leute ohne die geringste Moral, denen jeder der etwas auf sich hält, aus dem Wege geht, werden den rumänischen Gemeinden als Beamte aufgedrängt.

So wurde der rein rumänischen Gemeinde Suciul-de-Sus ein Magyare aufgezwungen, welcher seiner Ausschreitungen wegen sonst nirgends ein anständiges Unterkommen finden konnte. Nachdem er zahlreiche Ungesetzlichkeiten sich hat zu Schulden kommen lassen, wurde er, statt entlassen zu werden, in den Rogu'er Bezirk versetzt, wo er seine Malversationen fortsetzte. Auf die durch die Versetzung dieses Uebelthäters erledigte Stelle wurde ein notorischer Betrüger ernannt, welcher binnen 8 Monaten einigen armen rumänischen Gemeinden den Betrag von 2000 fl. veruntreute. Nicht wir sind es, welche diese Thatsachen behaupten; die Acten erweisen sie zur Evidenz.[6]) Und erst nachdem festgestellt worden war, dass dieser Ehrenmann auch öffentliche Documente fälschte, wurde er den Gerichten überantwortet; sonst hätte er ganz unbehelligt die „Oláhen" bestehlen können, da er sich ja besonderer Gunst bei seinen magyarischen Vorgesetzten erfreute. Wenn die magyarischen Gemeindesecretäre merken, dass sie infolge ihrer Misbräuche den Boden unter ihren Füssen verlieren, suchen sie sich

[1]) G.-A. VIII. ex 1887 §. 4 und G.-A. XXV ex 1883 §. 21
[2]) G.-A. XXV. ex 1883 §§. 1, 2, 3.
[3]) Entscheidung des Justizminist. Zahl 25,580 ex 1891.
[4]) Comitat Alba-de-Jos.
[5]) Comitat Turda-Arieş.
[6]) V Act, Zahl 4188 ex 1891 im Archive des Stuhlrichteramtes zu Lăpuşul-Ungurescu.

ihren Chefs durch Denunciationen unentbehrlich zu machen. So denuncirte der Gemeindesecretär aus Cristior[1]) zwei rumänische Seelsorger, dass sie das Volk angeeifert hätten, anlässlich der Wahl im Jahre 1884 nicht für den magyarischen Candidaten zu stimmen. Der Agitation beschuldigt, wurden diese Seelsorger von den Gensdarmen um Mitternacht verhaftet und in Ketten zum Gemeindeamte geschleppt. Von da wurden sie in der Frühe zum Gerichte in Baia-de-Criş escortirt und dort durch 15 Tage in Haft behalten, bis man sie endlich freilassen musste, weil man ihnen nichts Unrechtes nachweisen konnte.

Gegen den denuncirenden Gemeindesecretär, welcher das Volk in unerhörter Weise aussaugte, fruchteten alle Anzeigen beim Verwaltungsausschusse und beim Gerichte nichts, bis endlich nach verzweifelten Anstrengungen der Minister die Disciplinarbehandlung anordnete.

Hiebei wurden dem Beschuldigten nicht weniger als fünfzehn verbrecherische Acte seitens des magyarischen Stuhlrichters selbst nachgewiesen. Anstatt ihn aber der verdienten Strafe zuzuführen, rehabilitirte ihn der Verwaltungs-Ausschuss über Auftrag des Ministers wegen der hervorragenden Verdienste, welche sich dieser Mensch als „Kortesch"[2]) bei den 1888 Wahlen erworben hatte.

Die Waisen-Vormunde, welchen alles andere eher als dieser Titel gebühren würde, werden nach Umständen aus den nächsten Verwandten der Chefs ernannt — denn von einer Wahl kann nicht die Rede sein — und erhalten zur Aufbesserung ihrer Bezüge die Gemeinden des gesammten Sprengels zur Ausbeute. —

Unsere gehörig qualificirten Stammesgenossen, von denen die meisten die Rechtsstudien zurückgelegt haben, werden bei Seite geschoben und durch halbgebildete, brutale, verlotterte, gemeingefährliche Individuen ersetzt, welche keinen anderen Titel aufweissen können, als das Privilegium magyarischer Abstammung. —

Wenn einmal einem Rumänen ausnahmsweise in Ungarn ein Amt anvertraut wird, so muss er, falls er nicht seiner Nationalität vollständig entsagen will, einsam wie ein Einsiedler leben, und sich von seinen Stammesgenossen isoliren, da ihm nicht einmal die Lectüre eines rumänischen Buches oder einer rumänischen Zeitschrift gestattet wird.

Wir haben ohne Auswahl nur einige Stichproben der Willkürlichkeiten geboten, welche wir von der Verwaltung erdulden; es bedürfte zahlreicher Bände, um alle Gewaltthätigkeiten anzuführen, deren Opfer wir in diesem Staate, Jahr für Jahr und Tag für Tag sind.

Wie auf allen Gebieten wird auch in der Verwaltung das Nationalitätengesetz ohne Scheu mit Füssen getreten.

So bestimmt dieses Gesetz, dass in den Comitaten die Protocolle in der magyarischen, oder in der von mindestens dem fünften Theile der Congregations-

---

[1]) Stuhlrichter-Bezirk Brad im Comitate Hunedoara.
[2]) „Kortesch" heissen in Ungarn die Wahlagenten.

mitglieder oder der Verwaltungs-Commission geforderten Sprache zu verfassen sind.[1])

Das Gesetz verfügt es, aber die Magyaren wollen davon nichts wissen, und in Wirklichkeit werden die Protocolle ausschliesslich nur in der magyarischen Sprache geführt.

Hiebei wird das Gesetz von jenen misachtet, welche dessen berufene Hüter sein müssten! So verordnete der frühere Ministerpräsident traurigen Angedenkens Coloman Tisza. „der Vertilger der Nationalitäten", dass im Comitate Bistritz—Näsäud alle Protocolle nur in der magyarischen Sprache geführt werden dürfen![2])

Das Gesetz garantirt Jedermann das Recht, sich in den Comitatsversammlungen seiner Muttersprache zu bedienen.[3])

Damit der rumänische Bürger sich auch dieses natürlichsten Rechtes nicht freuen könne, wird er von dem Vorsitzenden aufgefordert, magyarisch zu sprechen, und wenn er sich gestützt auf das eben erwähnte Gesetz nicht fügen will, dann veranstalten unsere guten „Patrioten" sofort einen ohrenbetäubenden Lärm, überschreien, beschimpfen und bedrohen den Redner und machen es auf diese Weise den rumänischen Mitgliedern unmöglich, die ihnen gesetzlich gewährleisteten Rechte auszuüben.

Nach dem Gesetze[4]) können die Comitate bei ihrer Correspondenz unter einander die Sprache der Nationalität[5]) gebrauchen, aus der sich ihre Bevölkerung zusammensetzt.

Wie die Protocolle niemals in der Sprach der betreffenden Nationalitäten verfasst werden, kommt es auch nie vor, dass die Correspondenz anders als magyarish geführt werde. —

Das Gesetz verfügt,[6]) dass in Ausnahmsfällen die Beamten in internen Amtssachen sich auch der betreffenden nichtmagyarischen Geschäftssprache bedienen können, während sonst nur die magyarische Sprache anzuwenden sei.

Die Ungerichtigkeit liegt auch hier klar zu Tage. Den Comitaten mit nichtmagyarischer Bevölkerung wird eine fremde Sprache aufgezwungen, und was die im Gesetze vorgesehenen Ausnahmen betrifft, so sind dieselben völlig werthlos, weil alle Beamten gezwungen sind, sich blos der magyarischen Sprache zu bedienen.

§. 6. hat nachstehenden Inhalt: „Die Comitatsbeamten haben sich in ihrem amtlichen Verkehre mit den Gemeinden, Versammlungen, Körperschaften, Anstalten und Parteien nach Thunlichkeit der Sprache der Letzteren zu bedienen".

[1]) G.-A. XLIV. ex 1868, §. 2.
[2]) Siehe »Magyar Polgár« von Klausenburg, Nr. 13 ex. 1875.
[3]) G.-A. XLIV. ex. 1868, § 3.
[4]) G.-A. XLIV. ex. 1868, §. 4.
[5]) Protocolssprache.
[6]) G.-A. XLIV. ex. 1868, § 5.

In Wirklichkeit ist diese Bestimmung des Gesetzes ein todter Buchstabe, indem die Correspondenz sowohl im Verkehre mit öffentlichen Körperschaften und Anstalten, als auch in jenem mit Parteien ausschliesslich nur in ungarischer Sprache stattfindet, ganz gleichgiltig ob der Betreffende diese Sprache versteht oder nicht.[1])

Wer immer sich dieser flagranten Misachtung des Gesetzes widersetzt, wird zum: Daco-Rumänen, Vaterlandsverräther etc. gestempelt.

In ganz gleicher Weise wird das Gesetz in der Gemeindeverwaltung ausser Acht gelassen. Einige Beispiele mögen diese Thatsache illustriren.

Das Nationalitätengesetz verfügt,[2]) dass in den nichtmagyarischen Gemeinden die Sprache der betreffenden Nationalität die Amtssprache zu bilden habe. Dessenungeachtet ist die Sprache der betreffenden Nationalität fast durchgehends aus der Gemeindeverwaltung ausgeschlossen .

Selbst die staatlichen Organe tragen hiezu bei.

So hat beispielsweise der Vicegespan des Arader Comitates angeordnet,[3]) dass in Hinkunft sämmtliche Gemeiden die Protocolle der Gemeindeauschusssitzungen, die Gemeinde-Voranschläge und Rechnungen in magyarischer Sprache zu verfassen haben.

Die Gemeinden recurrirten, und als Antwort kam ihnen ein neuerlicher Befehl[4]) zu, in welchem ihnen die Einführung der magyarischen Sprache in die Gemeindeverwaltung unter allen Umständen zur Pflicht gemacht wurde! Sollte irgend ein Gemeindevorsteher oder Secretär dieser offenbaren Gesetzesverletzung sich zu widersetzen erkühnen, so ordnet der Vicegespan gegen die Widerspänstigen die Disciplinaruntersuchung an[5]) und jagt sie aus dem Dienste, wie dies dem Gemeindesecretär von Şepreuş[6]) passirte. Der Minister, bei dem über diesen Terrorismus Beschwerde geführt wird, bestätigt den Vorgang seiner Organe; noch mehr — er verbietet, weiter Beschwerden zu führen!![7])

Die häufig wiederholte Behauptung der Budapester Jugend, dass in Ungarn die Nichtmagyaren die höchsten Stellen erreichen könnten, ist eine schamlose Lüge, wie alles, was sie diesfalls in ihrer Antwort vorbringt. —

Nur wer seine Nation verräth, kann sich im magyarischen Staate eine Stellung sichern, und auch in diesem Falle nur mit Mühe. Wer jedoch weder aus seiner Nationalität noch aus seiner nationalen Gesinnung ein Hehl macht, der harrt vergebens seiner Ernennung oder Bestellung in irgend einem Amte. —

[1]) V. Entscheidung des Verwaltungsrathes des Comitates Zala Zahl 1890 und 1837 ex 1888 bezüglich der »Reuniunea femeilor române din Selagiu« (Rumänischer Frauenverein).

[2]) §. 20.

[3]) Verordnung Zl. 1681 vom 4. Februar 1873.

[4]) Verordnung Zl. 2395 vom 15. März 1873.

[5]) Verordnung Zl. 1991 vom 15. März 1873.

[6]) S. Ministerial-Entscheidung Zl. 27.719 ex 1876.

[7]) Verordnung Zl. 41.570 vom 25. August 1875.

Beim Rumänen werden Talent, Leistungsfähigkeit, integrer Charakter nicht geschätzt; diese Eigenschaften sind vielmehr in der Regel ebensoviele Hindernisse, sich in diesem Staate eine gesicherte Stellung zu verschaffen. — Bei Besetzung einer Stelle ist die Zugehörigkeit zur magyarischen Nation der ausschlaggebende Factor. Die Unfähigkeit ist ein viel geringeres Hinderniss, als die nicht-magyarische Nationalität, und ein magyarischer Name wiegt mehr als das glänzendste Zeugnis. —

Die rumänischen Beamten, welche das Unglück haben, dem magyarischen System zu dienen, müssen sich ihren Namen magyarisiren, widrigenfalls sie entlassen werden. In diesem Sinne liessen die Eisenbahn- und Forst-Directionen ihren Beamten und Bediensteten strenge Weisungen zukommen.[1]

So äusserte sich beispielsweise die Forstdirection in einem an ihre Organe in Angelegenheit der Magyarisirung gerichteten Circulare folgendermassen :

„Es ist bedauerlich, dass kaum in einem anderen Beamtenkörper Ungarn's so viele fremde (!!) Namen vorkommen, wie im Status der Forstbeamten.

Indem ich einerseits diesen Zustand beseitigen, andererseits Ihnen als Ihr Vorgesetzter mein Wohlwollen (!) bekunden möchte, erachte ich, in der Erwägung, dass unter den obwaltenden Umständen **die Magyarisirung des Namens mit besonderen Vortheilen für Sie verbunden ist**, es für meine Pflicht, **Sie auf Ihren Vortheil aufmerksam zu machen und Sie zu einem corporativen Vorgange in diesem Sinne anzuleiten, aufzufordern und anzueifern**. —

Gleichzeitig lege ich Ihnen nahe, dieselben Bestrebungen auch bei Ihren Untergebenen wachzurufen.

Die Durchführung der Magyarisirung des Namens ist bereits ausserordentlich erleichtert, indem es nur der Uebergabe eines mit einem 50 kr. Stempel versehenen diesfälligen Gesuches an den Vicegespan unter Anschluss der Taufscheine der Kinder und der Diensttabelle bedarf.

In die Diensttabelle ist der Geburtsort, der Beruf und das sittliche Verhalten einzutragen.

Klausenburg, am 16. December 1881. (Girsik m. p.″ [2]

Es ist selbstverständlich, dass angesichts eines so schmachvollen Entnationalisirungszwanges die meisten rumänischen Beamten die freiwillige Verbannung aus ihrer Heimath vorziehen und eher nach Rumänien auswandern, bevor sie sich diesen barbarischen Ausschreitungen des „ritterlichen″ und „liberalen″ Magyarenthums unterwerfen.

In ganz gleicher Weise wird bei Ernennung der richterlichen Beamten vorgegangen. So wurden beispielsweise anlässlich der Organisirung der Rechts-

---

[1] Unter anderen die Eisenbahndirectionen in Arad und Csanád-Csaba.

[2] Präsidial-Erlass der königl. ung. Forstdirection an die königl. ung. Forstverwaltungen vom 16. December 1881 Zahl 101.

pflege im Jahre 1872 zahlreiche nichtmagyarische Beamten mit vorzüglicher Qualification entlassen oder auf einen geringeren, als den bis dahin bekleideten Posten versetzt. Alle diejenigen jedoch, welche einen magyarischen Namen hatten, erlangten höhere Stellen, ohne dass ihre Fähigkeit oder Verwendbarkeit in Betracht gezogen worden wäre. Der gleiche Vorgang wird auch heute eingehalten. Wer von den Rumänen die Stelle eines Unterrichters erlangen will, muss 10, 15 ja sogar 20 Jahre dienen, während die Magyaren schon mit 3 bis höchstens 5 Dienstjahren befördert werden. Und wenn es einmal vorkommt, dass ein rumänischer Richter daran wäre, für einen rumänischen Sprengel ernannt zu werden, so bestürmen seine magyarischen Collegen selbst den Minister mit Petitionen, die Ernennung nicht vorzunehmen, weil sonst die „magyarische Staatsidee" gefährdet würde. Ein solches Factum ereignete sich im Jahre 1886 in der Gemeinde Boros-Jenő.

Aber auch die wenigen Richter, die wir haben, werden von der Regierung in rein magyarische Sprengel verschickt, und für die von Rumänen bewohnten Gegenden werden Beamte ernannt, welche nicht ein Wort rumänisch kennen. Unsere Beherrscher gehen hiebei von dem Glauben aus, dass sie dergestalt um so eher die „magyarische Staatsidee" verwirklichen werden, welche wie ein rother Faden alle Gebiete des öffentlichen Lebens und ihre gesammte Thätigkeit durchzieht.[1]

Alle Einrichtungen und Vorkehrungen, welche den Interessen der Nationalitäten dienlich sein könnten, sind staatsgefährlich, wenn sie nicht den Magyarisirungszwecken dienen. —

Aus dem Vorstehenden lässt sich ersehen, wohin unsere magyarischen Collegen mit der Behauptung zielen, dass Jedermann, welcher seine Pflichten dem ungarischen Staate gegenüber gewissenhaft und rückhaltslos erfüllt, mag er welcher Nationalität immer angehören, sich voller Achtung und Werthschätzung, Ruhe und Freiheit erfreut.

Wir stimmen dem bei, jedoch mit dem Beisatze dass, wer sich dieser Güter erfreuen will, sich nothwendig zum eifrigsten Verfechter der Magyarisirung machen müsse, oder mit anderen Worten: seine Stammesgenossen verfolgen, sein Nationalgefühl abschwören, alles was rumänisch ist unauslöschlich hassen müsse, weil er nur auf diese Weise sich als guter „Patriot" erweisen kann.

Patriotismus und dessen Gegentheil sind nach magyarischer Anschauung nur an der grösse der Misachtung jener Staatsbürger kenntlich, welche nicht das „Glück" haben, Magyaren zu sein.

Je grösser diese Misachtung ist, desto grösser ist in ihrem Sinne der Patriotismus, weil nach ihrer Ueberzeugung im ungarischen Staate nur die Magyaren ein Recht haben, zu existiren

---

[1] Von diesen Illusionen befangen arbeiten die Magyaren hartnäckig an der „Reform der Verwaltung" in dem Sinne, dass sie ganz von der Regierung abhängig werde, welche dann in noch höherem Masse die rumänischen Beamten unter die Magyaren und die magyarischen Beamten unter die Rumänen versetzen könnte. Und dabei gibt es unter den Magyaren Leute, welche glauben, dass derlei Reformen die Nationalitäten befriedigen könnten! —

Der Begriff „Magyare" deckt sich mit dem Begriffe eines „guten Patrioten", und der Begriff „Nichtmagyare" ist identisch mit jenem eines Daco-Rumänen, Panslavisten, Schulvereinlers, kurz eines Hochverräthers.

Nicht weniger empörend ist die Lüge, welche die magyarische Jugend der Welt bieten will: dass sowohl unter den von den Comitaten gewählten, als auch unter den in den Ressorts der Centralstellen ernanten Beamten die Rumänen in sehr erheblicher Anzahl vertreten sind.

Aus den weiter unten folgenden, auf positiven Daten beruhenden Ausführungen wird hervorgehen, in wie hohem Masse die Behauptung der magyarischen Jugend auf *mala fides* beruht.

Um das Unrecht zu bemänteln, welches uns fortgesetzt zugefügt wird, bringt man uns sets vor: dass wir Rumänen kein genügend grosses Contingent gebildeter Männer besitzen, welche öffentliche Functionen zu bekleiden geeignet wären, die wir auf Grund unserer Anzahl von 3 Millionen und der von uns gebrachten hervorragenden Opfer an Gut und Blut für uns beanspruchen.

Dass diese schönen Worte nur eine Ausrede sind, beweist die erhebliche Zahl der Rumänen, welche die unabhängige Advocaturslaufbahn einschlagen.

Obwohl die Erlangung dieser Stellung mit namhaften Schwierigkeiten und Opfern verbunden ist, so sind doch die Rumänen im Advocatenstande fünfmal besser vertreten, als im Stande der Staatsbeamten.

Hiezu müssen wir noch bemerken, dass eine grosse Anzahl zur Intelligenz gehöriger Rumänen Jahr für Jahr in das Königreich Rumänien auswandern, um sich dort eine Existenz zu gründen, welche sie in ihrem Vaterlande vergeblich anstreben würden. —

Belehrend in dieser Hinsicht sind die Worte, welche ein Fremder, Herr Rudolf Bergner über die nach Rumänien ausgewanderten Rumänen äussert: „Eine grosse Rolle spielen unter den Eingewanderten die Siebenbürger Rumänen. Ihre Zahl im ganzen Lande beläuft sich auf mindestens 15.000; ihr Fleis ist bekannt, ihre Fähigkeit bei weitem nicht nach Gebühr geschätzt. Sie stellen fünfzehn Abgeordnete der Kammer, Hunderte von Aerzten, Lehrern, Beamten und Redacteure, Alles Leute, die ihre Heimat verlassen mussten, weil ihnen der magyarische Chauvinismus den Aufenthalt daselbst unleidlich gemacht. Für ihre Thätigkeit war jenseits der Karpathen kein Feld, in dem jungen Königreich aber können ihre Kräfte sehr gut verwendet werden. Die Einwanderung dieser intelligenten, schätzbaren Männer nimmt beständig zu, sie wird so lange anhalten, bis der magyarische Chauvinismus gestürzt wird und die Macht verliert, das rumänische Volk Siebenbürgens zu bedrücken".[1]

Aus den folgenden, eigens magyarischen Quellen[2] entnommenen statistischen Daten lässt sich ersehen, inwieferne die Behauptungen unserer

---

[1] Rudolf Bergner, *Rumänien, Eine Darstellung des Landes und der Leute*, Bresslau und Bucarest. S. W. Kern und Soere şi Comp. 1887, S. 25.

[2] *Magyarország czim és tiszti névtára*, X. Jahrgang, 1890, und Láng Lajos, *Magyarország statisztikája* etc. Budapest, Athenäum, 1885.

überaus wohlwollenden Freunde, dass wir im öffentlichen Leben in „sehr erheblicher Anzahl" vertreten sind, der Wahrheit entsprechen
Mögen die Ziffern sprechen:

TABELARISCHE ÜBERSICHT
über die Bevorzugung der Magyaren und die Zurückdrängung der Rumänen in den öffentlichen Aemtern.

A. In den Comitaten.

Comitat	Bevölkerung		Beamten		
	Rumänen in %	Magyaren in %	Im Ganzen	Hievon sind Rumänen	Nach dem Percentsatze der Bevölkerung müssten Rumänen sein
1. Făgăraş .	90·92	3·26	89	16	82
2. Hunedoara .	90·28	5·10	280	35	252
3. Alba-de-Jos .	78·79	15·02	257	23	201
4. Caraş-Severin	78·35	1·94	364	58	284
5. Solnoc-Dobâca .	77·83	16·80	184	10	142
6 Bistriţa-Năsăud.	76·97	3·85	134	21	103
7. Turda-Arieş .	73·15	23·02	143	6	105
8. Hermannstadt .	66·27	2·18	286	24	189
9. Arad . .	63·36	23·12	695	31	438
10. Sělagiu . . .	61·97	34·93	162	13	100
11. Klausenburg	59·31	24 31	673	17	403
12. Kl.-Kokelburg .	49·92	33·18	119	4	59
13. Bihor . . .	43·16	54·03	442	15	195
14 Gr.-Kokelburg .	40 27	9 38	130	6	52
15. Timiş . .	39·02	6·80	573	40	228
16. Kronstadt .	36·18	29·62	212	11	77
17. Mureş-Turda	35·04	56·51	179	3	53
18. Sătmari .	34·85	58·83	438	22	149
19. Maramureş .	25·91	10·82	280	24	72
20. Torontal .	15·39	15·43	453	12	68
21. Háromszék .	12·78	86·57	162		20
22. Ciuc	12 02	86·92	92	2	11
23. Ugocia	12·88	35·66	73	4	10
24. Cenad	10·72	72·74	168	8	17
			Zusammen .	405	3310

6*

B. In den Ministerien.

Ressort	Anzahl sämmtlicher Beamten	Hievon sind Rumänen	Nach dem Percentsatze der rum. Bevölkerung [1]) Ungarns müssten Rumänen sein
Ministerraths-Präsidium	23	2	4
Ministerium a. A. h. Hoflager .	13	—	2
Ministerium des Innern .	184	1	32
Finanz-Ministerium	476	7	103
Handels-Ministerium	332	—	58
Ackerbau-Ministerium .	185	1	32
Cultus- und Unterrichts-Ministerium .	152	3	26
Justiz-Ministerium	115	1	20
Landwehr-Ministerium . .	226	3	43
Zusammen .	1726	18	320

C. Bei den obersten Gerichtshöfen.

Gerichtshof	Anzahl sämmtlicher Beamten	Hievon sind Rumänen	Nach dem Percentsatze der rum. Bevölkerung Ungarns müssten Rumänen sein
Königliche Curie	112	—	19
Königliche Tafel in Budapest .	277	7	48
Königliche Tafel in Maros-Vásárhely	39	3	6
Zusammen .	428	10	73

Aus dieser Tabelle kann sich Jedermann von der unerhörten Hintansetzung überzeugen, welche dem rumänischen Volke zutheil wird.

Es leistet grosse Steuern, damit in den rumänischen Bezirken sich ganze Schaaren magyarischer Beamten breit machen können.

[1]) Unter den Nationalitäten Ungarns nehmen die Rumänen 17½% der gesammten Bevölkerung ein.

Hiezu muss aber noch bemerkt werden, dass das Nationalitätengesetz fordert: die Regierung habe „sowohl bei den Verwaltungsämtern, als auch bei den Gerichten, *und insbesondere für die Ober-gespanswürde aus der Mitte der verschiedenen Nationalitäten würdige Personen zu ernennen, welche der Sprache der Bevöl-kerung vollständig mächtig sein müssen".*[1])

Thatsächlich haben wir statt 15 Obergespänen rumänischer Nationalität nicht einen, und nicht einmal ein einziger rumä-nischer Vicegespan existirt in unserem gesammten Vaterlande!

Und die ehrenwerthe magyarische Jugend hat noch den Cynismus, diesen Paragraph zu unterstreichen!!.....

---

[1]) G.-A. XLIV. vom Jahre 1868, § 27

DIE RECHTSPFLEGE.

Turcul te bate, Turcul te judecă.[1]

Rumänischer Spruch.

In Betreff der Rechtspflege enthält das Nationalitätengesetz nachstehende Bestimmungen :

Jeder Landesbewohner kann sich bei den Bezirksgerichten der Sprache seiner Nationalität, beziehungsweise jener seiner Gemeinde bedienen.[2]

Weiter verfügt das Gesetz : [3] dass das Gericht sowohl die Streitsache, als auch die Bitte, über welche die Untersuchung, das Zeugenverhör, der richterliche Augenschein oder sonst ein richterlicher Act in oder ausser Streitsachen vorgenommen wurde, in der Sprache der processführenden Parteien, beziehungsweise in jener der verhörten Personen zu erledigen und die auf die Processführung bezüglichen Verhandlungsprotocolle in jener Sprache zu verfassen habe, welche die processführenden Parteien vereinbaren. Die Vorladungen sind im Interesse der vorgeladenen Personen in ihrer Muttersprache zu erlassen, und ebenso sind die Gerichtsbeschlüsse in der bei der Führung des Verhandlungsprotocolles angewendeten Sprache niederzuschreiben.

Dasselbe Gesetz besagt auch : dass bei allen Civil- und Strafprocessen, welche unter Intervention eines Advocaten bei den Gerichten erster Instanz geführt werden, rücksichtlich der sowohl bei der Verfassung der Protocolle, als auch bei der Schöpfung des Erkenntnisses zu verwendenden Sprache überall der bisherige Gebrauch so lange aufrecht zu erhalten sei, bis im Wege der Gesetzgebung die Gerichte erster Instanz und das mündliche Verfahren definitiv geregelt sein würden.[4]

So lauten die gesetzlichen Bestimmungen.

Thatsächlich sind dieselben gegenstandslos, weil das Gesetz niemals beobachtet wird.

Der erste Vorstoss gegen die Bestimmungen wurde in den siebenbürgischen Bezirken unternommen, als der Präsident der königlichen Tafel in Maros-Vasarhely nach vorgenommener Besichtigung der neuerrichteten siebenbürgischen Gerichte im Jahre 1872 in seiner Eigenschaft als Ministerial-Commissär eine dem eben erwähnten Gesetze direct zuwiderlaufende Verordnung erliess. Ferner

---

[1] Der Türke schlägt dich und der Türke ist dann auch dein Richter.
[2] Gesetzartikel XLIV. vom Jahre 1868, §. 7.
[3] Gesetzartikel XLIV. vom Jahre 1868, §. 6.
[4] Gesetzartikel XLIV. vom Jahre 1868, §. 9.

verordnete im Jahre 1875 der damalige Minister Perczel selbst, dass eine mündliche oder schriftliche Intervention seitens eines Advocaten nur dann zugelassen werden dürfe, wenn sich derselbe ausschliesslich der magyarischen Sprache bediene.[1])

Ebenfalls durch eine Ministerialverordnung wird sämmtlichen Comitaten und Gemeinden zur Pflicht gemacht, sich bei allen für den gerichtlichen Gebrauch bestimmten Urkunden und Correspondenzen ausschliesslich der magyarischen Sprache zu bedienen.[2])

Seither wiesen die königlichen Tafeln, die Gerichtshöfe, sowie alle übrigen königlichen Gerichte sämmtliche in einer anderen, als der magyarischen Sprache verfassten Acten consequent zurück.[3]) Die Gerichtshöfe gehen sogar weiter und verlangen, dass auch die in anderen Sprachen verfassten Originaldocumente durch die Parteien in die magyarische Sprache übersetzt werden.[4])

Vor wenigen Monaten endlich, also bereits längere Zeit nach dem Erscheinen der Antwort der magyarischen Jugend, verweigerte der Gerichtshof in Sátmari die Protocollirung der Firma eines rumänischen Spar- und Vorschuss-Institutes aus dem Grunde, weil die Statuten rumänisch verfasst waren.[5]) Jedwede Berufung auf das Gesetz, jedweder Protest und Recurs ist nutzlos, weil in Ungarn die Gewalt[6]) und nicht das Gesetz herrscht. Die Advocaten sind als Vertreter der Parteien gezwungen, sich sowohl vor den Civil- als auch vor den Strafgerichten ausschliesslich der magyarischen Sprache zu bedienen. In derselben Sprache werden auch die Bescheide auf die Anklageschriften und Gesuche, die Zeugen- und Verhandlungs-Protocolle, die gerichtlichen Vorladungen und Erkenntnisse ausgefertigt, und ebenso ausschliesslich ist der Gebrauch der magyarischen Sprache in den ohne Intervention von Advocaten stattfindenden Civil- und Strafprocessen. — In welcher Weise die gesetzlichen Bestimmungen beobachtet werden, ist aus dem folgenden lehrreichen Falle ersichtlich:

Anlässlich einer Hauptverhandlung bemühten sich drei rumänische Advocaten beim Vorsitzenden um das Zugeständnis, die Verhandlung in der Sprache

---

[1]) Ministerial-Verordnung vom 13. November 1875, Zahl 32.710.
[2]) Ministerialverordnung vom 7. September 1875, Zahl 43.721.
[3]) Siehe den Beschluss der Hermannstädter Gerichtshofes vom 14. Dec. 1881, Zl. 7544 und die Verordnung des Vicegespans des Bistritz-Näsäud'er Comitats, Zahl 4679 ex 1875, ferner das Urtheil des Gerichtshofes in Ala-Julia, Zahl 4751 ex 1890 und jenes der königlichen Tafel in Maros-Vasarhely, Zahl 1412 ex 1891.
[4]) Erkenntnisse des Arad'er Gerichtshofes, Zahl 17.493 vom Jahre 1876 und Zahl 551 vom Jahre 1877, ferner jenes des kgl. Gerichtes in Banfi-Huedin, Zahl 3746 ex 1877 und des Gerichtshofes in Dej, Zahl 149 ex 1887.
[5]) Urtheil des Sätmar'er Gerichtshofes vom 12. November 1891, Zahl 12.744.
[6]) Verordnung des Vicegespans in Arad vom 18. December 1875, Zahl 13.725.

des Beklagten, das heisst in der rumänischen vorzunehmen, wie es das Gesetz vorschreibe. (§. 9).

Der Vorsitzende des Gerichtshofes war hiezu nicht zu bewegen, und als andererseits die Advocaten die Uebertretung des Gesetzes nicht zulassen wollten, wurden sie in Disciplinarbehandlung genommen und einstimmig schuldig erkannt, weil sie ihre Clienten ohne Vertheidigung gelassen und die Politik (!) in den Gerichtssaal hereingezerrt hätten.

Noch klarer tritt die Gleichberechtigung, welche uns zu Theil wird, bei den von den Geschworenengerichten stattfindenden Verhandlungen hervor. Unsere Redacteure haben in dieser Beziehung oft genug traurige Erfahrungen gemacht. — Vor diesen Gerichten werden alle Acte nur in magyarischer Sprache vorgenommen.

So wird der Staatsbürger in Strafprocessen, in denen es sich um sein Leben, seine Ehre und seine Freiheit handelt, gezwungen, gegen sich in einer Sprache verhandeln zu lassen, von der er nicht ein Wort versteht, und Protocolle zu unterzeichnen, welche er weder lesen noch controliren kann. Ebenso vertritt der Staatsanwalt bei der Hauptverhandlung die Anklage in magyarischer Sprache, und die Vertheidigung ist gezwungen, in derselben Sprache ihres Amtes zu walten.

Die Ungerechtigkeit ist um so krasser, als die Richter, da sie die Sprache des Volkes nicht kennen, gezwungen sind, mit den Parteien durch die Vermittlung eines Dieners oder eines kleinen Beamten zu verkehren, welcher ebenfalls kaum einige Worte rumänisch versteht. Derartige Leute sind im magyarischen Staate berufen, Rumänen, Deutschen und Slaven Recht zu sprechen!

Sogar das Privatrecht ist von den Auswüchsen eines wahnwitzigen magyarischen Chauvinismus nicht sicher.

Entgegen den Bestimmungen der Paragraphe 10—12 des Nationalitätengesetzes, betreffend die Grundbücher und Apellationsgerichtshöfe, werden nämlich die Urtheile den Parteien nur in magyarischer Sprache hinausgegeben.

Der Justizminister nahm nämlich keinen Anstand zu verordnen, dass alle Urkunden, welche zur Grundlage grundbücherlicher Eintragungen zu dienen haben, in magyarischer Sprache verfasst, oder, wenn das Original anderssprachig wäre durch einen Gerichtsdolmetsch oder öffentlichen Notar in's Magyarische übersetzt werden müssten.[*] Diese Verordnung ist ein Ausfluss reiner Willkür und der beste Beweis für die Art und Weise, in welcher das Nationalitätengesetz gehandhabt wird.

Um die traurigen Folgen dieses Vorganges zu erweisen, genügt es zu erwähnen, dass das rumänische Volk mit Rücksicht auf die namhaften hiemit verbundenen Kosten von einer grundbücherlichen

---

[*] Verordnung des Justizministeriums, Zahl 947 vom Jahre 1878.

Umschreibung gekaufter Grundstücke abzusehen gezwungen ist. Denn ausser der Uebertragungsgebühr, welche ihm im dreifachen Ausmasse vorgeschrieben wird, hat er noch den Dolmetsch zu bezahlen, welcher für seine Forderungen kein Mass kennt. Ueberdies sind die Uebersetzungen, auf Grund deren die grundbücherliche Umschreibung erfolgt, in der Regel fehlerhaft und geben daher Anlass zu einer ganzen Reihe von Processen, welche den armen Bauer um seine ganze im Schweisse seines Angesichtes erworbene Habe bringen.

Auch bei der Auftheilung der öffentlichen Lasten werden die Rumänen benachtheiligt. Die Commissionen für die Bemessung der Einkommensteuer sind fast durchwegs auch dort aus Magyaren zusammengesetzt, wo die Bevölkerung rein rumänisch ist. — Selbstverständlich wird bei einer solchen Einrichtung der magyarische Grundwirth, Kaufmann, Industrielle und Handwerker stets begünstigt, der rumänische dagegen ohne Schonung ausgenützt.

Auch in dieser Beziehung haben Proteste keinen Erfolg.

Während unsere Beherrscher den religiösen Eigenthümlichkeiten der Juden die grösste Rücksicht entgegenbringen, werden die religiösen Gefühle der Rumänen mit Füssen getreten: sie werden gerade an den grössten Feiertagen schaarenweise vor die Gerichte geladen, welche über Vergehen und Uebertretungen verhandeln, und zu den im Interesse der Erhaltung der Strassen zu leistenden Arbeiten werden sie mit Vorliebe an Sonntagen herangezogen. — So kam es vor, — um einen ganz vor Kurzem vorgekommenen Fall zu erwähnen — dass der Seelsorger, der Lehrer und der Kirchendiener aus Bucium - Şasa [1]) vor das Abrud'er Gericht für den 13. Januar — bekanntlich einem dreifachen Festtage der rumänischen Kirche [2]) — vorgeladen wurden.

Die Ausbeutung des Bauerstandes, so systematisch sie auch zu allen Zeiten betrieben worden sein mag, fand niemals mit solcher Schamlosigkeit statt, wie unter dem Schutze des magyarischen Constitutionalismus.

Nach der Befreiung des Volkes aus dem feudalen Unterthansverbande war das wichtigste Problem, von welchem grossentheils die Wohlfahrt und weitere Entwicklung des Staates abhing, die Lösung der agrarischen Frage.

Zu diesem Zwecke intervenirte sogar die Person Seiner Majestät des Kaisers Franz Iosef I. durch Erlassung mehrerer diesbezüglicher Verordnungen.[3])

Nachdem die 1848-er Revolution niedergeworfen worden war, erhielten die Feudalherren eine angemessene Vergütung für die durch die österreichische Regierung veranlasste Grundablösung der gewesenen Unterthanen, während die Auseinandersetzung der Weiden und Wälder einer späteren Zeit vorbehalten wurde. Die kaiserlichen Patente enthielten diesfalls die genauesten Bestimmungen, welche vollauf den gerechten Forderungen der gewesenen Dominien und Unterthanen Rechnung trugen.

[1]) Comitat Alba-de-Jos.

[2]) Vorladung vom 29. October 1891, Zahl 3024.

[3]) Diese Verordnungen sind in den im Jahre 1853 für Ungarn und im Jahre 1854 für Siebenbürgen erflossenen Patenten enthalten.

Bei einem einigermassen gerechten und unparteiischen Vorgange hätte diese wichtige Frage auf Grund der kaiserlichen Patente in einer durchaus zufriedenstellenden Weise ausgetragen werden können.

Die politischen Kämpfe jedoch, welche im gesammten Kaiserstaate und insbesonders in Ungarn folgten, verdrängten diesen wichtigen Gegenstand von der Tagesordnung, so dass die Sache bis zum Jahre 1866 nicht vom Fleck rückte. Als hierauf die Magyaren die Zügel der Regierung in die Hand nahmen, beuteten sie auch diese wichtige Angelegenheit im Interesse des magyarischen Elementes aus.

Durch neue Gesetze und Verordnungen, durch die gewagteste Interpretation der kaiserlichen Patente w u r d e n d i e I n t e r e s s e n d e r m a g y a r i s c h e n G r o s s g r u n d b e s i t z e r a u f K o s t e n d e r r u m ä n i s c h e n B a u e r n b e g ü n s t i g t.[1]

Zudem blieben die Urbarialverhältnisse des Landes, trotzdem 40 Jahre seit Aufhebung des Unterthanen-Verbandes verstrichen sind, zum grossen Theile ungeregelt.

In welcher Art die Rechtsprechung in Urbarialangelegenheiten geübt wird, beweisen die zahllosen Processe, welche die Rumänen den fremden Elementen oder dem Staate gegenüber verloren. Hier sei nur beispielsweise der Urbarialprocess der Gemeinde Lacul-Negru[2] gegen den Grafen Zichy erwähnt, durch welchen 29 Familien ihrer gesammten Habe beraubt wurden.[3]

In gleicher Weise wurde gegen die Gemeinde Tofalen bei Maros-Vasarhely ein derartiger Urbarial-Process seitens des gleichzeitig als Gerichtspräsidenten fungirenden Székler Barons Carl Apor anhängig gemacht, wobei der Process zu Gunsten des Letzteren entschieden wurde und zur Folge hatte, dass 300 rumänische Bauern obdachlos wurden. Der edle Freiherr beeilte sich, Besitz vom erstrittenen Grund und Boden zu nehmen, und verschmähte zu diesem Zwecke selbst die grausamsten Mittel nicht.

E r l i e s s d i e a r m e n L e u t e d u r c h P a n d u r e n a u s i h r e n W o h n u n g e n j a g e n u n d i h r e g a n z e H a b e m i t B e s c h l a g b e l e g e n u n d u n t e r d e n H a m m e r b r i n g e n. W e r n i c h t g u t w i l l i g s e i n V i e h o h n e W e i t e r e s h e r g e b e n w o l l t e, w u r d e m i s h a n d e l t u n d in's G e f ä n g n i s g e w o r f e n.

Nach diesen Scenen mussten die ihrer gesammten Habe entblössten Unglücklichen acht Tage lang unter freiem Himmel zubringen. Kinder, Mütter und Greise hungerten und froren auf der Strasse, damit ihre Habe zur schleunigen

---

[1] Einen eclatanten Beweis für das dem rumänischen Volke zugefügte Unrecht bildet das Memorandum der rumänischen Rechtskundigen, welches gegen den in der Folge sub XLV. aus dem Jahre 1880 inarticulirten Gesetzentwurf dem Reichstage unterbreitet wurde.'

[2] Bihar'er Comitat.

[3] Dieser P r o c e s s d a u e r t e 173 J a h r e und Niemand war im Verlaufe dieser Zeit so grausam gewesen, den betreffenden Familien ihr Eigenthumsrecht zu bestreiten, bis endlich der magyarische Chauvinismus an's Ruder kam. Siehe übrigens die Acten des kgl. Gerichtshofes in Grosswardein, Zahl 1761 aus dem Jahre 1886

Befriedigung des Unmenschen möglichst rasch versteigert werden könne. In derselben Weise ging man auch in der Gemeinde Cueşdi und in mehreren anderen Gemeinden des Comitats Alba-de-Jos und Cetatea-de-Peaträ vor.

Allein nicht nur vor Jahren kamen derartige Unmenschlichkeiten vor, sie wiederholen sich auch gegenwärtig Tag für Tag. Erst vor Kurzem ereignete sich ein derartiger Vorfall in der Gemeinde Rişculiţa. Die Bewohner dieser Gemeinde sind durchwegs Rumänen, welche sich ihren Unterhalt lediglich durch Holzarbeiten verdienen, mit denen sie alle Theile des Landes durchziehen.

Um sich die Ausübung ihres Erwerbes zu sichern, kauften sie aus eigenen Mitteln mehrere Waldparcellen an. Eines schönen Morgens im Jahre 1890 werden sie in der Gemeinde vom Stuhlrichter im Vereine mit 3 Gensdarmen überrascht, welcher ihnen mit dürren Worten verkündet, dass er den Wald ihnen abzunehmen und den ärarischen Forsten einzuverleiben beabsichtige. Sollten sie sich dieser Absicht widersetzen, so werde er sein Vorhaben mit Gewalt zur Ausführung bringen. Gesagt gethan! Wer gegen diesen Act reinster Willkür protestirte, wurde von den Gens darmen verhaftet und in Fessel geschlagen. Als die genannte Gemeinde wie ein Mann für die Vertheidigung ihrer Rechte ein trat, beeilte sich der Stuhlrichter dem Vicegespan anzuzeigen, dass in der Gemeinde ein Aufruhr ausgebrochen sei. Letzterer liess ohne weitere Untersuchung sofort eine Compagnie Militär dahin abrücken und eine Unzahl von Inwohnern verhaften. Nach dreimonatlichem Verweilen in der Gemeinde veranlasste endlich der betreffende Hauptmann, nachdem er sich überzeugt hatte, dass der Bevölkerung Unrecht geschehe, die Zurückziehung des Militärs.

Endlich wurden nach viermonatlicher Untersuchungshaft auch die 30 zurückbehaltenen Rumänen entlassen, da ihnen kein Verschulden nachgewiesen werden konnte.

Nichtsdestoweniger wurde die von der Gemeinde gegen den Stuhlrichter eingebrachte Klage auf Ersatz der für die Erhaltung der Militärassistenz er wachsenen Kosten, sowie auf Entschädigung für die durch die Untersuchungshaft erlittenen Verluste zurückgewiesen.

In Commassationsangelegenheiten werden unter den nichtigsten und un zutreffendsten Titeln den gewesenen Unterthanen Flächen im Ausmasse von zehn bis hundert Joch entrissen und den magyarischen Grossgrundbesitzern zu geschanzt. Im Sinne der Bestimmungen des Commassationsgesetzes sind nämlich die Grundstücke der Bauern dann zu arrondiren wenn die Mehrheit der Grund wirte es verlangt.

Die magyarischen und jüdischen Grundbesitzer, in deren Händen sich die Mehrzahl der ehemaligen Güter herabgekommener Edelleute befinden, mis brauchen nun dieses Gesetz zu ihren Gunsten und erzwingen die Commassation, um bei der neuen Vertheilung aus dem Titel ihrer Abstammung oder ihres anerkannten „Patriotismus" die fruchtbarsten Aecker zu erhalten, während den

Rumänen der magerste, werthloseste Boden zugewiesen wird, wofür sie noch die mit derlei Operationen verbundenen, mehrere Tausend Gulden umfassender Kosten zu begleichen haben.

Ganz in derselben Weise fand auch die Auftheilung der Wälder statt. Der Staat und die magyarischen Freiherren eigneten sich das Beste zu, und Gemeinden und Private mussten sich mit dem Jungwald und Gestrüpp bescheiden.

Wer gegen derartige Verkürzungen seine Stimme zu erheben wagt, riskirt mishandelt zu werden. So protestirte in der Gemeinde Şard [1] im December 1891 ein rumänischer Landwirt gegen die bei der Commassirung vorgekommenen Willkürlichkeiten und sagte der Commission gerade heraus, dass sie ungerecht vorgegangen sei und das Volk verkürzt habe. Diese in den Thatsachen begründete Aeüsserung klang den ungarischen Herren unangenehm in die Ohren weshalb ein magyarischer Graf seine Diener anstellte, den betreffenden Landwirt Nachts zu überfallen und weidlich durchzuprügeln. — In der That wurde auch der Rumäne grausam mishandelt und am Kopfe mehrfach schwer verletzt; zweifellos hätte er hiebei auch sein Leben verloren, wenn nicht einige zufällig des Weges daherkommende Leute dies Vorhaben vereitelt hätten. Und um diesem, allem Rechte hohnsprechenden Vorgange die Krone aufzusetzen, wurde noch der Rumäne beschuldigt, die betreffenden drei Raufbolde überfallen zu haben, um sie zu schlagen!

Gleichzeitig mit der Auftheilung der Wälder hat der Staat die Trift in den ärarischen Forsten und Auen verboten. Bei dem Umstande, als in den meisten von Rumänen bewohnten Gegenden die Holzbearbeitung und Viehzucht den Hauptnahrungszweig der Bevölkerung bildet, hatte diese Massregel für sie die grössten wirtschaftlichen Nachtheile zur Folge.

Nicht weniger empörend ist die Art der Eintreibung der Steuerrückstände und Verzugspönalien. Wenn der arme Bauer bei seiner drückenden Armut nicht im Stande ist seine Steuern zum Fälligkeitstermine zu bezahlen, wird ihm seitens der Verwaltung ein Executor zugesendet, welchem für eine Entfernung von 3—4 Stunden ein Taggeld von 25—35 fl. zugesprochen wird, so dass der Steuerträger für ein Verzugspönale von 1—2 fl. 60—70 fl. entrichten muss. Woher er diese für ihn unerschwingliche Summe beschaffen solle, kümmert unsere Beherrscher nicht. Sie veräussern Haus und Hof des armen Rumänen und werfen ihn auf die Strasse. Daher kommt es, dass in den letzten Jahren Hunderte rumänischer Familien, insbesonders aus den westlichen Bergen Siebenbürgens, ihren Herd verlassen und unter Verwünschungen auf ihre Bedrücker, welche sie von dem väterlichen Besitze vertreiben, nach dem benachbarten Königreiche auswandern.

Eines der wichtigsten Grundsätze der Magyarisirungs-Politik ist die Vernichtung des Nationalbewusstseins bei den nichtmagyarischen Völkerschaften.

[1] Comitat Alba-de-Jos.

Von diesem Standpunkte aus ist es dem Rumänen in seinem Lande verboten, sich der von seinen Voreltern überkommenen Tracht zu bedienen. Die Proben welche wir diesbezüglich im Nachstehenden zu bieten in der Lage sind, dürften genügen, um Jedermann über die eigenartige in Ungarn herrschende Freiheit aufzuklären.

Im Jahre 1886 veranstaltete die Kronstädter Jugend nach alter gewohnter Weise anlässlich der Osterfeiertage eine Reihe nationaler Festlichkeiten. Hiebei erschienen sie gewohntermassen in ihrer nationalen Tracht mit Tricoloren am Hut und mit ebensolchen Cocarden an der Brust. Diese Thatsache scheint eine Gefahr für den magyarischen Staat gebildet zu haben, weil ihretwegen gegen 48 junge Leute die Strafamtshandlung eingeleitet wurde und mit deren Verurtheilung zu 8—10 Tagen Arrest und zu Geldstrafen von 50—80 fl. endete.

Dasselbe Schicksal hatten auch 22 Burschen aus Hälmagi, welche anlässlich eines im Jahre 1885 zu Pfingsten veranstalteten Volksfestes ihre rumänische Tracht anlegten.

Sie wurden deswegen vor Gericht gestellt, in Haft genommen und zu namhaften Geldstrafen verurtheilt.[1] Als sie gegen diese Urtheile appellirten, wurden die ihnen auferlegten Strafen seitens der höheren Instanzen nicht nur nicht ermässigt, sondern sogar verschärft.[2]

In der Familie eines rumänischen Seelsorgers in der rumänischen Gemeinde Iclandul-Mic wurde ein freudiges Ereignis gefeiert. Bei diesem Anlasse verfertigte ein 15-jähriges Mädchen, um ihren Angehörigen eine Ueberraschung zu bereiten, mit eigener Hand eine kleine Papierfahne in den nationalen Farben und brachte sie an einem auf den Hof des Seelsorgers gehenden Fenster an. Dies genügte, um eine Strafamtshandlung gegen das Mädchen und den Seelsorger hervorzurufen, bei welcher das Mädchen zu einer Geldstrafe von 30 fl., der Seelsorger zu 2 Tagen Arrest und zu 20 fl. Geldstrafe verurtheilt wurde.[3]

Im Jahre 1885 wurde ein junger Man rumänischer Nationalität aus Rodna-Vechiă zu sechswöchentlichem Arrest und zu einer Geldstrafe von 200 fl. lediglich aus dem Grunde verurtheilt, weil er sich erlaubt hatte, auf einem *Carroussel* mehrere Fänchen mit dem roth-gelb-blauen Tricolor aufzuhissen.

Alle diese Proben magyarischen Freisinnes finden auf Grund einiger Ministerialverordnungen statt, welche den Gebrauch nationaler Farben und Fahnen verbieten.[4]

Diese Verordnungen boten die Handhabe zu einer wahren Hetze gegen das rumänische Volk. Der rumänische Bauer, welcher seinen traditionellen dreifarbigen Gürtel trägt, wird beschimpft und in's Gefängnis geworfen.

[1] Siehe das Urtheil des Gerichtes Hälmagi vom 3. Juni 1885, Zahl 577.
[2] Urtheil des Gerichtshofes Arad vom 5. November 1885, Zahl 4066.
[3] Urtheil des Kreisgerichtes Ludos, Zahl 1151 vom Jahre 1889.
[4] Verordnung des Ministeriums des Innern vom 6. Juli 1874, Zahl 26.559 und Ministerialverordnung vom 24. November 1885, Zahl 62.698.

Die Fahnen, welche anderwärts die Bauern bei ihren Festlichkeiten aus verschiedenen Tüchern in nationalen Farben zusammenzustellen pflegen, werden confiscirt und verbrannt. Den Schülern des Kronstädter Gymnasiums wurde das Tragen des Tricolors an der Mütze verboten, etc.

An dieser Stelle müssen wir erwähnen, dass diese nationalen Farben einen integrirenden Bestandtheil unseres althergebrachten Volkslebens bilden, indem sie im Laufe der Zeiten mit der rumänischen Tracht förmlich verwachsen sind. Die Nationalfarben wurden ehedem vor Jahrhunderten als Schmuck bei Festlichkeiten getragen und kommen gegenwärtig bei allen Kleidungsstücken vor. Ein Gesetz, weches das Tragen dieser Farben an sich verbieten würde, besteht nicht. Untersagt ist blos das Anbringen der Farben eines feindlichen Staates bei Fahnen und Abzeichen, und auch das nur bei speciellen Feierlichkeiten Andererseits räumt das Gesetz den Nationalitäten ausdrücklich das Recht ein, ihre eigenen Farben zu haben.[1] Unsere Farben sind aber weder die Farben eines mit der Monarchie auf feindlichem Fusse stehenden Staates, noch ausschliesslich jene des benachbarten rumänischen Königreiches, sondern die Farben Siebenbürgens, die Farben der Rumänen. Sie erscheinen auch im Landeswappen und sind gleichzeitig die Farben der Hauptstadt Budapest! —

Und wie uns unsere Tracht nicht gestattet wird, so wird uns auch verboten, das Andenken unserer Männer zu feiern, welche für die Freiheit gegen die Bedrückung gekämpft haben

Am 28. Februar 1885 jährte sich zum hundertsten Male der Tag des Ausbruches der Revolution der rumänischen Bauern unter Horia, Cloșca und Crișan, welche sich für unser Gemeinwohl geopfert haben. Sie wurden zwar auf's Rad geflochten, uns wurde aber die Gerechtigkeit zutheil, für welche jene gekämpft hatten, indem den siebenbürgischen Hörigen das Recht der Freizügigkeit und hiemit die Möglichkeit eingeräumt wurde, sich fortan als Menschen zu fühlen.

Das Andenken dieser nationalen Märtyrer ist uns Rumänen theuer und heilig. Deswegen traf die magyarische Regierung die schärfsten Massregel, um die Feier unmöglich zu machen. Die westlichen Gebirge Siebenbürgens, der Herd, von welchem diese Bewegung ausgegangen war, wurden von Gensdarmen überflutet. Câmpeni, ein kleiner Ort in diesen Bergen, wurde förmlich in Belagerungszustand versetzt. Den rumänischen Lehrern wurde gedroht, dass sie „wie Hunde" niedergeschossen werden würden, falls sie am Tage der Feier ihr Haus zu verlassen wagen sollten, und die Geistlichkeit, welche an diesem Tage die gewohnte Messe las, wurde mit Gensdarmen aus der Kirche hinausgejagt auf Grund einer ausdrücklichen Weisung des Ministers.[2]

---

[1] Gesetzartikel XXI. vom Jahre 1848.

[2] Derartige Vorfälle ereigneten sich in Lupșa und in Valea-Lupșii, sowie an mehreren anderen Orten Siehe Ministerialverordnung vom 24. Februar 1885 Zl. 884.

Auch die Feier des 15. Mai 1848, an welchem sich das rumänische Volk frei von dem Joche der Unterthanschaft erklärte, ist uns verboten, ebenso wie es uns nicht gestattet ist, unsere nationalen Lieder zu singen und unsere nationalen Tänze zu tanzen. So wurde im Jahre 1884 in Caransebeș strafweise gegen mehrere Rumänen vorgegangen, weil sie ihren Nationaltanz die „Hora" getanzt hatten, welche von den unwissenden magyarischen Beamten als „Tanz des Horia" aufgefasst wurde!

Die Freiheit der Person und der Frieden des Hauses sind dem Gutdünken der politischen Organe überantwortet. So wurden im Jahre 1886 zwei Rumänen aus Brad als Agitatoren denuncirt, weil sie geäussert hatten, dass sie lieber Ziegenner als Magyaren werden wollten. — Umfassende Untersuchungen wurden eingeleitet, zahllose Zeugen verhört, die Beschuldigten vier Wochen lang in Untersuchungshaft behalten, bis sich *post tot discrimina rerum* herausstellte, dass sie nichts verbrochen hatten.

Ein rumänischer Advocat in Alba-Iulia wurde zu einer im Appellationswege in eine Geldstrafe von 150 fl. umgewandelte Arreststrafe von 6 Wochen verurtheilt, weil er die Kühnheit gehabt hatte, einen im Königreiche Rumänien erschienenen Roman zu lesen, welchem nicht einmal das Postdebit entzogen worden war.[1]

Der königliche Richter in Hida liess — ohne jeden vernünftigen Grund — durch Gensdarmen den Seelsorger, Curator, Ortsrichter und die drei Beigeordneten aus Santa-Maria [2] einfangen, vor das Gericht schleppen und von dort weitere 60—70 km. zum Gerichtshofe in Klausenburg escortiren, wo diese Männer nach entsetzlichen Mishandlungen anlässlich der Hauptverhandlung völlig schuldlos befunden wurden.[3]

Dieser barbarischen Handlung lag kein anderes Motiv zu Grunde, als das Bestreben des Richters, sich bei der Regierung in günstiges Licht zu setzen, zu diesem Zwecke verschmähte er es nicht, die Vertrauensmänner einer rumänischen Gemeinde in den Augen der Welt als Verbrecher hinzustellen, obwohl sie sich nichts zu Schulden hatten kommen lassen. In der Gemeinde Drag unterhielt der Vicegespan des Comitats Cojocna fast durch ein Jahr 2—7 Gensdarmen und 18—48 Agenten auf Kosten der Gemeinde zum Schutze der Besitzungen des dortigen magyarischen Grafen, weil an denselben mehrere Brandlegungen vorgekommen waren, ohne dass der Thäter hätte eruirt werden können. Während die Bewachung des privaten Vermögens Sache des betreffenden Eigenthümers und der berufenen Polizeiagenten ist, wurde im vorliegenden Falle der genannten Gemeinde ein mehr als 6000 fl. betragender Aufwand aus dem Titel der öffentlichen Sicherheit aufgehalst, welche ja gar nicht bedroht worden war.

[1] Zl. 1778 vom Jahre 1885. Strafgericht Alba-Iulia und Urtheil Zl. 2805 vom Jahre 1885.

[2] Comitat Cojocna.

[3] Act Zahl 7157 ex 1886 des kgl. Strafgerichtes in Klausenburg.

Der Zweck dieser infamen Procedur lag nur in dem Bestreben, eine rumänische Gemeinde an den Bettelstab zu bringen und die rumänischen Bewohner als Brandstifter und Verbrecher hinzustellen. —

Im Jahre 1885 wurde unter der rumänischen Bevölkerung eine von dem „Comité der rumänischen Irredenta" in Bucarest unterzeichnete Proclamation verbreitet. Diese Proclamation war, wie wir es zugeben wollen, in einem äusserst scharfen Tone geschrieben, aber von Leuten verfasst, welche die Leiden der Rumänen von Grund aus kannten und sie daher aufforderten, den gesetzlichen Weg aufzugeben Sowohl unsere Presse, als auch wir haben seinerzeit den Inhalt dieser Proclamation auf das Schärfste misbiligt Nicht weil unsere Lage erträglich wäre, sondern weil wir auch gegenwärtig noch die Ueberzeugung hegen, dass wir die uns entzogenen Rechte mit gesetzlichen Mitteln erkämpfen können. — Andererseits wurden die Urheber dieser Proclamation von ihrer Strafe ereilt, indem sie in Rumänien des Landes verwiesen wurden.

Die magyarische Regierung gab sich jedoch hiemit nicht zufrieden, sondern veranstaltete eine wahre Hetze gegen die Rumänen. Alle von den Rumänen bewohnten Gegenden wurden förmlich in Belagerungszustand versetzt; die Gensdarmen waren unermüdlich aufzuspüren, die Leute zu terrorisiren, zu mishandeln und in's Gefängnis zu werfen. Insbesondere die Geistlichen und Lehrer bildeten die ersten Opfer dieser wahnwitzigen Verfolgungssucht.

Einige Renegaten beschuldigten den Seelsorger von Sant-Mihaiul-Deşert und drei seiner Pfarrlinge der Theilnahme an der „Iredenta Româna". Ohne weiter zu untersuchen, ob der Beschuldigung irgend eine Thatsache zu Grunde liege, verhafteten sie die Gensdarmen, legten sie in Fessel und escortirten sie zum Kreisgerichte und von da nach Klausenburg, wo sie nach mehr als einmonatlicher Untersuchungshaft freigelassen wurden, weil sich ihre Schuldlosigkeit herausgestellt hatte. Den ganzen Marsch musste der Seelsorger zu Fuss, vor den Gensdarmen einherschreitend wie ein gemeiner Verbrecher zurücklegen, und hiebei mehrere Ortschaften passiren! Im selben Jahre und unter demselben Vorwande wurden auch drei rumänishe Lehrer durch 4—6 Monate in Untersuchungshaft behalten, ohne dass man sie irgend eines Delictes hätte überführen können.

In Näsäud wurde das Gebäude der Buchandlung „Concordia" von Gensdarmen umzingelt und eingehend abgesucht, gefunden wurde: Nichts. — Die Rumänen aus den westlichen Bergen wurden en masse in's Gefängnis geworfen und dort Monate lang zurückbehalten.

Uns Rumänen ist verboten, unsere Freude oder Zustimmung irgendwie zu äussern; aus den nichtigsten Gründen werden wir vor Gericht gestellt und gestraft — So bestrafte man zwölf Notäre aus Sělagiu mit 25 fl. und einige mit Amtsverlust,[1]) weil sie eine Vertrauensadresse an einen Redacteur unterzeichnet hatten, welcher von dem den Magyaren gegenüber stets conniventen Metropoliten Miron Roman seiner Stelle entsetzt worden war.

Mehreren rumänischen Vertrauensmännern in Kronstadt wurde im Vorjahre der Process gemacht, weil sie bei einem gemeinsamen Nachtmahle Toaste auf mehrere rumänische Redacteure ausgebracht hatten, welche sich gerade damals nach einem Pressprocesse befanden, in welchem sie verurtheilt worden waren, ohne dass jedoch das Erkenntnis bereits Rechtskraft erlangt hätte.[2])

In der Verwaltung, in der Justiz, sowie im gesammten öffentlichen Leben sind alle amtlichen Aufschriften ausschliesslich magyarisch, obwohl das rumänische Volk dieselben ebensowenig versteht, wie die verschiedenen Verlautbarungen etc, welche ebenfalls nur in magyarischer Sprache erfolgen: dies hat zur Folge, dass das Volk unausgesetzt Behelligungen wegen allerlei Uebertretungen ausgesetzt ist.[3])

Man sollte doch glauben, dass Aufschriften und Verlautbarungen zur Orientirung des Volkes bestimmt seien und daher in erster Linie verstanden werden müssten. —

Kann es daher etwas Vernunftwidrigeres geben, als wenn diese Aufschriften und Verlautbarungen statt zur Orientirung der Bevölkerung, rein nur zu dem Zwecke verwendet werden, um dieser auf Schritt und Tritt die Erkenntnis der magyarischen Hegemonie aufzudrängen?

Die ganze magyarische Gesellschaft kennt kein anderes Ideal, als die Vermehrung des magyarischen Elementes durch Vernichtung der nichtmagyarischen Völkerschaften. Die thätigen Beförderer dieses „Ideals" sind die öffentlichen Beamten, und diese Leute sind berufen, über uns Recht zu sprechen!

Es liegt auf der Hand, dass der magyarische Beamte, so oft er zwischen Rumänen und Magyaren zu richten hat, gar nicht unparteiisch sein kann.

Diesfalls äussert sich auch Herr Mocsáry, der einzige Magyare, welcher ehrlich in der Nationalitätenfrage denkt, folgendermassen: „Mit Befremden vernehmen wir Ansichten, von denen eine merkwürdiger ist als die andere: dass nämlich der Zweck alle Mittel heilige, wenn sie nur geeignet sind, die Magyarisirung zu fördern; wir hören derlei Anschauungen und sehen, dass sogar Massregeln gefordert werden, denen zufolge die Gleichberechtigung *aliquando valet, aliquando non valet;* mehrere

---

[1]) Entscheidung des Vicegespans von Sèlagiu, Zahl 7656 ex 1889.

[2]) Das Strafgesetzbuch §. 174) sieht als „Agitation gegen das Gesetz" blos die Agitation gegen „in Rechtskraft erwachsene Urtheile" vor.

[3]) Wie überall, wird auch bei den Aufschriften und Verlautbarungen die topographische Nomenclatur durchaus entstellt, nur um magyarisch zu klingen. Insbesonders bei den Eisenbahnstationen erwächst der Bevölkerung aus dieser Verunstaltung eine ganze Reihe von Unannehmlichkeiten.

„Patrioten" wären in ihrem Eifer bereit im Interesse der Magyarisirung auf dem Gebiete der Verwaltung die Sistirung der Gesetze und auf dem Gebiete der Gesetzgebung die Schaffung einer Reihe von Ausnahmsgesetzen zu fordern".[1]

Der rumänische Bauer wird bei jeder Berührung mit den durchaus aus Fremden der Sprache und den Sitten nach bestehenden Beamten mit einer empörenden Rohheit behandelt.

In den Augen dieser Kossuth-Husaren ist er nichts anders, als ein Gegenstand der Ausbeutung, der Verachtung und des Schimpfes.

In allen Cultur-Ländern werden die Familiennamen nothwendigerweise so geschrieben, wie sich die Träger derselben unterzeichnen, und diese können ihre Namen nicht anders schreiben, als sie in den Tauf-Matrikeln eingetragen sind.

Bekanntlich kann die Aenderung auch nur eines Buchstabens bei einem Familiennamen die grössten Unannehmlichkeiten verursachen.

Die magyarischen Beamten aber, vom Gemeindesecretär bis hinauf zum Minister erachten sich jedoch, um uns möglichst rasch magyarisirt zu sehen, für berechtigt, die rumänischen Namen *ad libitum* zu verstümmeln, nur damit sie womöglich einen magyarischen Klang erhalten.

Es ist nun leicht abzusehen, welche Unannehmlichkeiten dem rumänischen Volke aus diesen Willkürlichkeiten in Eigenthumsangelegenheiten, bei den Grundbüchern etc. erwachsen.[2]

In ganz Siebenbürgen und Ungarn sprechen diese aufgeblasenen Bureaukraten fast ausnahmslos die rumänischen Bauern mit „du" und „Moi" an, als ob sie ihre Diener wären.

Wie wäre es denn auch möglich, dass die Angehörigen der führenden Nation die gebührende Achtung den Bürgern eines auf den Stand der Heloten herabgedrückten Volksstammes erweisen!

Wenn der magyarische Beamte wegen Unkenntnis der rumänischen Sprache selbst durch die Vermittlung seines Amtsdieners das Anliegen des Bauern nicht verstehen kann, jagt er denselben ohne viel Federlesens hinaus. —

Tag für Tag kommt es vor, dass an den Bahnhöfen den Rumänen keine Fahrkarten verabfolgt werden, weil sie dieselben in magyarischer Sprache weder verlangen wollen noch können, und die Cassiere rumänisch weder verstehen wollen noch können!

---

[1] L. Mocsáry, *A régi magyar nemes*, Budapest, Franklin társulat, 1889. Capit. XI., Seite 335.

[2] Nachstehend die Art und Weise, in welcher die magyarischen Beamten rumänische Namen in ungarischer Schreibweise verunstalten:

Aus Joandrea	wird	Zsaudrye,	aus Frăţilă	wird	Freczile
„ Chirilă	„	Kirila	„ Branişte	„	Branystye
„ Ciorogariu	„	Csórogár	„ Livescu	„	Liveszko etc. gemacht.

Es ist klar, dass derart geschrieben die rumänischen Namen keinen Rechtstitel mehr für die betreffenden Familien bilden. —

Beschwerden gegen diese Unbilden sind ausgeschlossen bei einem ihren Bedürfnissen und Anschauungen fernestehenden Regierungs-Systeme.

Unerhört ist der Hohn, den sich diese zusammengelesenen Beamten gegen das Volk erlauben, auf welchem ihre Existenz begründet ist.

Sogar der letzte magyarische Diener der öffentlichen Ämter gibt sich bei seinem Verkehre mit unserem Volke einen gewissen Nimbus und spricht mit den Leuten im Tone souveräner Verachtung.

Diese ganze Bureaukratie vom Minister abwärts bis zum Amtsdiener fordert mit einem Worte dass ihnen zu Liebe das Volk die magyarische Sprache lernen möge. —

Das heisst, 3 Millionen Rumänen, beziehungsweise 10 Millionen nichtmagyarischer Staatsbürger sind in die Zwangslage versetzt: entweder die magyarische Sprache zu lernen, oder auf sämmtliche Rechte in ihrem Vaterlande zu verzichten.

Ganze Völker werden gemartert, eine fremde, unausgebildete und schwerfällige Sprache zu lernen, um die in ihrem Dienste befindlichen Personen zufriedenzustellen.

Ja sind denn die Völker der Beamten wegen da, oder umgekehrt die Beamten der Völker wegen?

Was kümmern jedoch derlei Rücksichten die Magyaren!

Sind sie doch aus der Schule des Con-sti-tu-ti-o-na-lis-mus hervorgegangen, wie uns die magyarische Jugend versichert! . . . . .

DIE VERKÜMMERUNG DES VEREINSRECHTES.

In Ungarn besteht kein Vereinsgesetz, weshalb das Recht, einen Verein zu bilden, rein von dem Gutdünken der magyarischen Regierung abhängt. Diese Regierung gestattet nun den Magyaren so viele Vereine in's Leben zu rufen, als ihnen eben beliebt, und sogar Vereine von solch' herausforderndem Charakter zu gründen, wie sie sonst in keinem Culturstaate geduldet werden könnten.

Dagegen wird — wahrscheinlich im Interesse der ausgleichenden Gerechtigkeit — den nichtmagyarischen Völkern sogar die Gründung von Casino's, Frauen- und Handwerkern-Fach-Vereinen etc. untersagt.

In Ungarn allerdings eine selbstverständliche Sache. —

Denn die Entwicklung des Vereinslebens bei den nichtmagyarischen Völkern ist gleichbedeutend mit der Hebung und Erstarkung des Nationalgefühles derselben, und dieser Umstand wirkt hindernd auf die Magyarisirungspolitik. —

Auch die Gestaltung dieses Gebietes öffentlichen Lebens ist ein Beweis, dass Magyarisirung und absolutistische Willkür untrennbare Dinge sind. —

Doch lassen wir die Thatsachen sprechen.

I. Die Verweigerung der Genehmigung für die Bildung eines „Vereines rumänischer Landwirte."

Mehrere rumänische Vertrauensmänner aus allen Theilen unseres Vaterlandes fassten gelegentlich einer am 3. September 1881 zu Hermannstadt abgehaltenen Versammlung den Beschluss, einen rumänischen landwirthschaftlichen Verein in's Leben zu rufen, um die wirthschaftlichen Interessen der rumänischen Landbevölkerung zu wahren.

Die Statuten dieses Vereines wurden der magyarischen Regierung zur Genehmigung vorgelegt; der ungarische Minister machte jedoch die Statutengenehmigung von der Bedingung abhängig,[1] dass der Verein seine Thätigkeit auf ein einziges Comitat beschränke.

Demgegenüber berief sich der provisorische Vereinsausschuss auf den Umstand, dass in unserem Vaterlande eine ganze Reihe anderer, nichtrumänischer landwirthschaftlicher Vereine bestehe,[2] deren

[1] Ministerialerlass vom 25. August 1883 Zahl 37.018.

[2] Zum Beispiel: der *Siebenbürgisch-sächsische Landwirtschafts-Verein* in Hermannstadt, der Verein *Erdélyi gazdasági egyesület* in Klausenburg, der Verein *Országos gazdasági egyesület* in Budapest etc.

Thätigkeit der erwähnten Beschränkung nicht unterliege, und bat die magyarische Regierung, von der betreffenden drückenden Bestimmung abzusehen. —

Die Regierung fand sich jedoch nicht veranlasst, auf dieses Begehren einzugehen,[1] weshalb der Vereinsausschuss, weil der angestrebte Zweck nicht zu erreichen war, sich aufzulösen gezwungen sah.

II. Die Verweigerung der Genehmigung für die Gründung des rumänischen Volksbildungsvereines „Opinca remînă".

Nachdem den Magyaren alle denkbare Begünstigung und Unterstützung zur Bildung aggressiver Magyarisirungsvereine geleistet worden war, beabsichtigten die Rumänen einen Verein zur Abwehr der Bestrebungen der erwähnten Vereine zu gründen. Insbesondere war dieser Verein bestimmt, die Pflege der rumänischen Sprache und die Anhänglichkeit an den eigenen Stamm zu fördern etc.

Doch die magyarische Regierung verbot[2] die Gründung dieses Vereines, damit die Rumänen wehrlos den Magyarisirungs-Bestrebungen preisgegeben seien. —

III. Die Verweigerung der Genehmigung für die Gründung des Vereines „Minerva" der rumänischen Studenten an der Universität Klausenburg.

Nachdem der Verein „Julia" der rumänischen Studirenden der Klausenburger Universität in der willkürlichsten Weise aufgelöst worden war, beabsichtigten dieselben, einen neuen Verein zu gründen, dessen Thätigkeit auf Grund der entworfenen Statuten auf den geringsten Umfang beschränkt werden sollte.

Die Statuten wurden dem academischen Senate behufs Vorlage an den Minister unterbreitet.

Fast drei Jahre blieben sie beim Senate, bis derselbe sich endlich auf wiederholtes Drängen der rumänischen Studirenden entschloss, die Statuten an den Minister zu leiten.

Dieser verweigerte[3] jedoch die Genehmigung des Vereines unter dem lächerlichen Vorwande, dass in Klausenburg einerseits bereits genug (magyarische!) Vereine existiren, andererseits die 70—80 studirenden Rumänen ein für die Gründung eines Vereines zu geringes (!) Contingent bilden!

In der Fremde, in Antwerpen, Paris, Berlin, Wien etc. wird uns die Gründung und Erhaltung von academisch-literarischen rumänischen Vereinen gestattet, in unserem Vaterlande aber wird uns auch dieses Recht rundweg bestritten und entzogen!

[1] Ministerialerlass vom 27. Juli 1885, Zahl 33.343.

[2] Ministerialerlass vom 22. Februar 1885 Zl. 9066 VII.

[3] Ministerialerlass vom 4. Februar 1889 Zl. 4 90.

IV. Die Verweigerung der Genehmigung für die Gründung des Volksbildungswereines „Progresul" in Arad.

Die Rumänen in Arad bemühen sich seit 8 Jahren (seit 1884), einen Volksbildungsverein, „Progresul" in's Leben zu rufen.

Die magyarische Regierung hat bereits zu drei verschiedenen Malen[1]) die Gründung dieses Vereines mit der Motivirung verboten, dass der Verein rumänisch sei und daher Reibungen unter den Nationalitäten hervorrufen könnte. — Kann es brutalere Acte geben?

Oder rufen die Hunderte magyarischer Vereine, welche sich mitten unter die anderen Nationalitäten eingenistet haben, nicht Reibungen hervor? Sind das die Früchte der vielgerühmten magyarischen Freiheit?

V. Die Verweigerung der Genehmigung für die Gründung des „Vereines rumänischer Frauen in Klausenburg und Umgebung".

Dieser Verein bezweckte: die materielle und moralische Unterstützung der gr.-katolischen rumänischen Mädchenschulen in Klausenburg und Umgebung.

Die magyarische Regierung verbot[2]) jedoch die Bildung dieses Vereines mit der Begründung, dass die rumänischen Schulen einer Unterstützung nicht bedürfen.

Wie könnte denn auch ein magyarischer Minister je zugeben, dass auch die rumänischen Schulen Fortschritte machen?!

VI. Die Verweigerung der Genehmigung für die Gründung eines rumänischen Frauenvereines in Satmari.

Die rumänischen Frauen des Satmar'er Comitats beabsichtigten einen Verein zu philantropischen und culturellen Zwecken in's Leben zu rufen; unsere magyarischen Beherrscher wollten jedoch nicht einmal die Bildung eines so harmlosen Vereines gestatten,[3]) weil angeblich in Satmar schon genug derartige magyarische Vereine bestünden.

Dreimal unterbreiteten die rumänischen Frauen ihr diesfälliges Gesuch den berufenen Behörden, und dreimal wurden sie unter demselben nichtigen Vorwande abgewiesen.

Diese brutale Abweisung hat in der gesammten rumänischen Gesellschaft die grösste Entrüstung hervorgerufen, und die rumänischen Frauen von Satmar veröffentlichten in den rumänischen Zeitungen einen Protest, aus welchem erhellt, dass gegenwärtig der ganze rumänische Volksstamm sich im entschiedensten Gegensatze zum magyarischen Bedrückungssysteme befindet.

---

[1]) Ministerialerlass vom 28. November 1890 Zl. 79.516.

[2]) Ministerialerlass vom 6. August 1890 Zl. 70.406.

[3]) Ministerialerlass vom 7. April 1886 Zl. 18.252 VII ; Bescheid des Satmar'er Vicegespans vom 17. Februar 885 Zl. 1281 ; Bescheid des Satmar'er Vicegespans vom 12. August 1891 Zl. 8221.

VII. Die Verweigerung der Genehmigung für die Gründung des „Vereines rumänischer Lehrer im Satmar'er Comitate".

Die rumänischen Lehrer gr.-kath. Confession im Satmar'er Comitate fassten im Jahre 1883 den Beschluss, einen Verein zur Wahrung ihrer Standesinteressen zu gründen; doch die magyarische Regierung untersagte dieses Beginnen mit der Begründung, dass in Satmar bereits derartige m a g y a r i s c h e Vereine bestehen!

VIII. Die Verweigerung der Genehmigung für die Gründung eines rumänischen Casino's in Fáget.

Die rumänische Intelligenz des Städtchens Fáget wollte ein Casino in's Leben rufen, und der betreffende interimistische Ausschuss unterbreitete der Regierung die Statuten zur Genehmigung.

Der Minister gestattete jedoch die Errichtung des Casino's nicht, weil in Fáget bereits ein magyarisches Casino existire.[1]

IX. Die Verweigerung der Genehmigung für die Errichtung eines „Vereines rumänischer Handwerker in Alba-Iulia".

Im Jahre 1888 wurde in der Stadt Alba-Iulia die Gründung eines Vereines rumänischer Handwerker und Gewerbsleute zur wechselseitigen Unterstützung in Krankheitsfällen beschlossen.

Der Zweck des Vereines war doch harmlos genug.

Nichtsdestoweniger verbot [2] die magyarische Regierung die Gründung des Vereines, weil angeblich „ein Bedürfnis nach einem derartigen Vereine nicht wahrgenommen werden konnte!".

X. Die Verweigerung der Genehmigung für die Errichtung des „Vereines rumänischer Handwerker in Blasendorf".

Die rumänischen Handwerker in Blasendorf beabsichtigten die Gründung eines Vereines zur Wahrung ihrer gewerblichen Interessen und zur Unterstützung verarmter Mitglieder.

Die Regierung liess jedoch die Errichtung dieses Vereines nicht zu,[3] weil derselbe einen rumänischer Charakter hätte —

Bedarf es da noch weiterer Ausführungen?!

---

[1] Ministerialerlass vom 25 April 1889 Zl. 26 392. —

[2] Ministerialerlass Zl 81 717 vom Jahre 1888.

[3] Erlass des Stuhlrichters (in Blasendorf) vom 3. Juli 1890 Zl. 1810.

BESCHLAGNAHME DER FONDS DER RUMÄNISCHEN GRENZER DES NĂSĂUD'ER DISTRICT'S.[1]

*A*ls die magyarische Jugend auf die Anklagen unserer Bucarester Brüder zu antworten unternahm, bedachte sie gewiss nicht, dass sich Jemand finden könnte, welcher ihre Behauptungen auf ihren wahren Wert zurückführen würde. Denn sonst hätte sie gewiss den Muth nicht gehabt, eine solche Auswahl von platten Lügen einem gebildeten europäischen Publicum unverfroren zu bieten. So lässt sich beispielsweise ihre „Antwort" folgendermassen über das Schulwesen vernehmen: „Den Fonds des Năsăud'er rumänischen Gymnasium und der Volksunterrichtsanstalten des Năsăud'er Districtes liess die Regierung ein Vermögen von mehr als einer Million zukommen, und jenen Schulen gesetzlich zusichern, die Verwaltung selber einem rumänischen Aufsichtsrathe überlassend".[2] So viele Worte dieser Satz enthält, ebensoviele Unwahrheiten bringt er vor.

Wie wir nämlich im Nachstehenden beweisen werden, hat die magyarische Regierung nicht nur nichts für den Wohlstand und den Fortschritt dieses Districts gethan, sondern war geradezu bestrebt, die dortige bedauernswerte Bevölkerung ihrer überkommenen Güter und Rechte zu entkleiden.

Die Geschichte der hier in Betracht kommenden Fonds lässt sich bis zu der im Jahre 1762 erfolgten militärischen Organisation des Năsăud'er Districts zurück verfolgen. Aus derselben Zeit rührt auch die Errichtung des zweiten rumänischen Grenzer-Infanterie-Regimentes Nr. 17.

Es fällt ausserhalb des Rahmens unserer Arbeit, die Verdienste darzustellen, welche dieses tapfere Regiment sich im Verlaufe seines Bestandes um Thron und Vaterland erworben hat. Im Vorbeigehen wollen wir nur erwähnen, dass die rumänischen Braven dieses Regiments bisher in 133 blutigen Schlachten ihren unbezwinglichen Heldenmuth bewiesen haben.

Im Jahre 1848, als die Magyaren für ihre Vorherrschaft über uns die Waffen ergriffen und in Debreczin die Habsburg-Lothring'sche Dynastie für entthront erklärten, stand das ganze rumänische Volk wie ein Mann gegen sie und für die Vertheidigung des Habsburg'schen Thrones auf.

---

[1] Im N. O. Siebenbürgens, an den Quellen des Someș, und an der Bacoviner Grenze befinden sich im dermaligen Comitate Bistritz-Năsăud 44 rein rumänische Gemeinden mit einer Bevölkerung von 40.000 Einwohnern, welche die Thäler des Someș-, Bargou- und Monorflusses einnehmen. Dieses Territorium ist im gewöhnlichen Sprachgebrauche unter dem Namen des „Năsăuder-Districts" bekannt.

[2] Aug. W. S. 11.

Das erwähnte Regiment, welches sich aus dem Näsäud'er District ergänzt, verhielt sich in diesen Kämpfen mit unvergleichlicher Bravour. In Anerkennung seiner Leistungen wurde es von Seiner Majestät unserem Kaiser und König Franz Josef I. in einer ungewöhnlichen Weise ausgezeichnet, wie dies aus der folgenden Urkunde erhellt:

„**Vom Allerhöchsten Armee-Ober-Commando.**

Armee-Befehl Nr. 14.

Das erste Bataillon des zweiten Romanen-Grenz-Regimentes, nunmehr Fürst Thurn und Taxis Nr. 50, hat im Jahre 1848 seinen Fahneneid unter den allerschwierigsten Verhältnissen treu bewahrt; es hat den vielfältigen Verlockungen und glänzenden Verheissungen der Rebellen-Häuptlinge kein Gehör gegeben, alle ihre Drohungen, es durch Decimirung zum Treubruche zu zwingen, mit Verachtung zurückgewiesen, allen Mishandlungen mit Berufung auf seinen geleisteten Eid **ehrenvoll widerstanden, und als es von der Uebermacht umzingelt, getheilt, entwaffnet und kriegsgefangen erklärt wurde, wusste es noch seine Fahne zu retten.**

Solche Treue zu ehren und das Andenken an selbe für immerwährende Zeiten zu bewahren, verleihe Ich damselben eine goldene Medaille mit Meinem Bilde und der Umschrift: *Für standhaftes Ausharren in der beschworenen Treue im Jahre 1848.*

Dieselbe soll bei allen feierlichen Gelegenheiten an die Fahne des Bataillons geheftet und so getragen werden.

Schönbrunn, am 27. August 1851.

Franz Joseph m. p." [1]

Dieses Regiment ist das Einzige in Oesterreich-Ungarn, welches sich einer derartigen Auszeichnung rühmen kann. In engster Verbindung mit der Militarisirung des Näsäud'er Districts stand auch die Einrichtung des sogenannten „Proventen-Fonds". [2]

Die Einkünfte dieses Fonds waren zur Gründung und Erhaltung von Mädchen- und Knabenschulen bestimmt, wobei bei den Letzteren speciell die Ausbildung zu Unterofficieren in Aussicht genommen war.

---

[1] Gustav Amon von Treuenfest, *Geschichte des k. k. Infanterie-Regimentes Nr. 50 Friedrich Ludwig Grossherzog von Baden, 1762 bis 1850, zweites Siebenbürger Romanen-Grenz-Infanterie-Regiment Nr. 17*, Wien, Verlag des Reg., 1888, S. 324.

[2] Dieser Fond wurde am 17. Juli 1779 auf Grund des Art. 75 der Militarisirungsurkunde und eines diesfälligen Hofkriegsraths-Erlasses errichtet. Die Einnahmsquellen des Fondes bestanden in dem Ertrage der Regalien und des Propinationsrechtes der ehemaligen Grenzer-Gemeinden, welcher bis dahin in die Gemeindecassen geflossen war.

Später errichteten die Grenzer auch einen sogenannten „Montur-Fond",[1]) aus dessen Einkünften die Equipirung der Grenzer beschaft werden sollte, welche sie bis dahin im Krieg und Frieden aus Eigenem zu bestreiten hatten.

Als die Landesvertheidigung auf eine andere Grundlage gestellt wurde, ward die Militärgrenze aufgelöst.[2])

Bei diesem Anlasse wurde den rumänischen Grenzern und ihren Nachkommen ausdrücklich das Eigenthum an diesen Fonds zuerkannt, und deren Verwaltung für alle Zeiten den legitimen Eigenthümern überlassen.[3]) Die Grenzer hätten ja das Recht gehabt, diese Fonds unter sich aufzutheilen, wie die Sekler-Grenzer es gethan hatten; sie fassten jedoch den Beschluss, die Fonds auch in Zukunft unberührt mit der Bestimmung zu belassen, dass aus den Einkünften des ehemaligen Montur-Fonds Stipendien an die Nachkommen der ehemaligen Grenzer für den Besuch von Universitäten und Academien verliehen werden.

Da sonach der Zweck des Fondsvermögens eine Aenderung erfuhr, wurde auch seine Bezeichnung in „Stipendien-Fond" umgewandelt.[4])

Ebenso erhielt der ehemalige Proventen-Fond die Bezeichnung „Schulfond"; aus den Einkünften desselben sollten nach dem diesfälligen Beschlusse der Grenzer die damals bestehenden, sowie in die Zukunft von den rumänischen Grenzern und deren Nachkommen im Gebiete der ehemaligen Militärgrenze zu errichtenden Schulen erhalten werden [5]) Da die Rechte der Gründer dieser Fonde vollinhaltlich anerkannt und gewährleistet waren, errichtete die am 18. August 1865 abgehaltene Vollversammlung der Grenzer einen diesfälligen Stiftungsbrief, welcher die Genehmigung aller competenten Organe erhielt [6])

---

[1]) Dieser Fond wurde im Jahre 1841 errichtet, wie dies aus dem Berichte des Militär-Commandos in Arad vom 3. Mai 1841 Zahl 1774 an den Hofkriegsrath in Wien hervorgeht. Die Einnahmsquellen dieses Fondes bestanden in 2/3 der Pachtzinse für die Trift auf den Bergen der Grenzer, in den den Grenzerfamilien seitens des Aerars für die Bekleidung und Beschuhung während der Feldzüge zugesprochenen Pauschalsummen, endlich in dem Pachtzinse des Gebirgsterrains, sowie in dem genannten Zinse für die Verpachtung der zwei: »Dosul Stânişoarei« und »Dosul Poenii Rotunde« genannten Berge.

[2]) Die Militärgrenze wurde im Jahre 1851 aufgelassen; hiebei wurde aus dem ehemaligen Romanen Grenzer-Regiment Nr. 17 das dermalige Infanterie-Regiment Nr 50 gebildet.

[3]) Dieses Recht wurde den Grenzern mit dem Allerhöchsten Handschreiben vom 20. Jänner 1851 zuerkannt.

[4]) Genehmigt mit dem Allerhöchsten Handschreiben vom 20 Februar 851 Zahl 3595.

[5]) Genehmigt mit dem Allerhöchsten Handschreiben vom 27. August 1861.

[6]) Genehmigt unter dem 26. Jänner 1866 Zahl 311 seitens des Obergespans des Năsäuder Districts; unter dem 10. April 1866 Zahl 784/422 seitens des gr.-kath. Bisthums in Gherla; mit dem Allerhöchsten Handschreiben vom 23. März 1871 seitens Seiner Majestät und endlich unter dem 10. April 1871 Zahl 6806 seitens der ungarischen Regierung durch den Staatssecretär Gedeon Tanárky.

Im Jahre 1863 eröffneten die rumänischen Grenzer ein Gymnasium in Năsăud, welches nach der im Jahre 1871 erfolgten Stiftsbriefs-Genehmigung in die Reihe der inländischen, mit dem Oeffentlichkeitsrechte ausgestatteten Gymnasien unter der Bezeichnung: „Franz Josef I. gr.-kath. rumänisches Gymnasium" aufgenommen wurde.

Aus dem Vorstehenden erhellt, dass die „von der Regierung zu Gunsten des Nasaud'er Gymnasiums und der Volksschulen dieses Districtes sichergestellte Million" sich nur als ein von der erhitzten Phantasie der Budapester Jugend ausgehecktes Märchen darstellt. Denn diese Fonds wurden unter dem absolutistischen Régime begründet, als von einer magyarischen Regierung noch gar nicht die Rede war, welche auch in der Folge nicht das Mindeste zu deren Vergrösserung beigetragen hat. Im Gegentheile war die Regierung, wie wir weiter unten darlegen werden bestrebt, in einer wirklich scandalösen Weise diese Institute mit Gewalt zu vernichten und unter ihre Vormundschaft zu bringen.

Doch lassen wir die Thatsachen sprechen.

Für die Verwaltung des Fondsvermögens hatten die Eigenthümer desselben, die rumänischen Grenzer, im Jahre 1877 auf Grund der Stiftungsurkunde ein eigenes Statut errichtet, welches sie der Regierung zur Genehmigung vorlegten. Das Cultusministerium hat hierüber bis auf den heutigen Tag den Gesuchstellern eine Erledigung nicht zukommen lassen, was jedoch die Grenzer nicht verhinderte, ihre Fonds thatsächlich nach Massgabe des der Regierung unterbreiteten Statuts zu verwalten.

Der rasche Aufschwung, den diese Fonds nahmen, sowie der unleugbare Fortschritt dieses rumänischen Districts war ein Dorn im Auge der Regierung. Aus diesem Grunde ernannte der Cultusminister im Jahre 1885 unter dem nichtigen Vorwande: einer Regelung der Fondsangelegenheiten mit einem halb-officiellen Schreiben [1]) den berüchtigten Rumänenfresser, Obergespan Baron D. Bánffy, zum „Regierungs-Commissär der Fonds".

Unmittelbar nach dieser ungesetzlichen Ernennung ordnete der gewaltthätige Commissär an, dass die Commission der Grenzer-Fonds mit dem Cultusministerium nicht mehr durch die gesetzliche Oberbehörde, das rumänische gr.-kat. Ordinariat zu Gherla, zu correspondiren habe, und befahl, dass alle Acte ihm zur Revision und allfälligen Unterbreitung nach erfolgter Genehmigung seinerseits einzusenden seien. [2])

Als sich die Fonds-Commission diesem unberechtigten Eingriffe in ihre internen Angelegenheiten energisch widersetzte, setzte der Commissär beim Minister eine neuerliche, officielle Ernennung durch.

---

[1]) Ohne Datum und Zahl. Dieses Schreiben ist in den Fondsprotocollen sub Nr. 755 ex. 1885 eingetragen.

[2]) Verordnung vom 4. August 1885, Zl. 886.

Auf diese Weise wurde er mit dem Titel eines: „königlichen Commissärs der Grenzer-Fonds" [1] investirt und beeilte sich, den ungesetzlichen Act der Fonds-Commission zu notificiren. [2]

Diese unglückselige Ernennung bot ihm die Handhabe, die Fonds-Commission mit einer Reihe willkürlicher Verordnungen förmlich heimzusuchen. Er verbot unbedingt den Zusammentritt des Fonds-Comité's unter Androhung der Sprengung derselben durch bewaffnete Macht, [3] befahl die Löschung der Bezeichnung „Grenzer" in den officielen Urkunden im Widerspruche mit den diesfälligen Bestimmungen des Stiftbriefes, [4] untersagte die Hinterlegung der Fondsgelder bei den rumänischen Sparcassen und ordnete deren Verwahrung bei den von ihm empfohlenen und genehmigten Cassen an; [5] ferner biss er die thätigsten und aufgeklärtsten Männer aus der Fonds-Commission hinaus, [6] ersetzte sie nach Gutdünken durch seine Creaturen [7] und ordnete sodann die Ausarbeitung eines neuen Statuts für die Fondsverwaltung an, welches der Regierung zur Genehmigung unterbreitet wurde. [8]

Auch dieses Statut wurde von der Regierung ad acta gelegt, und die Commission gezwungen, sich an die Bestimmungen eines von der Regierung [9] ausgearbeiteten und aufgezwungenen Statuts zu halten, welches den Bestimmungen des Stiftbriefes eclatant widerspricht. Diesen Statutar-Bestimmungen gemäss werden die Fonds als „Gemeinde-Eigenthum" erklärt, **während dem Gymnasium in bewusstem Gegensatze zu den ausdrücklichen Bestimmungen des Stiftsbriefes [10] der national-rumänische und confessionelle gr.-kath. Charakter abgesprochen wurde!**

Um endlich den Ungesetzlichkeiten die Krone aufzusetzen, ordnete der Commissär die Anbringung einer Tafel an der Stirnseite des rumänischen Gymnasiums an mit der magyarischen Inschrift: „*Alapitványi fögymnasium*". [11] Mit ebensolchen magyarischen Aufschriften werden sowohl die Fondsgebäude, als auch die übrigen aus diesen Fonds erhaltenen Schulen entstellt.

Noch mehr: der Grossinquisitor der nichtmagyarischen Nationalitäten, der Unterrichtsminister Graf Csáky, that dem rumänischen Gymnasium durch eine Ordre kund, **dass die rumänische Sprache, welche**

---

[1] Verordnung vom 26. August 1885, Zl. 1390.
[2] Verordnung vom 31. August 188 , Zl. 1115 [öisp.
[3] Verordnung vom 29. August 1885, Zl. 1071 [öisp.
[4] De dato 17. October 1885.
[5] De dato December 1885, Zl. 1901.
[6] De dato 15. December 1885, Zl. 1806.
[7] De dato 30. December 1885, Zl. 2068.
[8] Zur Genehmigung wurde dieses Statut unter dem 24. October 1885, Zl. 893 eingesendet.
[9] Dieses trägt das Datum vom 27. Jänner 1889, Zl. 21 und ist vom Cultusminister Grafen Csáky unterzeichnet.
[10] Siehe Stiftbrief, pag. 11, 13 und 43.
[11] Das heisst: „Stiftungs-Obergymnasium".

seit jeher die Vortragssprache in dieser Anstalt war und auch dermalen noch ist, nur bis auf weitere ministerielle Anordnungen geduldet werde.[1])

Die Tendenz liegt klar zu Tage, sie ist auf die gewaltsame Magyarisirung des Gymnasiums gerichtet. —

Aus derartigen Ungesetzlichkeiten setzt sich die Million — nicht Gulden — sondern fortgesetzter Attentate gegen die Bildungsanstalten eines rein rumänischen Bezirkes zusammen.

Einmal auf die schiefe Ebene des offenbaren Rechtsbruches gerathen, kannte die ungarische Regierung fortan keine Grenzen. Unverwandt blieben die Augen der Regierung auf das Vermögen der Grenzergemeinden gerichtet. —

Die Beschlagnahme der den Grenzergemeinden gehörigen Gebirge, Waldungen und Weiden.

Die Rumänen des Näsäud'er Districts waren seit den ältesten Zeiten Freie, und gehörten theils der Classe der Adeligen, theils jener der Freibauern an.[2]) Allerdings befanden sich in diesem Grenzgebiete auch einige Hörige, welche im Verlaufe der Zeit in ein gewisses Urbarialverhältnis zur magyarischen Edelmannsfamilie Kemény gerathen waren, ohne jedoch jemals Leibeigene im strengsten Sinne des Wortes geworden zu sein. Mit der Zeit, als auch diese Hörigen militarisirt wurden, emancipirten sie sich aus dem erwähnten Urbarialverhältnisse, wobei die Familie Kemény seitens der kaiserlichen Regierung für die Grundstücke, welche sie in den Bergen dieses Districts besessen hatte, entschädigt wurde. Kurze Zeit nach der Militarisirung strengte jedoch die Familie Kemény einen Process gegen das Aerar mit der Begründung an: dass sie nicht für alle Gebirge, welche ihr Eigenthum gewesen waren, entschädigt worden sei.

Dieser Process um die sogenannten „revindicirten Gebirge" wurde auf Grund eines „Evictionsvergleich" genannten und zwischen der Regierung und den Grenzergemeinden abgeschlossenen Vertrages fortgesetzt.[3])

Infolge dieses Pactes beschlossen die Gemeinden den Process gegen die Familie Keményi allein zu führen.

Doch im Jahre 1885 erfahren die Grenzer, dass der durch Vergewaltigungen der Rumänen berüchtigte Obergespan Baron Bánffy als „Regierungs-Commissär" über das gesammte Vermögen der Grenzer ernannt wurde. Unendlich ist die Reihe der von diesem Commissär begangenen Rechtsverletzungen. Zuerst

---

[1]) Ministerial-Verordnung vom 9. Februar 1891 Zahl 15.850.

[2]) Die Bewohner des Somesthales waren jederzeit frei, wie dies aus den Diplomen des Königs Mathias Corvinus, Wladislaw und Ladwig II., sowie aus dem Militarisirungs-Diplom der Kaiserin Maria Theresia vom 13. November 1766 hervorgeht. Das betreffende Territorium wurde dazumal auch *Districtus Rodnensis* genannt.

[3]) Dieser im Jahre 1871 abgeschlossene Vertrag wurde auch unter die Gesetze dieses Jahres articulirt.

will er den Forst-Ausschuss [1]) auflösen, bedroth die Sitzungen der Grenzer-Comission mit bewaffneter Macht zu sprengen und untersagt den Gemeinden die zum Zwecke der Processführung gegen die Famile Keménуi erforderlichen Ausgaben zu votiren. Und all' das blos aus dem Grunde, weil er in diesem Processe ebenfals Anwärter und daher betheiligt war.

Da der letzte Zweck des Commissärs der war, unter jeder Bedingung des Geldes habhaft zu werden, ordnete er allen Gemeinden an, sämmtliche in die Gemeindecassen aus dem Waldbetriebe eingelaufenen Gelder an die Municipalcasse abzuführen. Dieser gewaltthätigen Anordnung gemäss wurden denn auch die Sparcassabüchel mehreren Gemeinden,[2]) einigen sogar mit Gensdarmerie-Assistenz abgenommen, da sich dieselben gegen diesen offenbaren Raub zur Wehre setzten.

Hiemit nicht zufrieden, befahl der Commissär, dass die Gemeinden alle Gelder über die sie nur immer verfügten, an die Comitatscasse abzuführen haben.

In dieser Weise war der magyarische Satrap bedacht, die rumänischen Gemeinden aller Existenzmittel zu entblössen.

Wenn dessenungeachtet die Grenzergemeinden aus eigenen Mitteln gewisse Beiträge zu Kirchen- und Schulzwecken beschlossen, vereitelte der Obergespan Bánffy stets durch seine Intervention die Ausführung dieser Beschlüsse, obwohl dieselben seitens der Municipalcongregation genehmigt worden waren.

Mit derartigen Mitteln wollte der edle Freiherr sich und der Familie Keménуi die enorme Summe von 3,110.490 Gulden öst. Währ. sichern, welche sie aus einigen ausserhalb des Gesetzes gestellten und dem Gutdünken eines gewissenlosen Beamten überantworteten Gemeinden herauszupressen bedacht waren.

Der vollständige Ruin, zu welchem sie die Grenzer-Gemeinden geführt haben, befriedigte jedoch unsere Beherrscher noch nicht vollständig. *Die ungarische Regierung brachte daher im Jahre 1889 drei Gesetzentwürfe ein, denen zufolge sie brevi manu die Verwaltung der Gebirge und Waldungen den Gemeinden abnahm, um sie selbst durch die von ihr bestellten Organe zu verwalten!*

Ein wahrer Aufschrei des Jammers entrang sich der Brust der unglücklichen rumänischen Grenzer, die sich jetzt direct in ihrer Existenz bedroht sahen : einerseits wollte man sie zwingen, drei Millionen zu zahlen, andererseits beraubte man sie ihres altüberkommenen Vermögens.

Wohl nirgends auf der Welt kann es eine Regierung geben welche grausamer gegen ihre loyalen und friedlichen Untergebenen vorgehen würde! Eine solche Regierung ist unmöglich in Staaten, welche nur den mindesten Anspruch auf Civilisation erheben. Nur in Ungarn kann etwas Derartiges vorkommen.

[1]) Im Sinne des G.-A. XXXI. vom Jahre 1879.

[2]) Unter den derart heimgesuchten Gemeinden befanden sich: Näsäud, Nepos, Gledin, Mititei etc.

Als sich die Grenzer in eine solche Zwangslage versetzt sahen, beugten sie sich der höheren Gewalt und schlossen mit der Familie Kemény einen Vergleich ¹) ab, bei welchem sich diese mit der im Vergleiche zur geforderten Summe von 3,110.490 fl lächerlichen Abfindungssumme von 315.000 fl. öst. W zufrieden gab, wohl ein sprechender Beweis für jeden denkenden Menschen, in welch'hohem Masse die Kemény's selbst von der Gerechtigkeit ihrer Forderung überzeugt waren. —

Sofort war auch die magy. Regierung zur Hand, um aus dieser Situation Vortheil zu ziehen. Sie zahlte selbst der Familie Kemény den Betrag von 315.000 fl. ö. W. und behielt sich das Recht vor, den Ersatz dieser Summe aus dem Ertrage der in seine Verwaltung genommenen Grenzer-Waldungen ein-zubringen. ²)

Heute ist in der Stadt Bistritz eine Forst-Commission bestellt, welche aus dem Verkaufe der Grenzer-Waldungen jährliche Einkünfte von 150.000 bis 200.000 fl. ö. W. zieht, *während die Eigenthümer dieser Waldungen das nöthige Bau- und Brennholz und die Gebirgsweide nur um schweres Geld und viele Bitten erlangen können!*

Und weil die ehemaligen „Grenzer" auch in den Grund-büchern als Eigenthümer dieser Liegenschaften eingetragen waren, *ordnete die Regierung die grundbücherliche Löschung dieser Eintragung an!*

Wo bleibt da das Allerhöchste Handschreiben ³) Seiner Majestät des Kaisers Franz Joseph I., in welchem ausdrücklich gesagt wird: „Die Gebirge, die Waldungen, die Weiden und alle Realitäten der gewesenen Militär-Grenze werden als ausschliessliches Eigenthum der gewesenen Grenzer und ihrer gesetzlichen Nachkommen anerkannt?"

In Ungarn ist Alles möglich! Die Regierung rechnet es sich ja als Ver-dienst an, das Gesetz mit Füssen zu treten und uns zu bedrücken.

Die griechisch-orientalischen und griechischen-katolischen confessionellen Schulfonde des ehemaligen Nasaud'er Districts.

Im Jahre 1838 errichteten die rumänischen Grenzer in jeder Gemeinde der Militärgrenze je einen Schulfond.⁴) Die Bestimmung dieser Fonds war, die Gehalte der confessionellen Lehrer zu decken. Die Fondsverwaltung war der auch für die übrigen Grenzer-Fonds bestellten Commission anvertraut.

Selbstverständlich blieben auch diese Vermögenschaften nicht von der „väterlichen" Fürsorge des Commissärs Bánffy verschont.

¹) Der Vergleich wurde am 11. Jänner 1894 vor dem Bistritz'er Gerichtshofe abge-schlossen.
²) Auf Grund der Gesetz-Artikel XVII., XVIII. und XIX. vom Jahre 1890 nahm der Staat die Verwaltung der Gebirge, Waldungen und Weiden der Grenzer den Eigenthümern ab und eignete sie sich zu.
³) Kaiserliches Handschreiben vom 7 August 1861. Aus der rum. Ausgabe übersetzt.
⁴) Die Einkünfte dieser Fonds bestanden in dem Ertrage der Dreimonats-Regale, welches in die Competenz der einzelnen Gemeinden fiel.

Gleichzeitig mit der Bekanntgabe seiner Ernennung verfügte er, dass die Verwaltung der confessionellen Fonds von jener der centralen Schul- und Stipendienfonds zu sondern sei. Die Folge dieser Verfügung war: die Auftheilung der Fonds unter die gr.-katholische und gr.-orientalische Confession und der Uebergang der Verwaltung auf die von den Ordinariaten der betreffenden Confessionen bestellten zwei Commissionen.[1])

Als der edle Commissär diese Verfügung traf, verfolgte er die Absicht, die confessionellen Schulen zu schliessen und die Gemeinden zu zwingen, die confessionellen Fonds zu Gemeindefonds zu erklären.

In Ungarn aber ist die „Gemeindeschule“ identisch mit der „magyarischen Schule“. —

So zwang er mehrere Gemeinden, neben den confessionellen auch Gemeindeschulen zu errichten, nach denen nirgends ein Bedürfnis wahrgenommen wurde. **Obwohl nun diese magyarischen Schulen an vielen Orten nicht von einem einzigen Schüler[2]) besucht werden, müssen dennoch die Gemeinden namhafte Summen zu ihrer Erhaltung beitragen.[3])**

In der letzten Zeit übt die ungarische Regierung auf die rumänische Metropolie zu Hermannstadt und auf das Bisthum zu Gherla einen Druck dahin aus, die confessionellen Fonds in die eigene Verwaltung zu nehmen. Hiedurch möchte sich die Regierung einerseits für die „Million“ Gesetzesverletzungen, die sie sich dem Grenzer-Vermögen gegenüber zu Schulden kommen liess, einen Schein verschaffen, andererseits im Publicum die Meinung erwecken, als ob die rumänischen Grenzer ausser Stande wären, selbst ihr Vermögen zu verwalten.

Dieser Kunstgriff ist zu naiv und andererseits jedenfalls einer Regierung unwürdig, welche für sich die Bezeichnung „liberal“ in Anspruch nimmt. Denn gerade das Năsăud'er District ist, was rumänische Intelligenz betrifft, bestbestellt. Dort befindet sich nämlich ein gebildeter Klerus, ein wohlorganisirter Gymnasial-Lehrkörper, eine grosse Anzahl intelligenter Advocaten, eine ganze Schaar eifriger Lehrer und eine aufgeklärte und arbeitsame Bevölkerung.

Aber gerade diese günstige Lage des Districtes war ja die Ursache, welche die ungarische Regierung bewogen hat, ihn mit ruchloser Hand aller ererbten Güter und Rechte zu berauben. Denn sie will ja nicht unseren Fortschritt und Wohlstand, sondern unsere Verarmung und Verdummung. Das ist die Wahrheit welche die Budapester Jugend gern verdecken möchte. —

---

[1]) Die Verwaltung der griechisch-katholischen Fonds hat ihren Sitz in Năsănd, während jene der griechisch-orientalischen Fonds sich in Borgo-Prund befindet.

[2]) Die Gemeindeschulen in Nepos, Ilva-Mica, Maieri und Rebra werden von keinem einzigen Schüler besucht. —

[3]) Nachstehend die Beträge, welche einige rumänische Gemeinden der ehemaligen Militärgrenze für die Erhaltung der magyarischen Gemeindeschulen leisten müssen: Borgo-Tiha 742 fl., Ilva Micä 881 fl., Ilva-Mare 758 fl., Magura 717 fl., Maieri 728 fl., Rebra-Mare 614 fl., Nepos 792 fl., Salva 709 fl. und Telciu 606 fl. ö. W., daher jährlich gegen 7000 fl. ö. W.

VERFOLGUNG DER RUMÄNISCHEN PUBLICISTEN.

„Es genügt vollkommen, wenn ihr Herz
ein magyarisches ist, Ihr Kopf kann sich
mit anderen Dingen befassen". . . . .[1]
„Wenn es anders nicht geht, müssen wir
dieses Unkraut mit Gewalt ausrotten; darum
urtheilen Sie nicht allein nach Gerechtigkeit, sondern vor Allem als magyarische Patrioten". . . .[2]

In dieser, von der Bucarester Denkschrift berührten Frage glaubt die
magyarische Jugend mit einigen Sophismen das den Rumänen zugefügte Unrecht
bemänteln zu können.

„Der liberale Geist unserer Presse und unserer magyarischen Staatsbürger"
heisst es in der „Antwort", „erlauben Vieles, was in anderen Staaten absolut
nicht erlaubt werden würde" etc.

Diese Phrasen beruhen ebenso auf Wahrheit, wie alle bisher erwähnten
Behauptungen der „Antwort".

Was die magyarische Vorherrschaft der rumänischen Presse und den
rumänischen Publicisten gegenüber gethan hat, ist mehr als eine Ungerechtigkeit,
ist geradezu eine Verhöhnung des modernen Zeitgeistes, eine Verletzung der
elementarsten Begriffe von Recht und Billigkeit.

Im Reiche der heil. Stefans-Krone bestehen zwei Pressgesetze:
ein liberales für das eigentliche Ungarn und ein absolutistisches
für Siebenbürgen.

Dieses absolutistische Gesetz ist das sogenannte *kaiserliche Patent vom
27. Mai 1852*.

Es ist leicht zu begreifen, dass das Letztere rein nur der Rumänen wegen
aufrecht erhalten wird.

Diese Erkenntnis wird zur Gewissheit, wenn erwogen wird, dass bis heute
nicht ein einziger magyarischer Publicist auf Grund dieses absolutistischen
Patents zur Rechenschaft gezogen wurde, während die rumänischen Publicisten,
und zwar nur seit der Wiederherstellung der magyarischen Verfassung her, in zahlreichen Fällen auf Grund dieser Norm gemassregelt
wurden.

---

[1] Der Gerichtspräsident von Arad an einen Geschworenen anlässlich eines einem rumänischen Redacteur angestrengten Pressprocesses

[2] Aus der Rede des königl. ung. Staatsanwaltes G. Parecz im Pressprocesse der
Rumänischen Revue zu Arad am 17. September 1888.

8

Der einzige Vortheil den die Rumänen diesfalls bisher besassen, war der, dass anlässlich der Einführung der Geschworenengerichte für Pressprocesse der Sprengel der Gerichtshöfe des südlichen Siebenbürgens dem Geschworenengerichte in Hermannstadt zugewiesen worden war.

In dieser alten sächsischen Stadt war die Majorität der Bevölkerung und mithin auch der Geschworenen sächsischer Nationalität, während der Rest von Rumänen und Magyaren gebildet wurde, so dass vor dem dortigen Schwurgerichtshofe über die angeklagten Publicisten wenigstens deren unmittelbare Mitbürger Recht sprachen, welche grossentheils ebenfalls Nichtmagyaren und daher von dem modernen Chauvinismus der magyarischen Gesellschaft frei waren. — Andererseits erschienen im Süden Siebenbürgens, wo die Rumänen die bestbevölkerten und bestcultivirten Centren, insbesondere in Hermannstadt und Kronstadt besitzen, seit jeher die meisten rumänischen publicistischen Organe, so dass das Schwurgericht in Hermannstadt füglich als das eigentliche Pressgericht der Rumänen betrachtet werden konnte. — Bereits seit Anfang der Achtzigerjahre, ja schon in den Siebzigerjahren war die magyarische Regierung bestrebt, die rumänische Presse durch zahlreiche Pressprocesse mundtodt zu machen, doch gelang ihr dies nicht trotz der Anwendung des oben erwähnten Ausnahmsgesetzes, weil die Hermannstädter Geschworenen, welche in der Bethätigung der rumänischen Nationalität ein Verbrechen nicht sahen, die angeklagten Publicisten beim Mangel jedes anderen Delicts regelmässig und meistentheils einstimmig freisprachen. So wurden die Redacteure G. Baritiu (»*Observatorul*«) N. F. Negrutiu (»*Cărţile Sătcanului Român*«) etc. freigesprochen. Unter diesen Umständen musste sich die magyarische Regierung lediglich mit der Massregelung der im Sprengel der Schwurgerichtshöfe des eigentlichen Ungarns erscheinenden rumänischen Blätter begnügen, wo denn auch thatsächlich die Redacteure der in Budapest erscheinenden Zeitungen »*Federaţiunea*« und »*Albina*« mehrfach abgestraft wurden. Aus diesem Grunde konnten sich auch diese Blätter in der Hauptstadt magyarischer „Civilisation" nicht lange erhalten, sondern mussten der vielen Pressprocesse und der mit ihnen verbundenen namhaften Kosten wegen aufgelassen werden.

Das war der Zustand bis zum Jahre 1884. In diesem Jahre fasste das Cabinet Tisza den Beschluss, die rumänische Presse Siebenbürgens um jeden Preis zu vernichten. Der Anfang wurde mit zwei Pressprocessen gegen die in Hermannstadt erscheinenden Blätter »*Observatorul*« und »*Tribuna*« gemacht.

Die erstere Verhandlung fand am 3. November 1884, und die Letztere am 3. Februar 1885 vor den Hermannstädter Geschworenen statt. Charakteristisch ist das Substrat, auf welches hin der Process eingeleitet wurde. Der »*Observatorul*« hatte einen Artikel gebracht, in welchem er das Gerücht erwähnte, dass die Regierung die Einberufung des gr.-or. Kirchencongresses Ungarn's und Siebenbürgen's wegen der Coincidenz desselben mit dem hundertsten Jahrestage der 1748-er Revolution des Horia verboten hätte, und knüpfte an dieses Gerücht eine Reihe von Beschwerden über einen derartigen Willküract der Regierung an.

In der » *Tribuna* « wurde andererseits ein Artikel veröffentlicht, in welchem anlässlich
eines vor dem Hermannstädter Gerichtshofe verhandelten Processes auf die Ungesetzlichkeit und den Uebelstand hingewiesen wurde. welcher darin lag. dass.
obwohl die Angeklagten Deutsche waren. die ganze Verhandlung in ungarischer Sprache, also in einer weder den Angeklagten noch dem ganzen
Publicum verständlichen Sprache stattfand.

Selbstverständlich konnten sächsische Geschworene in diesen Artikeln das
Verbrechen einer „gegen den Staat gerichteten Agitation" nicht finden weshalb
sie auch die Angeklagten, G. Baritiu, Redacteur des » *Observatorul* «, und
Cornel Pop Pecurar in seiner Eigenschaft als verantwortlichen Redacteur.
so wie Ioan Slavici al Verfasser des incriminirten Artikels der » *Tribuna* « freisprachen. —

Unmittelbar darauf wurde die „magyarische öffentliche Meinung" gegen
den Schwurgerichtshof in Hermannstadt in Bewegung gesetzt. Die magyarischen und magyarenfreundlichen Zeitungen begannen eine unerhörte Agitation.
» *Nemzet* «, das leitende Regierungsblatt schrieb unmittelbar an dem der Verhandlung des letzteren Processes folgenden Tage, am 4. Februar 1885, dass
die Hermannstädter Geschworenen gegen den Staat demonstrirt hätten.
» *Pesti Hirlap* « fand, dass die Ehre der magyarischen Nation, die Integrität des
magyarischen Staates vogelfrei erklärt und ausserhalb des Gesetzes gestellt
worden seien. Im selben Tone secundirte auch der » *Pester Lloyd* «, » *Kolozsvári
Közlöny* «, » *Egyetértés* « etc. mit einem Worte alle magyarischen und magyarenfreundlichen Blätter ohne Unterschied der Partei.

Ebenfalls am 4. Februar 1884 interpellirte der Székler-Abgeordnete Baron
Blasius Orbán die Regierung im Abgeordnetenhause in einer von Invectiven und
leidenschaftlichen Auslassungen gegen die Rumänen strotzenden Rede. in welcher
er sie „zischende Schlangen" und „an der Brust der Magyaren (!) genährte
Vipern" nannte, ob denn nicht dem Hermannstädter Schwurgerichte das Hand-
werk gelegt werde?

Dieser Agitation gemäss wurde denn auch das Geschworenengericht in
Hermanstadt aufgehoben.[1])

Unbeschreiblich war das Freudengeheul aller Chauvinisten, als dieser brutale Act der magyarischen Regierung gegenüber der rumänischen Presse zur
Thatsache wurde. Denn die Beseitigung dieses Gerichtshofes bedeutete nichts
anderes, als dass die rumänische Presse fortan ausserhalb der Schwurgerichts-
Rechtsprechung stehen solle. In Folge der oben erwähnten Verfügung des
Ministeriums wurde nähmlich der Wirkungskreis des Klausenburg'er Schwurgerichtshofes auch über den Sprengel des ehemaligen Hermannstädter Geschworenengerichtes ausgedehnt. so dass heute dieser Gerichtshof das einzige Press-
gericht für die gesammte rumänische Publicistik Siebenbürgens bildet. In
Klausenburg aber befindet sich bekanntlich der Mittelpunkt des siebenbürgischen
Panmagyarenthums, die Residenz des berüchtigten » *Kulturegylet* «. und der Sitz

---

¹) Verordnung des Justizministeriums vom 1. August 1884, Zahl 31.842.

8*

einer von einer rabulistischen Presse zum Hasse gegen Alles, was rumänisch ist, fanatisirten Gesellschaft. Die Klausenburger Geschworenen sind für die rumänischen Publicisten keine Richter, weil ihnen die erste hiefür erforderliche Bedingung: die Objectivität mangelt. Sie sind politische Gegner der Rumänen, welche ihren Wahrspruch nur vom nationalen und Partei-Standpunkte abgeben, nicht aber unbefangene Bürger, welche nach besten Wissen und Gewissen zu richten haben. Von da an war sich die Regierung bewusst, dass sie gegen die rumänischen Publicisten blos Processe einzuleiten brauche; für die Verurtheilung sorgen schon die Klausenburger Geschworenen. —

Das war es aber was die Regierung wollte, und daher die grosse Freude aller magyarischen Chauvinisten über die Auflösung des Hermannstädter Schwurgerichtshofes.

Die Intentionen einer Einrichtung lassen sich öfters klar an den erzielten Resultaten ersehen. Den besten Beweis für den Zweck, welchen die magyarische Regierung bei der Zuweisung der Gerichtsbarkeit über die rumänische Presse an den Klausenburg'er magyarischen Schwurgerichtshof verfolgte, erbringen die Erfolge der Thätigkeit dieses Gerichtshofes. Dieselben zeigen klar, dass die Absicht der Regierung direct auf die Vernichtung der rumänischen Presse gerichtet war, weil diese der „nationalen Politik", das heisst der Magyarisirung im Wege steht.

Jeder politische Process ist in seinen letzten Consequenzen ein Act der Willkür; denn jemanden seiner Ueberzeugung wegen zu verfolgen, ist ein Unternehmen, welches stets auf den Verfolger den Schein ungerechten Handelns wirft. Deshalb sind auch in jedem wahrhaft liberalen Staate politische Processe ungewöhnlich und finden nur dann statt, wenn sie aus höheren Staatsrücksichten ein Gebot äusserster Nothwendigkeit geworden sind.

Der magyarische Staat ist zwar auch liberal — aber nur der magyarischen Presse gegenüber; während er gegenüber der Presse der übrigen Nationalitäten, insbesondere aber gegen jene der Rumänen über die Massen unduldsam ist. Dies wird auch von unseren sächsischen Mitbürgern bestätigt. Dieselben äussern sich diesfalls: „Die magyarische und — wir müssen es lobend anerkennen — auch die deutsch-ungarische Presse, die sächsische inbegriffen, erfreut sich in Ungarn der weitgehendsten Pressfreiheit. Gegen die rumänische Presse aber haben die königlich ungarischen Anwaltschaften und Ober-Anwaltschaften seit einigen Jahren einen förmlichen Feldzug unternommen.

Seitens der magyarischen und deutsch-ungarischen Presse lässt man sich die härtesten Anschuldigungen gefallen, wenn aber ein rumänisches Blatt sich eine scharfe Kritik der magyarischen Bestrebungen im Punkte der Nationalitätenfrage erlaubt, ist gleich der Staatsanwalt bei der Hand. Ist das Recht? — Ist das gleiches Recht für Alle?".[1]

---

[1] »Kronstädter Zeitung« Nr. 191 vom Jahre 1890.

Zur Entschuldigung des Umstandes, dass mit verschiedenem Masse gemessen werde — wenn überhaupt in dieser Beziehung eine Entschuldigung zulässig ist — können sich die Magyaren auch auf das politische Verhalten der Rumänen und die Art. wie sie ihren Verflichtungen gegen den Staat und das Vaterland nachkommen. nicht berufen, weil diese niemals eine Handhabe zu der Behandlung geboten haben, welche den Rumänen thatsächlich zu Theil wird

Die Regierung hat nämlich den Rumänen gegenüber trotz der strengsten Untersuchungen nicht eine Thatsache aufzubringen vermocht, auf deren Grundlage sie den Vorwurf erheben könnte, dass wir in politischer oder nationaler Richtung mit ungesetzlichen Mitten kämpfen; Complotte, Verschwörungen, politische Attentate oder geheime Agenten hat es bei uns niemals gegeben. Die Rumänen haben stets willig ihren Zoll an Blut und Geld geleistet, wie er von ihnen gefordert wurde, und ausserdem haben sie sich freiwillig für Kirche und Schule Opfer auferlegt, welche im Verhältnisse zu ihrer materiellen Lage aussergewöhnliche genannt werden müssen.

Ihre Gravamina und Beschwerden haben sie immer auf gesetzlichem Wege und im Rahmen der Gesetze vorgebracht, und ihre politischen Kämpfe, die Kundgebungen des Widerspruches gegen die bestehende Regierung und des Entgegenstemmens gegen die ihnen zugefügten Unbilden haben sich stets am hellichten Tage, in dem von den Gesetzen und der Verfassung umschriebenen Rahmen, in öffentlichen, gesetzmässig einberufenen Versammlungen, unter den Augen der Behörden und der gesammten Presse abgespielt.

Da diese Grundsätze die allgemeine Richtschnur für das Verhalten des rumänischen Volkes bilden, ist es nur selbstverständlich, dass auch die rumänische nationale Presse diese Grundsätze befolgte. Die rumänischen Blätter haben gestützt auf die gesetzlich gewährleistete Freiheit der Meinungsäusserung, Ausdruck gegeben der Unzufriedenheit, welche alle Kreise des rumänischen Volkes erfüllt, haben die von der Regierung und den gesetzgebenden Körpern begangenen Ungerechtigkeiten zurückgewiesen und sind für die Anerkennung der unveräusserlichen Rechte des von ihnen vertretenen Volkes eingestanden. Hiebei sind sie immer in der loyalsten Weise vorgegangen. Bei dieser Sachlage konnte daher die Absicht der Regierung bei dem oben erwähnten Schritte nur auf die Verfolgung der Presse, nicht aber auf die Wahrung des Rechtes und der öffentlichen Sicherheit gerichtet sein. — Und dass thatsächlich die rumänische Presse in Ungarn verfolgt wird, dem Gesetze, der Freiheit der Meinungsäusserung. dem Geiste des gesammten modernen Lebens zum Trotze verfolgt wird, geht aus den nachstehenden Daten hervor:

Am 11. und 12. Mai 1886 wurden vor dem Klausenburger Schwurgerichtshofe zwei Pressprocesse gegen die Journalisten Cornel Pop Pecurar, Redacteur, und Ioan Slavici. Director der in Hermannstadt erscheinenden Zeitung »Tribuna« verhandelt. Ersterer wurde als Verfasser der beiden incriminirten Artikel zu einjähriger Gefängnisstrafe, welche er in Nasand abbüsste, Letzterer aber, als lediglich auf dem Blatte unterzeichneter Journalist zu einer namhaften

Geldstrafe verurtheilt. Es würde zu weit führen, an dieser Stelle die dem Processe zu Grunde gelegenen Artikel wiederzugeben; diesfalls genüge die Erwähnung, dass der leitende Gedanke derselben in dem Satze gipfelte: dass „dieses Land weder den Magyaren noch den Rumänen gehöre, sondern das gemeinsame Vaterland unser aller sei". Dies bot den Magyaren genügenden Anlass, um einen rumänischen Publicisten ins Gefängnis zu sperren. —

Noch bezeichnender als der Erfolg des Processes war das Plaidoyer, welches der Staatsanwalt zur Begründung seiner Anklage hielt. Indem er an den Patriotismus der Geschworenen appellirte, forderte er sie auf, zwischen den Zeilen zu lesen, wo sie bei jedem Worte die „Agitation" finden würden, derentwegen die Angeklagten vor Gericht gestellt wurden!

Es ist klar, dass wenn „zwischen den Zeilen" gelesen und der Wahrspruch nicht nach dem Rechtsbewusstsein, sondern nach den Lehren des panmagyarischen Evangeliums gefällt wird, jeder politische Angeklagte nichtmagyarischer Nationalität verurtheilt werden musste. —

Dasselbe Schicksal hatte auch die Kronstädter »Gazeta Transilvaniei« in einem Pressprocesse, welcher ebenfalls in Klausenburg am 22. März 1889 verhandelt wurde. Die Redacteure dieses Blattes, Dr Aurel Mureşianu in seiner Eigenschaft als verantwortlicher Redacteur und Stefan Bobancu als Verfasser des incriminirten Artikels, sahen sich gezwungen, als sie die Neigung des Gerichtshofes über sie als politische Gegner zu erkennen, wahrnahmen, sogar auf ihre Vertheidigung umsomehr zu verzichten, als die Geschworenen auf eine Anfrage des Herrn Dr. Aurel Mureşianu erklärten, dass keiner von ihnen rumänisch könne, mithin auch die Vertheidigung nicht verstehe. Herr Bobancu wurde zu Gefängnis von 4 Monaten verurtheilt, welche er in Waitzen absass.

Ebenfalls im Jahre 1887 spielte sich vor dem Geschworenengerichte in Klausenburg ein politischer Process gegen die Herren Ioan Slavici und Septimius Albini in ihrer Eigenschaft als Director beziehungsweise verantwortlicher Redacteur der in Herrmannstadt erscheinenden »Tribuna« ab. Dieser Process wurde von dem berüchtigten »Kulturegylet« in Klausenburg unter dem Vorwande der Ehrenbeleidigung des Präsidenten der Mediascher Filiale dieses Magyarisirungs-Vereines angestrengt. Der General Secretär des »Kulturegylet« in Person vertrat die Anklage. Herr Albini wurde unter dem algemeinen Beifalle des magyarischen Publicums zu achttägigem, Herr Slavici zu dreitägigem Gefängnis verurtheilt, und beide überdies mit Geldbussen belegt. Die Curie in Budapest cassirte jedoch dieses Urtheil, und der Ankläger, ein subalterner Beamte in Mediasch, scheint die Weisung erhalten zu haben, auf weitere Schritte zu verzichten, weil der Process weiter nicht fortgesetzt wurde. Der Curie war die Nichtigkeit des Anklagemateriales klar, dem Schwurgerichtshofe in Klausenburg aber nicht. Derselbe verurtheilt eben Jeden wegen jedweder Sache, wenn er nur angeklagt un rumänischer Nationalität ist. —

Am 24. April 1888 wurde neuerlich ein Pressprocess gegen die «*Tribuna*» verhandelt. Diesmal war nur Her Slavici angeklagt wegen eines Artikels, in welchem er einen von dem pensionirten General Trajan Doda in seiner Eigenschaft als gewähltem Abgeordneten an seine Wähler im Caransebeşer Wahlbezirke gerichteten Aufruf paraphrasirt hatte. Wie wir weiter unten erwähnen werden, wurde wegen dieses Wahlaufrufes auch gegen den General trotz der ihm als Abgeordneten zukommenden Immunität ein Pressprocess angestrengt. Aus diesem Grunde musste daher auch Herr Slavici zur Rechenschaft gezogen werden, weil er die Ideen des Generals sich angeeignet und weiter verbreitet hatte. Herr Slavici wurde zu einer einjährigen Gefängnisstrafe, welche er in Waitzen abbüsste, und zu einer Geldbusse von 400 fl. verurtheilt.

Wir übergehen nun mehrere kleinere, vor dem Schwurgerichte in Klausenburg gegen rumänische Publicisten verhandelte Pressprocesse, in denen die Angeklagten wegen verschiedener Privatdelicte, insbesondere wegen Ehrenbeleidigungen, auf die Anklage mehrerer Regierungsmänner hin mit einer einzigen Ausnahme verurtheilt wurden, und gelangen zum Jahre 1890, dem letzten der Aera der politischen Processe. In diesem Jahre gelangten zwei grosse Processe zur Verhandlung, der eine gegen die Kronstädter »*Gazeta Transilvaniei*«, und der andere gegen die in Hermannstadt erscheinende »*Tribuna*«.

In dem Ersteren wurde der Verfasser des Artikels Herr Trajan II. Pop zu einjähriger Gefängnisstrafe verurtheilt, welche er in Segedin abbüsste, während der Director, Herr Dr. Muresianu zu sechswöchentlichem *gemeinem Zuchthaus* verurtheilt und in Klausenburg eingekerkert wurde. Beide wurden überdies mit empfindlichen Geldbussen belegt. Beider Verbrechen bestand in „Agitation“, indem der Erstere eine Notiz verfasste und Letzterer sie veröffentlichte, in welcher ebenfalls der Gedanke zum Ausdrucke gebracht wurde, dass Ungarn nicht den Magyaren allein gehöre, und dass daher jene Usurpatoren seien, die den Staat nur für sich allein in Anspruch nehmen. Der hervorragendste politische Pressprocess war aber jener, welcher gegen die »*Tribuna*« angestrengt und am 11. September 1890 verhandelt wurde.

Ein Landseelsorger, Herr Ioan Macaveiu, griech.-kath. Cooperator in Năsăud, schrieb herausgefordert durch einen Artikel des gouvernementalen Blattes »*Nemzet*« in Budapest zwei polemische Artikel, in welchen er, ebenso wie das genannte Organ, die Ereignisse des Jahres 1848 besprach, und eine Parallele zwischen der 1848-er Regierung Kossuth's und der damaligen Tisza's zog, wobei er zu dem Resultate gelangte, dass beide die Vernichtung der nichtmagyarischen Nationalitäten anstrebten, und zwar Kossuth durch den Knüttel, Tisza aber durch Magyarisirung. Er schloss mit der Versicherung, dass selbstverständlich die Rumänen sich bis an letzten Blutstropfen dem Régime Tisza widersetzen würden, wie sie sich seinerzeit dem Régime Kossuth widersetzt hätten.

Als dieser Artikel wegen ein Agitations-Process eingeleitet worden, und die Angelegenheit zur Hauptverhandlung vor die Klausenburger Geschworenen gelangt war, hielt der Ankläger ein leidenschaftliches Plaidoyer, in welchem er sich mit allem Möglichen, nur nicht mit dem Angeklagten befasste.

Insbesondere erörterte er des Langen und Breiten die Geschichte der Revolution von 1848/49 und zog aus derselben den Schluss, dass die Ereignisse dieses denkwürdigen Jahres den Magyaren zum Ruhme, den Rumänen aber zur Schande gereichen! Das heist, den Magyaren gereicht es zum Ruhme, sich gegen den Thron erhoben und die Dynastie abgesetzt zu haben, trotzdem ihnen dieselbe eine Verfassung, ein ungarisches Ministerium und ein eigenes Heer zugestanden hatte. *Den Rumänen aber gereicht es zur Schmach, dass sie aufgefordert von ihrem legitimen Herrscher und gezwungen durch die Greuelthaten der magyarischen Horden, mit Beil und Sense herbeieilten um sich gegen die Begründung der magyarischen Vorherrschaft zu wehren, noch mehr um ihr Leben und die Interessen der Dynastie gegen die magyarischen Rebellen zu vertheidigen.*

Alle diese Reflexionen verschlugen jedoch nichts gegen die Thatsache, dass auf diese Weise die chauvinistischen Klausenburger Geschworenen selbstverständlich am wirksamsten fanatisirt werden konnten, wie denn auch die Jury einstimmig ihr: *Schuldig* aussprach Auf Grund dieses Wahrspruchs wurde Herr Joan Macaveiu zu 1¼ Jahren Staatsgefängnis verurtheilt, welche er gegenwärtig in Segedin abbüsst während Herr Septimius Albini, in seiner Eigenschaft als verantwortlicher Redacteur für die Veröffentlichung der bewussten Artikel 6 Monate *gemeinen Zuchthauses* zuerkannt erhielt, welche er in dem Kerker des Hermannstädter Gerichtes absass. —

Das sind die Früchte der Verlegung des Schwurgerichtshofes von Hermannstadt nach Klausenburg.

In derselben Zeit hatten auch die Schwurgerichte des eigentlichen Ungarn's, und zwar die Gerichtshöfe in Arad und Budapest ihren Antheil an der Verfolgung rumänischer Publicisten. Auch vor diesen Schwurgerichtshöfen wurden mehrere Pressprocesse wegen „Agitation" verhandelt, welche selbstredend stets mit der Verurtheilung des Angeklagten endeten

Der berühmteste dieser Processe war jener, gegen den pensionirten General Trajan Doda in Caransebes.

Als er zum Abgeordneten dieses Wahlkreises gewählt worden war, erliess er am 14. October 1887 einen Aufruf an seine Wähler, in welchem er ihnen bekannt gab, dass er sein Mandat zwar annehme, von demselben aber keinen Gebrauch mache, und seine Legitimation dem Abgeordnetenhause nicht vorlegen werde, um der Welt und Seiner Majestät zu zeigen, dass etwas „faul sei" im Staate, und dass „für die Rumänen im Rahmen der ungarischen Verfassung kein Raum ist".

Für diesen Wahlaufruf wurde der gewählte und durch die Immunität geschützte Abgeordnete zur Rechenschaft gezogen!

Da er jedoch mittlerweile einen Schlaganfall gehabt hatte, konnte er sich zu der für den 17. September 1888 anberaumten Hauptversammlung nicht einfinden. Dessen ungeachtet wurde die Verhandlung in seiner Abwesenheit vor dem Schwurgerichtshof in Arad durchgeführt, wobei nicht einmal die Intervention seines Vertheidigers zugelassen und das Verdict auf Grund der Anklage allein ausgesprochen wurde. Welcher Art die Anklage war, lässt sich aus den nachstehenden Worten des Staatsanwaltes entnehmen, welche wir aus seiner Rede hervorheben. Sie lauteten: „Durch den Schuldspruch werden sie nicht nur ihre Pflicht als Richter, **sondern auch als Magyaren** erfüllen".

Mit anderen Worten, nicht nur um ein gegen irgend ein Gesetz begangenes Vergehen handelt es sich blos, sondern um einen politischen Gegner, welcher die Pläne der Magyarisirungs-Politik durchkreuzt. —

Natürlicherweise wurde der General schuldig erklärt und zu zwei Jahren Staatsgefängnis, sowie zu einer enormen Geldstrafe verurtheilt.

So wurde der um Nation, Vaterland und Thron hochverdiente General am Schlusse seiner ehren- und thatenreichen Laufbahn mit Verhören, ärztlichen Befunden und Verfolgungen gemartert, bis seine Majestät im Wege der Gnade das weitere Verfahren gegen den an Leib und Seele Gebrochenen einstellte. —

Ebenfalls von der Arader Jury, wurde Herr Stefan Albu wegen eines Artikels schuldig gesprochen, welchen er in der damals in Reşiţa gegenwärtig in Wien erscheinenden »Romänischen Revue« veröffentlicht hatte. Der öffentliche Ankläger zeichnete sich auch bei dieser Gelegenheit durch den Ausspruch aus, dass derlei Leute wie der Angeklagte aus dem Schosse des Vaterlandes sogar „mit Gewalt" entfernt werden müssen!

Es ist kaum nöthig, zu bemerken, dass auch Herr Albu verurtheilt wurde. — Als das Urtheil von der Curie annullirt worden war, wurde eine neuerliche Verhandlung angeordnet, welche am 10. November 1888 vor dem Schwurgerichtshof in Budapest stattfand und mit der Verurtheilung des Angeklagten zu 300 fl. Geldstrafe und dreimonatlichem Staatsgefängnis endete. Herr Albu hat seine Strafe im Gefängnis zu Waitzen abgebüsst.

Damit endlich nicht ein einziges rumänisches Blatt verschont bleibe, wurde auch gegen den »Luminătoriul« in Temesvar ein Pressprocess wegen eines Artikels angestrengt, welcher zu Neujahr auf Grund eines im »Budapester Tagblatt« erschienen Artikels veröffentlicht worden war und die Anwendung der betreffenden Grundsätze mutatis mutandis auf die Lage der Rumänen enthielt. Für dieses „Agitations Delict" musste der Mitarbeiter des genannten Blattes, Herr Joh. Valerius Barcianu sechs Monate im Segediner Gefängnisse auf Grund des Schuldspruches der Arader Jury absitzen.

Wohlgemerkt sprachen wir bisher nur von den politischen Pressprocessen. Die uns in dem vorliegenden Abschnitt gesteckten engen Grenzen gestatten uns nicht, weiter zu schweifen; im Vorbeigehen sei blos bemerkt, dass auch eine Reihe anderer Processe unter der dehnbaren Beschuldigung der „Agitation" gegen mehrere rumänische Führer wegen verschiedener in öffentlichen Versammlungen gehaltener Reden [1] etc. angestrengt wurden.

Der ausgesprochene Zweck dieser Verfolgung der Presse und der Politik der Rumänen ist und bleibt **die gewaltsame Knebelung jeder nationalen Bewegung, jedes Widerstandes gegen die Entnationalisirungs-Politik der magyarischen Regierung.**

Wir schliessen diesen Abschnitt mit folgender Beurtheilung der Sachlage seitens unserer **sächsischen** Mitbürger. Die „*Kronstädter Ztg.*" schreibt diesfalls:

„In dem soeben verhandelten Pressprocesse kommt aber noch die Anomalie dazu, dass die Geschworenen eigentlich **Richter in eigener Sache** waren. Denn der Angriff der incriminirten Artikel war gegen das Magyarenthum gerichtet, die Geschworenen aber gehörten **sämmtlich dem magyarischen** Stamme an.... Von Laien auf dem Richterstuhle kann man aber gar nicht erwarten, dass sie von allen persönlichen Empfindungen gänzlich abstrahirend, einzig und allein nur die That objectiv abwägen und beurtheilen. Selbst einem geschulten und bewährten Richter wird das nicht immer gelingen. Die Geschworenen mussten sich von den incriminirten Artikeln persönlich angegriffen fühlen und **über ihre politischen und nationalen Gegner zu Gericht sitzen.**

Der öffentliche Ankläger aber fordert die Geschworenen *gleichsam zur Rache* für eine dem Magyarenthume also auch den Geschworenen selbst **angethane Beleidigung auf. Ist das zulässig?** . . . . .

Die Magyaren mögen sich ja nicht dem thörichten Glauben hingeben, dass in solchem Aufschreien der Presse nur die persönlichen Anschauungen der Artikelschreiber zum Ausdrucke kommen.

Diese geben nur den Anschauungen und Empfindungen **des ganzen rumänischen Volkes Ausdruck, *so wie sie denkt das ganze Volk; hinter den Muresianus, Popus, Slaviris, Bobancus, stehen drei Millionen Rumänen.*** Tiefe Unzufriedenheit mit der Nationalitätenpolitik des Magyarenthums herrscht **nicht nur im ganzen rumänischen Volke, sondern auch unter den übrigen nichtmagyarischen Nationalitäten Ungarns.** Haben denn die Magyaren für die Lehren der Weltgeschichte kein Verständnis? Wissen sie nicht, dass man noch niemals die Unzufriedenheit eines Volkes durch politische Verfolgung weggetilgt hat?" [2]

---

[1] Durch derlei Processe wurden beispielsweise in jüngster Zeit die Herren Robin Patiţa in Alba-Iulia, Dr. Lucaci in Sisiesti, Dr. Tincu in Broos etc. auf die Anklagebank gestellt, und gerade in dem Augenblick, wo wir dieses Capitel dem Drucke übergeben, kommt uns die Kunde, dass gegen die rumänischen Advocaten Dr. Raţiu, Dr. Mihali und Julius Coroianu Disciplinar-Untersuchungen eingeleitet wurden, weil sie an einer an unsern Monarchen entsendeten Rumänen-Deputation theilnahmen. Siehe auch das Capitel: „Fanatismus der magyarischen Presse".

[2] »Kronstädter Zeitung« Nr. 191 vom Jahre 1890.

DIE ROHHEITEN DER MAGYARISCHEN GENSDARMERIE GEGENÜBER DEM RUMÄNISCHEN VOLKE.

Die Willkürlichkeiten und Unbilden, welche uns seitens der Inhaber der öffentlichen Gewalt zu Theil werden, sind grenzenlos. Weitaus werden sie jedoch überboten durch die empörenden Rohheiten der magyarischen Gensdarmerie, welche nicht nur den Rumänen gegenüber, sondern gegen Alle begangen werden, welche nicht zu den edlen Nachkommen Arpäd's und Tuhutum's gehören.

Hiebei zeigt sich die menschliche Bestie in vollem Lichte. Unsere Feinde verwandeln sich geradezu in wilde Thiere.

Das gesammte Institut der Gensdarmerie ist an die Befehle der Verwaltungsorgane gewiesen und untersteht direct dem Ministerium des Innern.

In die Hand des Gensdarmen ist das Leben und die Ehre der Bürger gelegt. Er spielt den Richter und den Vollzieher.

In Ungarn wird nämlich bei der Erforschung und Erhebung der strafbaren Handlungen anders vorgegangen als in den civilisirten Staaten.

Von einer Ausforschung, von eingehenden Verhören und gewissenhafter Untersuchung der Umstände, unter welchen die strafbare Handlung stattfinden konnte, und der Motive, welche sie hervorgebracht haben, mit einem Worte von dem ganzen diesfälligen Apparate, welcher die Rechtspflege zu einer wahren Wohlthat der Menschheit machen, ist keine Rede. Alles, was verdächtig ist, ob mit Recht oder Unrecht bleibt sich gleich, wird von Gensdarmen verhaftet und in's Gefängnis geworfen.

Der Richter nimmt die Untersuchung im Widerspruche mit dem Gesetze blos durch Gensdarmen vor.

Die Behandlung, welche den unglücklichen Beschuldigten zu Theil wird, ruft die Erinnerung an die Greuel der spanischen Inquisition wach. Die Gefolterten gestehen öfters, nur um den Martern zu entgehen, Dinge ein, welche sie niemals kennen gelernt, geschweige denn begangen haben.

Die Gensdarmen entziehen sich jeder Verantwortung durch ihre militärische Organisation, und wer diesfalls sich beschwert, setzt sich neuerlichen Mishandlungen aus.

Diese Leute sind umso roher, als sie auch der Strömung des magyarischen Chauvinismus folgen und sich als Glieder der „herrschenden Nation" fühlen. Voll Hass und Leidenschaft gegen die Rumänen stürzen sie sich auf dieselben mit derselben Wildheit, mit welcher seinerzeit die Meute die unglücklichen Neger Süd-America's anging.

Schreiber dieser Replic hatten zu ihrem Leidwesen öfters Gelegenheit zu sehen, wie rumänische Bauern und ihre Weiber geohrfeigt, geschlagen und mishandelt wurden, ohne ein anderes Verschulden zu haben, als jenes, dass sie nicht mongolischer Rasse sind.

Eine Bestätigung der vorstehenden Behauptungen enthalten nachstehende, von unbetheiligten Fremden gemachten Aeusserungen:

„Daumschrauben und kleine Foltermittel sind eben nicht zu verachten, besonders bei den „wilden" Nichtmagyaren. An der Oeffentlichkeit regiert freilich nur die Faust. Ach, ich habe ja selbst gesehen, wie in dem Orte Deva in Siebenbürgen eine arme, unschuldige rumänische Bauernfrau grundlos vom Gensdarmen mit der Faust geschlagen wurde. Auch jenen Mann habe ich erblickt, den der Gensdarm in Abrudbánya jämmerlich geprügelt und in Eisen geschlossen. Er wollte durchaus nicht gestehen, dass er dem Juden eine Kuh gestohlen, weil er es als Unschuldiger nicht gestehen konnte"...

„Nur magyarisch sprechende Gensdarmen werden in ruthenische und rumänische Gegenden versetzt, sie rufen diesen oder jenen davonlaufenden Bauern 3-mal magyarisch an, *steht er nicht, so schiessen sie ihn nieder*. Dazu erlaubt sich mancher von ihnen Uebergriffe. Kenne ich doch selbst derartige Leute, die jedem Bauern, der mit ihnen spricht, den Hut vom Kopf herunterschlagen".[1])

Vor einigen Jahren fiel der rumänische Gemeindevorsteher in Märişel[2]) einem Verbrechen zum Opfer. Die Gensdarmen durchstreiften die Dörfer, fingen 24 dieser That verdächtige Individuen ein und escortirten sie nach Klausenburg. Im dortigen Gefängnisse wurden die Unglücklichen in der grausamsten Weise gefoltert, und als das Verbrechen eingestanden wurde, stellte es sich heraus, dass nur 11 schuldig waren und die übrigen unverdient die Folter erduldet hatten. Kurze Zeit nach diesem Vorfalle *starben 22 von den 24 Verhafteten in Folge der erlittenen Martern!*

Im Jahre 1886 kam bei den Goldbergwerken in Buciumani[3]) eine bedeutende Goldentwendung vor. Die Gensdarmen eilen auf die Dörfer hinaus und beginnen die Untersuchung. Zu diesem Zwecke wurden die Leute an den Füssen aufgehängt und von den Sbirren der öffentlichen Gewalt mit in Salz und Essig eingetauchten Knuten gepeitscht. Es genügt, zu erwähnen, dass *von den Geschlagenen 4 Unschuldige derart verstümmelt wurden, dass sie erwerbsunfähig geworden heute betteln gehen müssen.*

[1]) C .*. *Kideman von Tisza und der magyarische Chauvinismus. Eine wahrheitsgetreue Schilderung der ungarischen Zustände*. Marburg (Hessen), „Reichs-Herold", 1889, S. 7—8.

[2]) Comitat Cojocna

[3]) Comitat Alba-de-Jos.

In Crieioara [1]) wurden einige rumänische Bauern in brutaler Weise geschlagen. Da sie sich keiner Schuld bewusst waren, beschwerten sie sich bei dem Gensdarmerie-Commandanten, und zur Genugthuung wurden sie neuerlings geschlagen.

Vier Leute aus Surducul-Mare [2]) erhielten Schläge auf die Fusssohlen, bis sie bluteten. Bei der Untersuchung ordnete der Gefängnissarzt die sofortige Ueberführung derselben in ihre Heimat an, *weil Gefahr vorhanden war, dass die Leute im Gefängnisse sterben.*

Im Jahre 1891 kam in der Gemeinde Cherelus [3]) ein Schweinediebstahl vor. Unter den Beschuldigten befand sich auch ein ehrenhafter Mann, welcher die Vertrauensstelle eines Feldoberen und Kirchenvaters bekleidete. Die Leute wurden auf das Gemeindeamt gebracht, wo die gewohnten Mishandlungen begannen. Und da die Beschuldigten nicht nach dem Geschmacke der Gensdarmen aussagten, wurden sie mit verschränkten Armen und Beinen an Baumstämme gebunden, gepeitscht und über Nacht in dieser Stellung belassen. *In der Früh wurden die vier Leute, darunter auch der Feldobere, gezwungen, nach der Reihe je ein todtes Schwein auf die Schulter zu laden und in dieser verächtlichen Stellung sich durch die Dorfgassen führen zu lassen. Hiebei musste der Feldobere ununterbrochen ausrufen: bisher war ich Feldoberer, aber nun bin ich ein Dieb.* Der Gemeindesecretär selbst, empört über diese Rohheit, fragte den Anführer der Gensdarmen, mit welchem Rechte er sich derartige Willkürlichkeiten erlaube, und erhielt zur Antwort: „Was ich thue, thue ich auf Grund der von meinen Vorgesetzten erhaltenen geheimen Weisungen".

Im Jahre 1886 forderte die Verwaltung des Comitats Alba-de-Jos von der Regierung magyarische Militär-Assistenz, um sich gegen die angeblichen „rumänischen Irredentisten" zu vertheidigen. Die Regierung willfahrte dieser Forderung und dirigirte ein Bataillon Magyaren nach Zlatna. Kurze Zeit darauf, gelegentlich der Osterfeier, *schossen die magyarischen Soldaten drei Rumänen nieder,* nur aus dem Grunde, weil diese nicht zugeben wollten, dass die Magyaren sich über ihre althergebrachten Unterhaltungen lustig machen. Und statt die Todtschläger zur Rechenschaft zu ziehen, *strengte man gegen die Rumänen einen Process an,* brachte Zeugen auf, welche weder rumänisch kannten, noch dieser Niedermetzlung beigewohnt hatten, und hielt die Beschuldigten Monate lang im Gefängnisse zurück, bis sich bei der Hauptverhandlung die Unschuld derselben klar ergab. [4]) Und den magyarischen Todtschlägern? geschah gar nichts. Hat doch Graf

---

[1]) Comitat Caraş-Severin.
[2]) Comitat Caraş-Severin.
[3]) Arad'er Comitat.
[4]) Gerichtshof Alba-Julia, Zahl 3561 vom Jahre 1889.

Széchenyi, einer der grössten Männer der Magyaren, den Ausspruch gethan, dass „dem Magyaren selbst dann verziehen werden müsse, wenn er seinen Vater morde".

Im Frühling 1886 *schossen die Gensdarmen* abermals anlässlich eines Festes auf dem Gebiete der Gemeinde Mogoş *5 Rumänen nieder und verwundeten weitere 10 Rumänen zum Tode.* Die Ursache dieser Barbarei bildete ein Streit zwischen dem Pächter der königlichen Regalien in Bucium und der Gemeinde Mogoş. Die Intervention der bewaffneten Macht war ganz ungerechtfertigt, da die Angelegenheit vor dem ordentlichen Richter gehörte. Zahlreichen Familien wurde durch diese Greuelthat der Ernährer entrissen, und die Mörder erhielten, anstatt zur Rechenschaft gezogen zu werden, seitens ihres Commando's in Klausenburg noch Belobungen,[1] weil sie den Muth gehabt hatten, auf eine friedliche Menge zu schiessen. welche sich mitten am Felde ihrem Vergnügen hingab!

In Feldru kam es vor, dass den Bewohnern als Seelsorger ein Individuum aufgedrängt wurde, welches dieselben nicht mochten Obwohl die Verwaltungs-Agenten nicht das mindeste Recht hatten, in eine streng kirchliche Angelegenheit einzugreifen, wurden dennoch Gensdarmen an Ort und Stelle entsendet, welche von ihren Waffen Gebrauch machten und *30 rumänische Bauern niederschossen!*

Im Jahre 1879 wurde die rumänische Gemeinde Oarda-de-Sus[1] der Schauplatz einer blutigen Tragödie. Ein Jude brachte an einem grossen rumänischen Feiertage, Maria-Verkündigung seinen Pflug hinaus auf's Feld, um zu ackern. Einige junge Leute sahen dieses Treiben als Verhöhnung ihres ehrwürdigen Glaubens an und wollten nicht zulassen, dass der Jude thatsächlich ackere.

Der Jude sprengte nun die Nachricht aus, dass in der Gemeinde ein Aufruhr ausgebrochen sei. und ohne weiter zu untersuchen, ob die Nachricht auf Wahrheit beruhe. sendeten die Verwaltungsorgane Gensdarmen in die Gemeinde ab. Dieselben fingen einige Burschen ein, führten sie bis zu einem Wirtshause, wo sie sie banden und in einen Schweinestall einsperrten, und begannen hierauf zu zechen. Nachdem sie vollständig berauscht waren, verlegten sie sich auf die Verhöhnung aller die Strasse passirenden Leute. Schliesslich kamen die Angehörigen der verhafteten herbei und versuchten die Freilassung derselben durch Bitten, Klagen und Weinen zu erwirken. Die berauschten Gensdarmen begannen jedoch auf die Menge zu feuern! Ein Todter und 40 Schwerverwundete waren die Opfer dieser Greuelthat! Hiemit war jedoch die Sache noch nicht zu Ende. Die Gensdarmen. welche von ihrem Rausche zu sich kamen und das Gemetzel wahrnahmen, welches sie angerichtet hatten, waren nun bedacht, sich durch einen Winkelzug der Verantwortung, die sie auf sich geladen hatten, zu entziehen. Demgemäss begab sich einer von ihnen eilig zum Gerichtshofe in Alba-Julia und forderte Militär-Assistenz zur Niederwerfung des Aufstandes! Der infamen Lüge wurde Glauben geschenkt und eine Compagnie Soldaten stürmte in die Gemeinde. Der Hauptmann — ein Ehrenmann — wusste sich jedoch bald über die wahre Sachlage Kenntnis zu verschaffen und zog nach wenigen Stunden seine Mannschaft zurück. Der Gerichtshof aber gab sich hiemit nicht zufrieden, sondern setzte die Nachforschungen fort und verurtheilte 30 Rumänen wegen „Agitation".

Erst bei der zweiten Instanz wurde der Beweis erbracht, dass alle Angaben der Gensdarmen bewusste Lügen waren. *Den Gensdarmen wurde nicht ein Haar gekrümmt, während die Rumänen erst nach viermonatlicher Untersuchungshaft auf freien Fuss gesetzt wurden!* [1])

Im vorigen Jahre mishandelte der Gensdarmerie-Commandant von Ludoş drei arme dürftige rumänische Weiber aus Chimitelnicul-de-Câmpie. Die mishandelten Weiber fanden nirgends Gehör. Um sich über diese Willkür bei Gericht beschweren zu können, benöthigten sie ein ärztliches Zeugnis. Zu diesem Zwecke stellten sie sich dem magyarischen Arzte in Ludoş vor, welcher sich aber weigerte, sie zu untersuchen. Bei der Verhandlung wurden endlich durch Zeugen die Mishandlungen erwiesen, denen sie ausgesetzt worden waren. Da aber weder sie, noch die Zeugen magyarisch kannten, verfasste der Richter die Protocolle nach seinem Belieben, und die Weiber blieben mit ihren Schlägen. —

Ueber einen ähnlichen Vorfall in Caransebeş berichtete ein Klausenburg'er magyarisches Blatt »*Ellenzék*« Nachstehendes:

„Am 23 Juni war unsere Stadt der Schauplatz einer geradezu unmenschlichen Scene. Längs der „Orşova" genannten Strasse passirte im Galopp ein Wagen, in welchem zwei Gensdarmen sassen, während hinten ein (rumänischer) Bauer mit seinen Armen an den Wagen gefesselt war. Der arme Mann hatte wie ein Hund hinter dem Wagen 5 Kilometer weit laufen müssen, bis er derart erschöpft wurde, dass er sich nicht mehr auf den Beinen erhalten konnte, *das Bewusstsein verlor und eine Strecke lang geschleift wurde".* [2]

Am 23. October 1891 stellte sich eine Commission in Begleitung zweier Gensdarmen aus Balint bei einer kranken und hilflosen 55 Jahre alten rumänischen Frau aus Răchita ein, um bei ihr wegen einer Schuld von 5 fl. die Execution vorzunehmen. Die Gensdarmen forderten die Frau auf, sich zu rechtfertigen. Die Frau wies ihnen das Steuerbüchel vor und behauptete, erschreckt wie sie war, Alles bezahlt zu haben. Diese Bemerkung erbitterte die Gensdarmen derart, dass sie ohne Weiteres die arme Frau zu Boden warfen und sie in so roher Weise derart mit Füssen traten, dass das Weib nach dem Befunde der Aerzte zeitlebens zu jeder Verrichtung unfähig wurde. „Diese

[1]) Siehe die Acten des kön Gerichtshofes in Alba-Iulia Zl. 1727 vom Jahre 1881.

[2]) Siehe »*Ellenzék*« Nr. 116 vom Jahre 1887.

128

Handlung", — äussert das jüdische Blatt,[1]) welchem wir diesen Bericht entnehmen, — „dient zur Illustrirung der Rohheiten, welche seitens der Gensdarmerie der bedauernswerten Landbevölkerung gegenüber begangen werden". Sogar die Juden fühlen Mitleid mit uns!

In der Gemeinde Poeni[2]) kam im Sommer 1891 ein Gelddiebstahl vor. Mehrere dieser That beschuldigte Männer und Weiber wurden von der Gensdarmerie verhaftet und zum Gerichte in Huedin geschleppt. Augenzeugen berichten nun, dass den Leuten Wasser förmlich eingetrichtert wurde so viel sie fassen konnten, worauf sie auf den Bauch so lange geschlagen wurden, bis sie das Bewusstsein verloren. Dann wurden sie gezwungen, auf einer Zehe und einem Finger zu stehen, sich gegenseitig zu ohrfeigen und die Köpfe zusammenzustossen. Die Weiber wurden mit Draht an den Haaren aufgehängt und dann gepeitscht. *Einer von den Gemarteten wurde eines Morgens aufgehängt in seiner Zelle gefunden, eine schwangere Frau verlor ihr Kind, und ein anderes schwerkrankes Weib gab den Geist auf,* während die übrigen erst nach Wochen bitterer Leiden aus den Klauen ihrer Henker befreit wurden!

So präsentiren sie sich in ihrer Nacktheit, die „Civilisatoren" des Orients!

[1]) Siehe »*Südungarische Reform*« in Temesvar, Nummer vom 27. October 1891. Aus der rum. Ausg. übersetzt.

[2]) Comitat Cojocna.

DIE UNGARISCHE GESELLSCHAFT.

Die Magyarisirungsvereine.

In den letzten Jahren wurden in Ungarn und Siebenbürgen zahllose Vereine ins Leben gerufen, welche unter dem Vorwande einer Förderung der Cultur Magyarisirungs-Zwecke verfolgen.

Geradeso, wie sich die bekannte panslavistische Vereinigung in St.-Petersburg „Wohlthätigkeits-Verein" nennt, ebenso nennen sich auch die panmagyarischen Vereinigungen „Cultur-Vereine". —

Selbstverständlich würde es Niemandem einfallen, sich darüber aufzuhalten, wenn diese Vereine thatsächlich die Förderung der Cultur bei ihrem magyarischen Volke zum Zwecke hätten. Die Statuten derselben erwähnen jedoch mit keinem Worte irgend einer Thätigkeit zur Förderung der Cultur bei den Magyaren; ihr ausgesprochener Zweck besteht vielmehr darin, die einzelnen Nationalitäten zu magyarisiren, und zu diesem Behufe werden sie von der Regierung ermächtigt, in den rumänischen, deutschen und slavischen Gegenden magyarische Kinder-Asyle und Fröbel-Schulen zu errichten und in auffallender Weise Lehrer nichtmagyarischer Schulen für Verdienste um die Magyarisirung durch Prämien zu belohnen etc.

Es handelt sich daher kurz gesagt, um Vereine von ausgesprochenem aggressivem Charakter.

Natürlicherweise haben dieselben alle Nationalitäten erbittert und zu energischen Schritten der Abwehr herausgefordert.

Die ungarische Regierung war jedoch sofort bestrebt, jede diesfällige Regung unmöglich zu machen, und untersagte daher mehrmals in der ihr gewohnten „ritterlichen" Weise, die sie kennzeichnet, die Gründung derartiger rumänischer Vereine, deren Thätigkeit sich auf das rumänische Volk allein zu beschränken hatte.

Aus den weiter unten folgenden Ausführungen des fanatischesten Agitator's [1] panmagyarischer Utopien wird klar hervorgehen, wie verwerflich die Mission der magyarischen Culturvereine ist. Einleitend bemerken wir nur noch,

---

[1] Der Autor dieser nackten Aufforderung zum Rassenkampfe heisst Gustav Beksits und ist Publicist und Reichstagsabgeordneter der Regierungspartei. Er erfreut sich der besonderen Achtung und Werthschätzung der Regierung. Derselbe ist der Verfasser mehrerer Brochüren deren Alpha und Omega das Evangelium der Magyarisirung ist. Vor Kurzem erst veröffentlichte er ein Buch, in welchem er ungeschminkt heraussagte: „dass das Nationalitätengesetz nicht beobachtet werden dürfe; indem deren Schaffung ein Fehler gewesen sei" etc.

dass dieser empörende Artikel in den meisten magyarischen Zeitungen mit sichtlicher Befriedigung reproducirt wurde. Derselbe lautet :

„Der Königssteig [1]) ist nicht nur ein geographischer Begriff. Trotz aller politischen Einheit bedeutet dieser Berg zu unserem Schmerze, dass hier Ungarn aufhört und Siebenbürgen beginnt, dass hier die Continuität der magyarischen Nation aufhört.

Der Königssteig ist aber auch in anderer Richtung eine Grenzmarke, denn seine kahlen Gipfel die zum Himmel auf ragen, bedeuten den Markstein der magyarischen Welt.

Wir beherrschen Siebenbürgen nur in politischer, nicht aber auch in nationaler Beziehung.

Vom Königssteig an bis in's Sekler-Land gibt es nur Inseln magyarischer Zunge. In diesem (rumänischen und sächsischen) Complex findet sich kein nennenswerthes magyarisches Teritorium vor.

Darum werden wir in Siebenbürgen sichtlich verschlungen. wenn auch die Macht in unseren Händen liegt ! . . . . . .

Das Magyarenthum darf sich nicht nur auf die Städte beschränken, sondern muss auch auf dem flachen Lande festen Fuss fassen. muss immer mehr Terrain zu gewinnen trachten.

Mit dem Gewichte des Granits müssten wir die uns feindlichen (rumänischen und sächsischen) Elemente erdrücken....

Wie das Wasser langsam und stetig das Erdreich wegschwemmt, ebenso sollten auch wir die rumänische Masse unterwaschen!....

Das ist die heiligste Aufgabe der entsprechend und wirksam zu organisirenden magyarischen Gesellschaft. —

Sekler und Magyaren hätten schon in Jahrhunderte langer Arbeit zusammentreffen müssen wie sich Tunelbauer treffen, die einen Berg von zwei entgegengesetzten Richtungen her durchbohren....

Der rumänische Berg hätte schon lange durchbrochen werden müssen!

Das Magyarenthum zwischen den Seklern und dem Königssteig muss wie eine Armee organisirt werden.

Denn die amtliche Organisation, das Comitat, und der Schulinspector reichen nicht aus.

Siebenbürgen muss förmlich von einem Netze von „Culturvereinen" durchzogen werden !

Aber auch die Vereine können allein diese Aufgabe nicht lösen" etc. etc.[2])

Proben magyarischer Cultur.

Wie wir schon erwähnt haben, hat die Universität in Klausenburg, trotzdem sie im Mittelpunkte eines von einer compacten Masse von 3 Millionen Rumänen

[1]) Königssteig heisst der 589 Mtr. hohe Sattel des Grenzgebirges zwischen Ungarn und Siebenbürgen.

[2]) *Pesti Hirlap* apud *Magyar Polgár* Nr. 6 ex 1885.

bewohnten Territoriums liegt, und trotzdem die Magyaren auf diesem Gebiete nur die verschwindende Minderzahl bilden, einen rein magyarischen Charakter. Die rumänischen Studenten, welche gezwungen sind diese Universität zu besuchen, gründeten im Jahre 1876 einen academisch-literarischen Verein [1]) zum Zwecke des Studiums ihrer Literatur und der Pflege des Zusammengehörigkeits-Gefühles etc. An diesen Bestrebungen lässt sich wohl kaum Anstoss nehmen

Unsere „freiheitliebenden" Magyaren nahmen jedoch nicht nur Anstoss an dieser „Frechheit", sondern fanden geradezu, dass der Bestand dieses Vereines ein Verbrechen begründe, weshalb sie auch demgemäss vorgingen.

Das Signal zur Hetze gegen diesen friedlichen Verein gab die über-rabiate Klausenburg'er magyarische Presse.

Nachstehend eine Probe der Infamie, mit welcher diese Presse das Publicum gegen den genannten Verein aufstachelte.

„Es ist an der Zeit", schrieb »*Ellenzék*«, „den Wühlereien der rumänischen Agitatoren ein Ende zu machen! Jeden Tag droht uns Gefahr, dass die Agitationen der Nationalitäten das ganze Teritorium unterminiren: es bedarf nur einer internationalen Verwicklung, damit der angehäufte Zündstoff Feuer fange und das ganze Land in Flammen versetze. —

Ein Beispiel bildet die Stadt Klausenburg, das Centrum der magyarischen Cultur (!!) und Gesellschaft in Siebenbürgen, welche trotzdem ein wahrer Herd von Wühlereien rumänischer Agitation ist.

Denn weder in Bucarest, noch im Winkel-Gymnasium [2]) zu Näsäud mag die rumänische Jugend in einem solchen Hasse gegen den magyarischen Staat und dessen Sprache aufgezogen werden, wie am Sitze der zweiten Universität Ungarns. Der beste Beweis hiefür liegt in der Thatsache, dass die rumänische Universitäts-Jugend, trotzdem zahlreiche academische (magyarische!) Vereine existiren, einen eigenen Verein »*Iulia*« in's Leben gerufen hat".

Das Blatt schliesst dann mit der Ankündigung, dass: die magyarische Jugend der Universität im Bánffy-Garten eine zahlreiche Versamlung abhalten werde, um von den berufenen Behörden die Auflösung dieses Vereines zu erwirken [3])

Die Demonstrationen der magyarischen academischen Jugend gegen den rumänischen Verein „Iulia".

Die magyarische Jugend versammelte sich denn in einem Garten. Sofort traten einige Redner gegen die Rumänen auf.

---

[1]) Dieser Verein wurde unter dem Namen »*Iulia*« am 6. April 1876 gegründet und von der Regierung unter dem 27. Mai 1876, Zahl 23.700 genehmigt.

[2]) Beachtenswerth ist, die in dieser Behauptung enthaltene Verdrehung. Das Näsäud'er Gymnasium ist öffentlich, hat aber einen Fehler: es ist nämlich noch rumänisch! --

[3]) »*Ellenzék*«, Nr. 113 vom 14. Mai 1884.

Bei der Darstellung der hierauf entstandenen Tumulte halten wir uns eigens an die diesfälligen Berichte magyarischer Blätter. „Der erste Redner", sagt »*Kolozsvári Közlöny*«, „setzte den Zweck der Versammlung auseinander. Seine Ausführungen bezogen sich auf die verletzenden Ausfälle der rumänischen Blätter »*Gazeta*«, »*Tribuna*«, »*Observatorul*«, »*Luminatorul*« etc.

Schliesslich bemerkte der Redner, dass Horia, Closca,[1] Jancu und Balint [2] täglich als Märtyrer, als Helden gepriesen werden, welche für die Befreiung der Rumänen aus der Leibeigenschaft gestorben seien.

Ihr Name werde geräuschvoll gefeiert. Eine derartige Feier sei jene des 15. Mai.

Sodann forderte er seine Collegen auf, sie mögen, nachdem sich schon nichts gegen die betreffenden Blätter unternehmen lasse, wenigstens gegen Jene vorgehen, welche sich mit diesen Blättern solidarisch fühlen und von dem Grolle der magyarischen Jugend erreicht werden könnten.

. . . . Ein Rechtshörer bemerkte hierauf, dass der literarische Verein „Julia" die Tendenzen der vorgedachten Blätter repräsentire . . . . . . deshalb müssten Massregeln wegen Auflösung dieses Vereines getroffen werden.

Der hierauf zum Worte gelangte Szentkirály Kálmán stellte den Antrag, seine Collegen mögen einen der Söhne der magyarischen Nation würdigen Beschluss fassen. Sie müssten von dem Bestreben beseelt sein, die Ehre (!!) der magyarischen Rasse zu erhöhen und hiedurch die Rumänen zu bewegen Magyaren zu werden. Man dürfe sie nicht zurückweisen, sondern muss sie assimiliren.[3]

Der Verein „Julia" verfolge der magyarischen Nation feindliche Zwecke; dies gehe insbesondere aus dem Umstande klar hervor, dass die Begründer des Vereines die Kühnheit gehabt hätten, die Statuten der Regierung nur in rumänischer Ausfertigung zur Genehmigung vorzulegen.[4]

Die Vereinsmitglieder wollen von den magyarischen academischen Vereinen nichts hören, und ihrer mehrere hätten sogar ein Beglückwünschungs-Telegramm an den Redacteur Muresianu abgesendet, als die „Gazeta" täglich zu erscheinen begann.

Die Magyaren in Schuhen und mit dem Säbel in der Hand müssten sich gegen den rumänischen Bundschuh und die rumänische Sense erheben".[5]

---

[1] Horia und Closca waren die Häupter der im Jahre 1781 gegen die Bedrückungen des magyarischen Adels ausgebrochenen Revolution der Rumänen-

[2] Jancu und Balint waren zwei von den Präfecten der rumänischen Legionen in dem im Jahre 1848 gegen die magyarische Vorherrschaft unternommenen Kampfe.

[3] Welches liebreiche Entgegenkommen! . . . . .

[4] Entsetzlich! . . Hiebei ist § 27. des Nationalitätengesetzes zu berücksichtigen, demzufolge sich Jedermann an die Regierung in seiner eigenen Sprache wenden darf. —

[5] »*Kolozsvári Közlöny*« vom 15. Mai 1884

Aus dieser abgeschwächten magyarischen Darstellung lässt sich bereits ersehen, welcher Geist in jener academischen Versammlung vorgeherrscht hat. —

In Wirklichkeit konnten sich jedoch alle Redner das Vergnügen nicht versagen, die Rumänen „Wilde", „Räuber", „stinkende Bundschuhträger". „Verräther" etc. zu nennen.

Schliesslich nahm die Versammlung nachstehende Resolution an:

1. Die magyarische academische Jugend spricht ihre Entrüstung der rumänischen Jugend gegenüber aus, welche eine dem magyarischen Elemente und Nationalstaate feindliche Bewegung unterhält.

2. In der Erwägung, dass der Verein „Julia" den Herd dieser Agitationen bildet, ist an die Regierung eine Adresse wegen Auflösung dieses Vereines zu richten.

3. Die Regierung ist ferner zu ersuchen, den Professor der rumänischen Sprache an der Klausenburger Universität, Dr. Silasi, anzuweisen, seine Vorlesungen fortan nur in magyarischer Sprache abzuhalten.

4. Die schuldtragenden (!!) rumänischen Studirenden sind aus allen academischen Vereinen auszuschliessen.

5. Am Abend ist bei den Wohnungen der Vaterlandsverräther eine Massendemonstration zu veranstalten.

Die Rohheiten der magyarischen academischen Jugend den Rumänen gegenüber.

Schlagen wir auch diessfalls dasselbe magyarische Blatt auf, »Kolozsvári Közlöny« vom 16. Mai, welches Folgendes berichtet:

„Die magyarische Jugend setzte sich in imposantem Zuge auf der Monostorer Strasse in Bewegung. Plötzlich erfolgte eine derartige Demonstration, dass sogar (!) wir sie bedauern müssen.

Die Jugend warf die Fenster des Vereinslocals der „Iulia", und der Wohnungen zweier rumänischer Advocaten, Coroianu und Dr. Isacu ein.

Dann machte sie vor der Wohnung des Herrn Universitäts-Professors Dr. Silasi Halt und demonstrirte dort in einer aussergewöhnlich heftigen Weise....

Schliesslich begab sich die magyarische Jugend, als sie hörte, dass die rumänische Jugend im Saale Biazini zur Feier des 15. Mai versammelt sei, in dieses Local, wo sie zu ihrer grössten Entrüstung die Gegner in Gesellschaft einiger Advocaten und rumänischer Anhänger der „Passivisten-Partei" beim Singen rumänischer Lieder betrat....

Bei ihrem Eintritte in den Saal, begannen die magyarischen Studirenden die magyarische Nationalhymne zu singen! Der rumänische Advocat Herr Coroianu, ergriff hierauf das Wort und betonte, dass die Rumänen den Jahrestag des 15. Mai 1848 feiern.

Redner erwähnte der Rechte der rumänischen Nation, und die magyarische Jugend hatte die Langmuth,[1] ihn eine viertel Stunde anzuhören.

Schliesslich verlor sie jedoch die Geduld, und unterbrach seine Rede durch einen ohrenbetäubenden Lärm.

Die Polizei lud die magyarische Jugend ein, den Saal zu verlassen; diese erklärte sich jedoch hiezu nur für den Fall bereit, als auch die rumänische Gesellschaft sich entferne" etc. [2]

Die weiteren Ereignisse wollen wir lieber verschweigen, weil schon die bisher erwähnten, zur Genüge darthun, dass es sich um eine wilde Horde handelte, welche in ihrer wahnwitzigen Wuth die Fenster friedlicher Bürger einschlug, deren Leben und Eigenthum bedrohte, ohne hieran von der staatlichen Behörde gehindert zu werden.

Am folgenden Morgen begaben sich dieselben Scharen auf einen öffentlichen Platz um dort ein Autodafé der rumänischen Zeitungen zu veranstalten. —

Die Polizei liess in gewohnter Connivenz auch dies unbehelligt geschehen. --

Am Abend brachte die „academische Jugend", nachdem sie noch ein Maialfest der Rumänen gesprengt hatte, denselben eine Katzenmusik dar.[3]

Selbstverständlich wurde hiebei wie bei allen derartigen Gelegenheiten mit Flüchen und Schimpfreden an die Adresse der Rumänen nicht gespart.

Doch genug davon; wir wollen die Leser nicht ermüden und diese Seiten nicht mit der Darstellung weiterer Kundgebungen magyarischer „Cultur" besudeln. —

Dass die magyarische Presse derartige Auswüchse billigt und die Ausschreitungen noch belobt, liegt in ihrem Wesen und ist daher selbstverständlich.

Wie verhielten sich nun die rumänischen Studenten und die rumänische Gesellschaft?

Sie bemeisterten ihren Zorn nach Möglichkeit in der Erkenntnis, dass man Unzurechnungsfähige sich austoben lassen müsse. —

[1] Die magyarische Jugend, welche mit Verletzung des Hausfriedens in eine geschlossene Gesellschaft sich gewaltsam drängte, in welcher sie gar nichts zu suchen hatte, war auch noch „langmüthig"!!....

[2] »Kolozsvári Közlöny« vom 16. Mai 1884.

[3] Bei dieser Katzenmusik wurde nachstehende Improvisation eines „geistreichen" Arpadenjünglings populär:

Diese Semmel sie is rund   Rund ist auch diese Welt,
Stecke sie in die Tasche, wilder Wallache.   Ueberall sprossen Blumen,
Verstopfe deinen Mund mit ihr.   Doch für die Wallachen nur eine:
Und ehre unser Vaterland   Die Galgenblume,
Du stinkender Bundschuh!   He, was für ein stinkender Bundschuh. etc. etc. etc.

Bezeichnend war auch der Anlass all dieser Rohheiten; er bestand lediglich in dem Umstande, dass ein rumänisches Blatt »*Gazeta Transilvaniei*« sich nach 47-jährigen Bestande in ein täglich erscheinendes Organ umgewandelt hatte. Aus diesem Anlasse hatte sie seitens des rumänischen Publicums eine Anzahl Zustimmungskundgebungen und Glückwünsche erhalten, worunter auch eine Beglückwünschungs-Depesche seitens der rumänischen Studenten in Klausenburg, welche im August während der Somerferien aufgegeben worden war.

In den Sommerferien functionirte aber der Verein „Iulia" gar nicht.

Die Studirenden, welche ihre Glückwünsche darbrachten, thaten dies daher auch blos im eigenen Namen, und nicht als Vertreter des fraglichen Vereines, welcher sich übrigens mit Rücksicht auf seinen literarischen Charakter grundsätzlich niemals mit Politik befasst hat.

Dieser Sachverhalt verschlug jedoch nichts bei den berufenen Behörden; trotzdem er ihnen bekannt war, wurden endlose Untersuchungen eingeleitet, welche aber ungeachtet des rigorosesten Vorganges absolut keine Ueberschreitung der Vereinstatuten als Resultat ergaben. —

Dennoch beeilte sich die magyarische Regierung, den braven Connationalen in Klausenburg willfährig zu sein, und den Verein der unzweifelhaft schuldlosen rumänischen Studenten aufzulösen!

Noch mehr! der Professor der rumänischen Sprache und Literatur, Herr Dr. Silasi, ein Mann von seltener Gelehrsamkeit wurde entfernt und durch einen politischen Agenten des Panmagyarenthums ersetzt.[1])

[1]) Dieses Individuum heisst Moldován Gergely und ist ein Neo-Magyare armenischer Abstammung. Er kann auch etwas Rumänisch und erweist den magyarischen Regierungen in schweren Zeiten den Dienst sich als — Rumänen zu bekennen. In seinen mageren literarischen Versuchen, hat sich dieser Herr (bei den Magyaren) durch einige Pamphlete ausgezeichnet, in welchen er die Rumänen verhöhnt.

Man erzählt sich, dass er einmal, in seiner Jugend als Rechtshörer inscribirt war; Prüfungen hat er sich aber nicht unterzogen, wesshalb er auch keinen academischen Titel erlangt hat.

Nach der Entsetzung des Professor's Dr. Silasi bedurfte die magyarische Regierung für das Katheder der rumänischen Literatur in Klausenburg eines „patriotischen" Rumänen, welchen es auch in der Person des Herrn Moldován Gergely fand. Er war auch für diese Stelle wie geschaffen, da er unmittelbar vorher die Function eines „Unter-Polizei-Hauptmanns" bekleidet hatte.

So wurde er vom Polizisten — Universitätsprofessor!

Um sich dem Panmagyarenthum für seine Metamorphose dankbar zu erweisen, vertheidigte er es gegen die Anklagen der Bucarester Denkschrift und schrieb ein neues Pamphlet gegen die Rumänen.

Unser makelloser nationaler Charakter verbietet uns zum Herrn Ex-Polizisten hinabzusteigen um mit ihm über Nationalität zu discutiren.

Es gibt eben Leute, denen man überhaupt nicht antwortet.

Die rumänischen Studenten waren seither wiederholt bestrebt, einen neuen literarischen Verein zu gründen; der magyarische „Constitutionalismus" verweigerte jedoch consequent die hiefür erforderliche Genehmigung.

So wird heute an einer im Mittelpunkte der rumänischen Bevölkerung gelegenen Universität den Söhnen dieses Volkes nicht nur die Möglichkeit entzogen, Vorlesungen in ihrer Sprache hören zu können, sondern sogar die Errichtung eines bescheidenen Vereines untersagt!

Und die magyarische Jugend, welche sich so empörende Rohheiten uns gegenüber erlaubte, besitzt noch die Stirne, Denkschriften zur Verherrlichung der „Freiheit" in Ungarn zu veröffentlichen!!

DER FANATISMUS DER MAGYARISCHEN PRESSE GEGENÜBER DEN NATIONALITÄTEN.

"Kreuziget sie!" . . . .

Die Budapester „Antwort" bemüht sich die Welt glauben zu machen, dass die Magyaren an eine Magyarisirung der anderen Volksstämme gar nicht denken. —

Bereits aus den vorhergehenden Ausführungen geht klar hervor, wie viel Heuchelei diesfalls die magyarische Schrift enthält.

Damit aber die Oeffentlichkeit noch deutlicher sehe, wie sich die Magyaren gegenseitig zur Vernichtung der Nationalitäten aufstacheln, wie niederträchtig sie denunciren und verleumden, wie sie insultiren und lügen, mögen einige Proben der magyarischen öffentlichen Meinung, wie sie in ihrer Presse aller Schattirungen zu verschiedenen Zeiten zum Ausdruck gelangte, hier angeführt werden.

Wenn die Rabulisterei dieser Presse in Betracht gezogen wird, können auch die bei ihren Lesern hervorgerufenen Wirkungen nicht Wunder nehmen. — Wie treffend sagt doch Hellwald: „Die Waffe die der Krieger um's Vaterland führt, sinkt in der Hand des Mörders zum gemeinen Werkzeuge herab. Eine schlechte Presse wirkt entsittlichend und verdummend". . . . .[1])

Selbst die ausländische Presse ist über die Nationalitätenfrage, und insbesondere über die rumänische Frage in Ungarn und Siebenbürgen besser informirt.

Wie könnte dies auch anders sein, wenn die magyarische Presse seit Jahren in diesen Fragen die unvernünftigste Tactic befolgt: jene des absoluten Verschweigens alles dessen, was die allgemeine Unzufriedenheit der Nationalitäten nur im Mindesten an's Licht ziehen könnte.

In der magyarischen Presse werden die Rumänen nur dann erwähnt, wenn sie beschimpft oder terrorisirt werden sollen.

Es gibt nicht ein einziges magyarisches Blatt, welches Glauben verdienen würde, wenn es einmal ausnahmsweise über unsere Verhältnisse berichtet, wenn es etwas aus unseren Blättern citirt oder von dem unter den Rumänen allgemein herrschenden Geiste erwähnt.

— —

[1]) Von Hellwald, op. cit. pag. 707

Daher kommt es, dass selbst das magyarische Publicum die verkehrtesten Ansichten über uns, über unseren Culturgrad und über unsere wirklichen Bestrebungen hat.

Selbst die Haltung der Regierungsblätter, welche sonst in allen civilisirten Staaten ein gewisses Mass einzuhalten und feinere Formen zu cultiviren pflegen, ist in Ungarn unerhört. Obwohl sie aus Staatsmitteln, also aus den Beiträgen aller Nationalitäten unterstützt wird, nimmt die officiöse Presse keinen Anstand, denselben zu erklären, dass sie entnationalisirt werden müssten!

Mit dem grössten Cynismus stellt sich diese Presse in den Dienst der Magyarisirungs-Vereine, fanatisirt das Publicum zu deren Unterstützung und terrorisirt andererseits alle Jene, welche sich unterfangen, entgegengesetzter Meinung zu sein und ihre Besorgnis zu äussern, dass ein derartiger Vorgang, welcher nothwendigerweise die Majorität der Staatsbürger unzufrieden machen muss, nur zum Ruin des Vaterlandes führen könne.

Zur Illustrirung diene ein Fall von vielen.

In der Herbstcongregation 1885 des Satmar'er Comitats beantragte Graf Stefan Károlyi die Bewilligung eines 1% Zuschlages von sämmtlichen directen Steuern des Comitats für die Zwecke eines Magyarisirungs-Vereines.

Die Hälfte der Bevölkerung des genanten Comitats ist rumänischer Nationalität und so **müssen die Rumänen Steuern bezahlen, um für ihr eigenes Geld magyarisirt zu werden!**

Gibt es denn eine grössere Barbarei?

Und trotzdem entblödet sich das deutsche Organ der Regierung, der »Pester Lloyd« nicht, den „heilbringenden" Antrag des Grafen Károlyi zu preisen!

Ein anderes Organ der Regierung, der »Nemzet«, schrieb aus demselben Anlasse einen leidenschaftlichen Artikel für die Magyarisirungs-Vereine, welcher in den bei einem Regierungs-Organe unerhörten Ausspruche gipfelte: **vaincre ou mourir!**

Dem Beispiele des Satmar'er Comitats folgten auch andere, so die Comitate: Tarnava-Mica, Turda-Aries etc. welche heute alle gezwungen sind, Beiträge dem aggressivsten Magyarisirungs-Vereine, dem Klausenburg'er »Kultur-egylet« zu leisten!

Und so oft die grösstentheils aus magyarischen Aristokraten zusammengesetzten Congregationen dieser überwiegend von Rumänen bewohnten Comitate derartige empörende Beschlüsse fassten, sangen alle magyarischen Blätter des Landes Lobeshymnen auf die Chauvinisten, welche im Stande sind, für die Magyarisirungs-Idee Opfer aus dem Vermögen Anderer zu bringen!

Wenn das nicht eine förmliche Proclamirung des Rassenkampfes ist, so wüssten wir nicht, was sonst noch dazu gehören würde.

Das Verhalten der magyarischen Presse gegenüber den Verfolgungen der nationalen rumänischen Presse ist einfach niederträchtig.

Die rumänischen Publicisten als Agitatoren zu bezeichnen, sie zu Irredentisten und Hochverräthern zu stempeln, sie mit dem Staatsanwalt und dem Kerker zu bedrohen, sind die einzigen Argumente, deren sich die magyarischen Blätter den unsrigen gegenüber bedienen. In ihrem Fanatismus gingen die magyarischen und magyarenfreundlichen Blätter sogar so weit, die strengsten Ausnahmsgesetze gegenüber der rumänische Presse zu fordern!

Als aber die Regierung die Hetze gegen die rumänische Presse begann, hielten die magyarischen Blätter es für ihre Pflicht, die magyarischen Geschworenen noch vor der Verhandlung der Processe gegen die auf die Anklagebank gezerrten rumänischen Publicisten zu fanatisiren.

Als am 3. December 1884 der Redacteur des Blattes »*Observatorul*« der greise rumänische Publicist Herr G. Baritiu von den Hermannstädter Geschworenen in dem gegen ihn von der Regierung angestrengten Processe freigesprochen wurde, war das Organ dieser Regierung, der »*Nemzet*«, das erste Blatt, welches die Beseitigung des Hermannstädter Geschworenengerichtes forderte!

Der »*Aradi Közlöny*« vom 24. April 1888, dem Vortage eines anderen, gegen Herrn Ioan Slavici in Klausenburg angestrengten Processes, schloss folgendermassen seinen „Her Slavici" betitelten Artikel: „Uebrigens wird Herr Slavici in — Waitzen ausruhen können". In Waitzen befand sich nämlich bis 1889 das Staatsgefängnis Ungarns. —

Im selben Tone klang auch ein im »*Pesti Hirlap*« vom 20. Februar 1888 unter dem Titel: „Der Dictator von Caransebeş" publicirter Artikel. Derselbe bezweckte, die öffentliche Meinung und die Geschworenen zu Ungunsten des gewesenen Abgeordneten, Generals Trajan Doda zu beeinflussen, welcher damals wegen „Agitation" vor Gericht gestellt worden war.

Dass ein derartiges Verhalten der magyarischen Presse den Anforderungen europäischen Anstandsgefühls nicht entspricht, dürfte Niemand bestreiten.

Zur besseren Illustrirung mögen sich jedoch die magyarischen Blätter selbst hören lassen: »*Nemzet*«: „Die loyale (!) magyarische Nation, welche seit Jahrhunderten allzu grossmüthig (!) den anderen Nationalitäten gegenüber gewesen ist, hat die Gleichberechtigung der Nationalitäten gesetzlich sanctionirt; niemals hat sie jedoch die Gleichberechtigung der Nationalitäten mit der magyarischen Nation (!) proclamiren wollen! Die magyarischen Bürger fremder (!) Rasse mögen niemals den Unterschied übersehen, dass die Magyaren in diesem Lande nicht eine Nationalität, sondern die Nation (!) bilden; in diesem Lande wohnen auch fremde (!!) Nationalitäten, befinden sich auch Staatsbürger fremder (!) Zunge, das Land ist aber magyarisch!!" [1]

---

[1] »*Nemzet*« apud »*Siebenbürgisch Deutsches Tageblatt*« vom 11. Mai 1890.

»*Nemzet*«: „Die Magyarisirung der Hauptstadt und des ganzen Landes ergibt sich aus der Entwicklung der Hauptstadt und des Landes und liegt im wohlverstandenen Interesse des Landes . . . .

Dass dieses Land von einer einheitlichen Nation, von einer amalgamisirten Rasse, von einem sprachlich und geistig zu Einem Körper verschmolzenen Volke bewohnt werde, ist für die gesamte „Nation" und für das ganze Land vom höchstem Interesse".[1]

»*Nemzet*«: „Die Staaten, welche in nationaler Hinsicht nicht einheitlich sind, müssen das Beispiel Russland's befolgen" . . . .[2]

„*Nemzet*": „Was immer wir thun was immer wir unternehmen, unserem nationalen Ziele (der Magyarisirung!) können wir uns so lange nicht nähern, als es nicht nur nationale deutsche, **sondern was das Hauptübel ist, Mittelschulen mit rumänischer Unterrichtssprache gibt; bis nicht in diesen sieben deutschen und vier rumänischen Mittelschulen die Jugend in der Sprache des Staates (!!) unterrichtet wird, erreichen wir die Einheit der Intelligenz vom nationalen Gesichtspunkte nicht!"**[3]

»*Kolozsvári Közlöny*«: „Das rumänische Blatt »*Tribuna*« erklärt in der Nummer 102 an leitender Stelle in folgender Weise die Feier des 15. Mai: Der 15. Mai ist der Jahrestag der Vertheidigung des Thrones, des Gesetzes und der Ordnung, da die Rumänen am 15. Mai 1848 für die pragmatische Sanction geblutet haben, auf die hiebei bewiesene Tapferkeit mit Recht stolz sein können und durch die Erinnerungsfeier an diese Ereignisse für ein autonomes Siebenbürgen demonstriren, zumal ein nationaler magyarischer Staat nicht existirt. . . . .

Die Staatsanwaltschaft hat ganz bestimmte Pflichten gegenüber diesem Artikel, diesem unserem Staate in's Angesicht versetzten Schlage".[4]

„*Kolozsvár*: „Die magyarische Universitäts-Jugend hat gestern einen schönen (!!) Beweis ihrer patriotischen Gesinnung gegeben, indem sie einstimmig den Beschluss fasste, auf die bekannte Denkschrift der Bucarest'er

---

[1] »*Nemzet*« vom 11. November 1891.

[2] »*Nemzet*« vom 8. Juli 1891.

Diese Phrasen richtet ein Regierungsblatt an die nichtmagyarischen Völker! Unerhört ist doch die Frechheit, mit welcher dieses Reptil den Satz ausspricht, dass die Minorität die Majorität der Staatsbürger vertilgen müsse!

[3] „*Nemzet*" Nr 52, vom Jahre 1892. Zufälligerweise sind wir z. B. die Autoren und Herausgeber dieser Replic, fast alle aus — magyarischen Mittelschulen hervorgegangen!

[4] »*Kolozsvári Közlöny*« vom 20. Mai 1885. Das magyarische Blatt verdrehte auch hier in gewohnter Weise den Text der »*Tribuna*«. Die betreffenden Sätze lauteten in Wirklichkeit folgendermassen: „Durch diese Feier geben wir kund, dass wir auf die Autonomie Siebenbürgens nicht verzichtet haben, sondern dieselbe immerdar auf Grund der pragmatischen Sanction fordern. Nur ein nationaler magyarischer Staat könnte durch eine rumänische Kundgebung verletzt werden; wir aber sind Bürger des polyglotten ungarischen Staates". Und wegen eines solch ruhigen Artikels ruft das magyarische Blatt nach der Polizei!

academischen Jugend Antwort zu geben. Nach ihrer Versammlung verbrannte die magyarische Jugend um 8 Uhr Abends die Blätter »Tribuna« und »*Gazeta Transilvaniei*« unter endlosen „Abzug"-Rufen und durchzog sodann in dichten Reihen formirt die Közép-utcza, wobei sie die herausgerissenen Blätter zweier Exemplare des rumänischen Memorandum's auf Stöcken aufgespiesst herumtrug, bis sie sich endlich unter neuerlichen „Abzug"-Rufen auf den Trencin-Platz begab. Hier wurden die Blätter des Memorandum's auf einen Haufen geschichtet, verbrannt und in den Koth getreten".[1]

(Unter der Rubric „Tagesneuigkeiten"): „In der gegenwärtigen Zeit ist es Mode geworden, dass die Gesellschaften, welche die Nacht durchschwärmen, sich das besondere Vergnügen vergönnen, bei ihrem Heimgange die am Wege gelegenen Fenster einzuwerfen".[2]

»*Kolozsvár*:« „*Nur die rohe Gewalt kann diesen ungebildeten Massen* (das heisst dem rumänischen Volke) *imponiren*, welche die hiesige und die nach Rumänien ausgewanderte Intelligenz gegen uns zum Aufruhr aufzustacheln trachtet.

Wir müssen diesen Massen die Erkenntnis aufzwingen, dass wir (Magyaren) eine Macht sind, welche keinen Spass kennt und der die Schläge nicht zurückgegeben werden können!

Und nicht so sehr die Massen, als vielmehr die Rädelsführer müssen wir mit exemplarischer Strenge verfolgen.

In den siebenbürgischen Gegenden muss das Unkraut ausgejätet werden, welches Denkschriften und Proclamationen verfasst.

Das ist unsere erste und heiligste Pflicht.

Hier zu Hause müssen wir jene Autorität der Macht erringen, welche dann auch in Rumänien zu imponiren vermag"!!![3]

»*Kolozsvár*:« „Die Magyarisirung der Gemeindenamen wird schon seit Langem von Jenen angestrebt, welche sich mit der Verbreitung des Magyarenthums befassen. Dies Bestreben verdient alles Lob(!), denn was könnte natürlicher (sic!) sein, als dass die Namen aller Städte und Dörfer magyarisch seien".[4]

»*Kolozsvári Közlöny*:« Anlässlich der Feier des Jahrestages der rumänischen Revolution unter Horia richtet dieses Blatt nachstehende Höflichkeiten

---

[1] Bei diesem patriotischen und academischem Acte konnte die vorläufige Antwort der edlen magyarischen Jugend auf die Bucarester Denkschrift ihr Bewenden nicht finden; hiezu war es noch nothwendig, den Klausenburger Rumänen in derselben Nacht die Fenster einzuwerfen. --

[2] »*Kolozsvár*«, Nr. 66 vom 21. März 1891. Das magyarische Blatt verschweigt aber, dass nur die magyarische Jugend sich diesen Sport erlauben darf, ohne zur Verantwortung gezogen zu werden und dass nur die rumänischen Bürger in Klausenburg sich dieser Aufmerksamkeit zu freuen hatten!

[3] »*Kolozsvár*« vom 3. August 1891.

[4] »*Kolozsvár*« Nr. 36 vom Jahre 1891.

an die rumänische Intelligenz: „Wir beben bei dem Gedanken, was aus uns werden würde, wenn wir jemals in die Hände dieser Leute gerathen würden, oder wenn ihnen eine solche Gelegenheit geboten werden würde, wie zur Zeit Horia's und Jancu's.

Die (rumänischen) Ultras, welche sich dessen jeden Tag rühmen, wären im Stande, die Foltern der Juquisition zu erneuern".[1]

»*Budapesti Hirlap*«: „Der Magyare, welcher diesen Staat begründet und erhalten hat, ist nach einem ganz andern Massstabe zu messen, als die Nationalitäten.

Es liegt im Interesse des Staates, dass das Magyarenthum sich ausdehne, immer mehr Boden fasse und Elemente in sich aufnehme; dagegen gereicht es dem Staate zum Schaden, wenn die Nationalitäten ihre Sprachgrenzen vorrücken, in der Sprache und Cultur fortschreiten"....[2]

»*Budapesti Hirlap*«: „Charakteristisch für die rumänischen Ultras und für die Nationalitäten-Agitatoren ist der Umstand, dass sie die Freiheit (!!) nicht zu würdigen vermögen, welche sie bei uns geniessen. Sie wollen sich nicht mit der „Nation" (!!) verschmelzen (Aha!), deren Bestandtheil sie bilden (?), sondern weisen die Cultur (!) zurück, welche ihnen der magyarische Staat bietet, bringen keine Liebe ihrem Vaterlande entgegen und fühlen keine Anhänglichkeit für dessen Einrichtungen"...[3]

»*Budapesti Hirlap*«: „*Wir brauchen ein Ausnahms-Press-Gesetz für die Tagesliteratur und die Presse der Rumänen; solange wir ein derartiges Gesetz nicht besitzen, können wir den gegen den Staat gerichteten Agitationen der Nationalitäten nicht beikommen*".[4]

»*Budapesti Hirlap*«: „Sowohl die Regierung wie auch jede andere politische Partei muss die jetzige Situation dazu ausnützen, um die rumänische Politik *gewaltsam* zu einer Umkehr zu zwingen.... Die rumänischen Nationalen verdienen redlich, dass die Statspolizei sich um dieselben kümmere.... Man muss die Führung der Rumänen in die Hände der gemässigten Elemente *hinüberspielen* (átjátszani)".[5]

»*Pesti Napló*«: „Was uns betrifft, so hegen wir die Ueberzeugung, dass die Nationalitätenfrage in einer (für die Magyaren!) zufriedenstellenden Weise

---

[1] »*Kolozsvári Közlöny*« vom 3. November 1884. Es ist klar, dass nur Leute mit bösem Gewissen von derartigen Befürchtungen gequält werden können. –

[2] »*Budapesti Hirlap*«, Nr. 199 vom Jahre 1891.

[3] »*Budapesti Hirlap*« vom 25. Juli 1891

[4] »*Budapesti Hirlap*« vom 8. März 1886.

[5] »*Budapesti Hirlap*« vom 11. Juni 1892. Dieser gewaltthätig-dreiste Artikel wurde aus folgendem Anlasse geschrieben: Am 20. Januar 1892 hat das gesammte rumänische Volk durch seine regelrecht gewählten 217 Delegirten auf der National-Conferenz zu Hermannstadt einstimmig die Ueberreichung einer Denkschrift an unsern Allerhöchsten Monarchen beschlossen. Nachdem den Rumänen jeder parlamentarische Kampf unmöglich gemacht wurde, wollten sie dem über allen Parteien stehenden höchsten constitutionellen Factor die Gründe darlegen,

nicht anders, als durch die vollständige Magyarisirung der Nationalitäten gelöst werden kann!" [1]

»*Pesti Napló* : „Wir wollen nicht gewaltsam magyarisiren, weil wir die
natürliche (!) Magyarisirung vorziehen, zu welcher der Patriotismus (?!!) die
Bürger treibt.

Denn Ungarn wird entweder magyarisch werden oder unter-
gehen". [2]

»*Ellenzék* : „Ich finde an dem Verhalten der (magyarischen) Jugend nichts
auszusetzen, vermag in demselben eine Ausschreitung nicht zu sehen.

Sie hat wohl daran gethan, die Fenster der Rumänen ein-
zuwerfen und die Abhaltung eines Maials und Festmahls zu ver-
hindern!" [3]

»*Ellenzék*: „. . . . Die (nichtmagyarische) Jugend muss eine magyarische
Erziehung erhalten. Ihr Herz und ihr Gemüth muss umgebildet, ihr
Hirn zum Herde patriotischer (magyarischer) Gedanken entwickelt und der Sinn
für magyarische Cultur (!!) ihr in's Blut eingeimpft werden; in diesem Sinne
muss die Liebe für magyarische Cultur verpflanzt werden . . . .

Vergebens errichten wir Magyarisirungsvereine, wenn die Jugend aus den
meisten Magyarisirungsanstalten unberührt hervorgeht". [4]

derenthalben sie dem gesammten magyarischen Parlamente gegenüber eine strenge Absti-
nenz-Politik einzuhalten bemüssigt sind und zugleich die Aufmerksamkeit des Monar-
chen auf die unberechenbaren Gefahren zu lenken, die für die Gesammt-Monarchie aus der
Nationalitäten-Bedrückung folgen können. Am 28 Mai 1892 erschien in Wien eine 300-gliedrige
Rumänen-Deputation, um dem Monarchen in einer Audienz die Denkschrift zu über-
reichen. Sofort drängte sich das Magyarenthum zwischen Krone und unser Volk, um dem
Letzteren den Weg zu den Stufen des Thrones zu versperren. Es gelang auch der magyarischen
Allmacht, die Abweisung der rumänischen Volks-Deputation zu erwirken. Nicht ein
einziges Mitglied wurde vor Seiner Majestät vorgelassen. Darob unbändige Freude im
Lager Arpad's (und seines Schwagers Israël). — Die Lügen, Verdrehungen und Beleidi-
gungen, die uns die magyarische Presse aus diesem Anlasse an den Kopf warf, übersteigen
alle Stufen der überhaupt vorstellbaren Gemeinheit. -- Es schien, als ob ein wahnsinniges Fieber
alle magyarischen Zeitungen ergriffen hätte, so tobten sie und überhäuften sie die Rumänen-
Deputation mit einer Fluth von Hohn und Rohheit.

Kaum waren die Deputations-Mitglieder zu Hause angelangt, so begannen sofort die
Verfolgungen. Dem Führer der Deputation Dr. Ratiu wurde Nachts das Haus von einer
3000-köpfigen Magyaren-Horde belagert, mit Steinen beworfen, mit Aexten,
Knütteln und anderen Mordwerkzeugen derart demolirt, dass es Tags darauf wie abge-
brannt aussah. In allen vier Gassenzimmern wurden sämmtliche Möbel zertrümmert, die Familie
musste die Flucht ergreifen, eine Tochter des Hauses wurde schwer krank etc. Und wer führte
diese Vandalen an? Wer gab das Zeichen zur Belagerung? Der Stadthauptmann von
Turda selbst, ein Magyare namens Jakab!. .

[1] »*Pesti Napló*«, Nr. 209 vom Jahre 1888.

[2] »*Pesti Napló*« Nr. 110 vom Jahre 1889.

[3] »*Ellenzék*« Nr. 115 vom Jahre 1884.

[4] »*Ellenzék*« Nr. 95 vom Jahre 1884.

»Ellenzćk«: „Die rumänische Jugend geht aus magyarischen Schulen hervor und das Erste, was sie nach Vollendung der Studien unternimmt, ist die Anfeindung der Verfassung des Vaterlandes.

Deswegen mag sie lieber verdummen, mag jede unserer Schulen die rumänische Jugend davonjagen". ....[1])

»Egyetértés«: „Privat-Institut. Noch ein Germanisirungs-Herd in Alt-Ofen. Die Schulinspection im III. Bezirke scheint tief zu schlafen, wenn sie nicht etwa absichtlich die Augen vor einem anderen Erziehungsinstitute in Alt-Ofen schliesst. Im Hause Nr. 106 in der Matrosengasse befindet sich das zweite deutsche Nest, welches von einer sogenannten „Frau von Pitt" unterhalten wird, die schon seit 12 Jahren in Alt-Ofen germanisirt"!!![2])

»Egyetértés«: „Verbotenes slavisches Concert. Der ruthenische Gesangsverein, welcher eine Concerttour durch Galizien und Ungarn unternommen hat, wollte gestern auch in Kaschau ein Concert veranstalten. Die Polizei hat jedoch das Concert verboten, **damit nicht etwa die in der Stadt befindlichen slavischen Elemente Gelegenheit erhalten, ihre Nationalität zum Ausdrucke zu bringen".**[3])

»Magyar Hirlap«: „Magyarisiren wir! Das ist das Programm des magyarischen Vereines. Allgemeine Reinigung des Landes! Der Verein schwingt die **Flammenpeitsche** *(längostort)* **gegen Alles, was in der Sprache nicht magyarisch, in seinem Aeussern fremd ist.** ... Raum dem Magyaren auf allen Punkten!

Hinaus mit dem fremden Unkraut!

Mit dieser Losung erhebt er die Fahne in allen Gegenden". ....[4])

»Magyar Hirlap«: „Koloman Tisza hat unlängst unter dem frenetischen Beifall der Kammer den durch seine Offenheit jedem Magyaren zu Herzen gehenden Ausspruch gethan:

„Siebenbürgen gehört den Magyaren"; kann die Regierung sagen, wie lange Siebenbürgen bei einem solchen Vorgehen noch den Magyaren gehören werde?"[5])

»Magyar Hirlap«: „Inmitten der rumänischen Jugend in Pest hat eine Bewegung begonnen und zu einer Versammlung geführt, welche die moralische und thätige Förderung der rumänischen *»Replic«* zum Gegenstande hat. In dieser Versammlung wurde einhellig der Beschluss gefasst,

---

[1]) *»Ellenzčk«* Nr. 92 vom Jahre 1881.
[2]) *»Egyetértés«* vom 29. Juli 1891.
[3]) *»Egyetértés«* vom 10. September 1891.
[4]) *»Magyar-Hirlap«* Nr. 87 vom Jahre 1892.
[5]) *»Magyar Hirlap«* vom 17 Juni 1891. Dieser Artikel wurde durch den Umstand veranlasst, dass die Regierung nach Decennien sich einmal entschloss, den §. 27 des Nationalitätengesetzes den Sachsen gegenüber anzuwenden und den Sachsen, Herrn Gustav Thalmann zum Obergespan eines rumänisch-sächsischen Comitates zu ernennen. —

dem Unternehmen der Wiener und Grazer rumänischen Studenten alle Unterstützung seitens der Budapester rumänischen Studenten angedeihen zu lassen, da ja in Allem volle Solidarität bestehe; auch haben die Budapester Studenten für die Beschaffung des Gravamen-Materials zu sorgen. Mit einem Worte, die jungen Leute, welche sich hier von dem warmen Brote des magyarischen (!) Vaterlandes und des magyarischen (!) Staates nähren, schreiben das Wort »imprimatur« auf die von unseren verschiedenen geheimen (!) Feinden ausgefüllten Seiten....

Es liegt klar am Tage, dass man es hier mit wahren Vatelandsverräthern zu thun hat!!!)....

Die rumänischen Studirenden haben ihren hochverrätherischen Beschluss aus eigenem Antriebe oder unter irgendwelcher Beeinflussung (!!) gefasst und eine Commission zur Sammlung des Beschuldigungs-Materials gewählt....

Aus diesem scandalösen Vorfalle erwachsen der magyarischen Jugend zweifellos die heiligsten Pflichten! —

Die magyarische Hochschuljugend hat nun dafür zu sorgen, Einen nach dem Andern von diesen rumänischen Studirenden auszuforschen und namentlich zu eruiren".... etc. [2])

»*Magyar Hirlap*« : „In Ungarn wird jede politische Unthat, jeder parlamentarische Uebergriff, jede Nachlässigkeit der Regierung vergeben und vergessen, wenn nur die Regierung in einer einzigen Richtung eine starke und consequente Politik, **und zwar die Politik der Vorherrschaft des Magyarentums verfolgt"**.[3])

»*Szatmár*« : „Wir fordern, dass wer hier wohnt, unsere Sprache ehre und dieselbe jederzeit als ein Heiligthum und Gesetz anerkenne. Ob Slaven, ob Deutsche oder sogar Daco-Rumänen, sie werden der Gnade der magyarischen Nation nicht theilhaftig werden...... Wer Magyarofag ist, möge sich aus unserem Lande hinaustrollen. **Wer die Magyaren nicht ehrt, ist ein Hochverräther.**....

---

[1]) Die Magyaren gebrauchen uns gegenüber den Ausdruck „Vaterlandsverräther" schon so lange und so oft, dass unter den Rumänen dieser Vorwurf theils lächerlich, theils aber als eine — Auszeichnung gilt. — Ein Rumäne, der von den Magyaren „Vaterlandsverräther" genannt wird, ist stolz auf diesen Titel, denn er bedeutet immer nur: einen treufesten Rumänen! Wohin diese Begriffsalteration wohl führen wird? Darüber zerbrechen sich die „Patrioten" nicht im Mindesten den Kopf!....

[2]) »*Magyar Hirlap*« vom 13. October 1891.

Dieser Denunciations-Artikel wurde durch den Umstand veranlasst, dass die gesammte rumänische Jugend an ungarischen Universitäten einhellig ihren Beitritt und ihre thätige Theilnahme an der gegenwärtigen Replic beschlossen hat; das „ritterliche" Magyarenthum hoffte nun, durch perfide Verdächtigungen („Vaterlandsverrath!" etc.) uns von der Aufdeckung der Wahrheit abschrecken zu können —

Interessant ist es, dass die Magyaren, sobald in der Nationalitätenfrage von der Wahrheit die Rede ist, von einer gewissen Idiosynkrasie befallen werden!

[3]) »*Magyar Hirlap*« vom 22. Februar 1892.

In Beiuş und an anderen Orten agitiren die „Olahs" mit Wuth und Leidenschaft gegen das »Kisdedovo«-Gesetz.

Die wilde fürchterliche Bestie dürstet nach magyarischem Blut und fletscht die Zähne in grauenerregender Weise. Wir werden dich aus unserem Lande hinauskehren, undankbares, hinterlistiges Volk. . . . .

Wenn Euch unsere Sprache nicht gefällt, packt euch fort von hier. Wir brauchen keine Verräther, fahrt zur Hölle. . . . .

Denn die Schaar stämmiger Bäume auf unseren bewaldeten Bergen und die Schwärme der Raben harren schon lange Eurer Leiber".[1])

Sollen wir fortfahren ? . . . .

Und d i e s e wuthschnaubenden Panmagyaren haben noch die Stirne von „Cultur", von „Freiheit" und „Constitutionalismus" zu salbadern !

Ja, s o sieht jene „magyarische Cultur" aus, die man uns so gerne anhängen möchte !

D a s ist die Presse der Nation, die sich uns, ja dem ganzen Oriente als Culturträgerin aufdrängen möchte !

---

[1]) »Szatmar« vom 28. Februar 1891.

Den magyarischen Blättern, welche ihr Publicum mit derartigen Rohheiten „bilden" und gegen die Völker des Landes so infame Drohungen gebrauchen, w i r d n i e ein P r e s s p r o c e s s a n h ä n g i g g e m a c h t; unsere Blätter dagegen werden vor Gericht zur Rechenschaft gezogen, wenn die Staatsanwälte blos „z w i s c h e n d e n Z e i l e n" Aufreizungen gegen die Magyaren lesen ! . . .

Zum Ergötzen der magyarischen Jugend lassen wir nun den obigen wahnwitzigen Auswuchs des magyarischen Chauvinismus auch im Original folgen ; er lautet :

»Megkivanjuk, hogy nyelvünket kik itt laknak tiszteljk, És azt szentnek és törvényesnek Mind nyájan ismerjk. Legyen az bár szláv, vagy német, vagy pedig diká-román, Nem vigadnak ök sohasem A magyar nemzet torán. . . Takarodjk országunkból, Az a kimagyarfalt. Ki a magyart nem tiszteli, Az mind hazaárulú!. . . . Kisdedóvás törvény ellen Izgatnak Bélonyesen, És töbféle — az oláhok, Dühösen és mérgesen. Magyar vérre szomjuhozik A sok fene vadállat, Csattogtatják a fogukat, Nézi is mily útálat! Kiseprüzünk országunkból, Háladatlan ravasz nép, Ha nem tetszik a mi nyelvünk — Pusztuljatok el innét! Nincs szükségünk árulókra, A pokolba veletek! . . . Mert a havas bérczeinek Rengeteg sok ösfája, És a hollók seregei, A testetek rég várja . . . etc. etc.

DIE BEDRÜCKUNG DER ÜBRIGEN NICHTMAGYARISCHEN VÖLKER.

Die magyarische academische Jugend möchte gerne den Eindruck hervorbringen, als wären nur wir, Rumänen, unzufrieden, während alle übrigen Nationalitäten des Landes ihren Frieden mit dem Magyarenthum gemacht hätten. Dieser Kniff ist nicht einmal originell; er ist nichts als eine geistlose Copie des Potemkin'schen Systems. Die Magyaren fühlen nämlich das Bedürfnis (und vielleicht auch den Druck?!), die Nationalitäten beruhigt zu wissen oder doch als beruhigt darzustellen. Zu diesem Zwecke schmieren sie sich gegenseitig an und nehmen keinen Anstand, auch die ausserungarische Welt anzulügen.

Das berüchtigte Pester Correspondenz-Bureau, die gesammte magyarische und magyaronische Presse des In- und Auslandes ist auch seit Jahren bemüht, für ihre Potemkin'schen Darstellungen gläubige Ohren zu finden.

Aus den nachstehenden Ausführungen nun wird auch die Lage der übrigen Nationalitäten klar werden. Wir bemerken gleich von Vornherein, dass unsere Verbindungen mit der deutschen und slavischen Universitäts-Jugend es uns ermöglicht haben, aus den authentischesten Quellen und direct aus der Presse der übrigen Nationalitäten zu schöpfen. —

Die Slovaken.

Dieses mehr als zwei Millionen zählende Volk bewohnt seit den ältesten Zeiten den nordwestlichen Theil von Ungarn.

Wie die übrigen Nationalitäten, haben auch die Slovaken die schwersten Schläge seitens der Usurpatoren der öffentlichen Macht zu ertragen, welche direct nach ihrer nationalen Existenz trachten.

Ihre Cultur-Anstalten werden Eine nach der Anderen vernichtet, ihre Kinder werden geraubt und gewaltsam magyarisirt, während sie selbst aus allen Gebieten des öffentlichen Lebens verdrängt wurden.

I. Die Verdrängung der Slovaken aus den gesetzgebenden Körpern. Obwohl dieses Volk in compacten Massen wohnt, ist es ebenfalls ausser Stande Vertreter aus seiner Mitte in's Parlament zu entsenden. So haben die Slovaken dermalen nicht einen einzigen nationalen Abgeordneten im Reichstage. Die Bajonette der magyarischen Gensdarmerie und des Heeres machen ihnen die Wahl eines derartigen Abgeordneten einfach unmöglich. Die Folge dieses Systems ist, dass sich im Budapester Reichstage als Vertreter der slovakischen Nation bei 50 Abgeordnete breit machen, welche sich aus den fanatischesten Feinden dieses Volkes recrutiren.

II. Politische Freiheit. Wenn ein Slovake sich seiner Nationalität bewusst ist, wenn er sich um seine Sprache und Literatur kümmert, wenn er durch Lösung wichtiger Fragen zur Förderung des Wohlstandes bei seinen Stammesgenossen beitragen will, wird er von der magyarischen öffentlichen Meinung zum Panslavisten gestempelt. Jeder Slovake, welcher Herz für sein Volk hat, ist Panslavist. Er wird verhindert, in öffentlichen Versammlungen sich seiner Sprache zu bedienen, und wenn er etwas zu Gunsten seines Volkes unternimmt, wird er aus allen Gebieten des öffentlichen Lebens gewaltsam hinausgedrängt. In private oder öffentliche Dienste kann er nur um den Preis der Verleugnung seiner Nationalität gelangen.

Wünscht er als guter Bürger den von den Behörden erlassenen Weisungen zu folgen, so muss er sich einen Dolmetsch aufnehmen, welcher ihm den Inhalt dieser Weisungen vorerst bekannt geben soll.

Den Slovaken ist es untersagt, Gesangvereine, Wirtschaftsgenossenschaften oder andere derartige Vereinigungen in's Leben zu rufen

In Tisovec ereignete es sich, dass die Regierung die Gründung eines Gesangvereines mit der Begründung verbot, dass die Leute in jenen Gegenden zu wenig „patriotisch", mit anderen Worten zu wenig magyarenfreundlich und Renegaten an ihrem Volksthum wären Gleichzeitig ordnete die Regierung die Verfolgung aller Jener an, welche die Kühnheit haben würden, weiterhin für die Begründung eines derartigen Vereines zu wirken.

Wenn das slovakische Volk evangelischer Confession gestützt auf die Autonomie seiner Kirche einen Mann zum Seelsorger wählen will, der seine Bedürfnisse kennt, mit ihm fühlt und für seinen Fortschritt und Wohlstand seine Kräfte einsetzen will, wird es des Panslavismus beschuldigt.

So kam es in Hnust vor, dass die Slovaken mit Militär-Macht gezwungen wurden, auf die Wahl eines von ihnen gewünschten Mannes zum Seelsorger zu verzichten.

Veranstalten die Slovaken irgendwelche Feste, Bälle, literarische Abende, theatralische Vorstellungen etc., so ruft die magyarische Presse wie aus einem Munde nach der Polizei, weil sich angeblich die Panslavisten rühren!

Ein weiteres Beispiel magyarischen Freisinns ist das Folgende. Nachdem den Slovaken fast alle ihre Culturanstalten entrissen worden waren, erbauten sie sich im Jahre 1889 in Turóc-St.-Martin ein Haus („Dom"), in dessen Räumen ein Museum und eine reichhaltige Bibliothek untergebracht werden sollten. Da nun die moderne Einrichtung dieses Gebäudes auch die Unterbringung eines Restaurant's und eines Caféhauses gestattete, verweigerte die magyarische Regierung aus politischen Gründen die Concession für die betreffenden Gewerbe!

III. Die Cultur-Anstalten. Obwohl das Gesetz verfügt, dass der öffentliche Unterricht in den nichtmagyarischen Gegenden in der Sprache der betreffenden Bewohner zu ertheilen sei, existirt dennoch auf dem ganzen von Slovaken bewohnten Gebiete nicht ein einziges Gymnasium oder eine Realschule mit slovakischer Unterrichtssprache, ja nicht einmal eine einzige derartige Anstalt, in welcher die slovakische Sprache und Literatur als Unterrichtsgegenstand gelehrt würde!

In den magyarischen Bildungs Anstalten wird stets nur die „ritterliche" magyarische Nation gefeiert, und gleichzeitig in die Herzen der nichtmagyarischen Schüler Hass und Verachtung gegen ihr eigenes Volksthum eingepflanzt.

Die slovakische Jugend ist gezwungen, die niedrigsten und gemeinsten Schmähungen ihrer Nation anzuhören, weil sie ausschliesslich nur auf magyarische Schulen angewiesen ist.

Dieser Uebelstand besteht nicht deshalb, weil die Slovaken niemals ihre Unterrichtsanstalten besessen hätten, sondern deshalb, weil die liberale ungarische Regierung es für gut fand, alle betreffenden Anstalten zu beseitigen. Noch im Jahre 1860, also zur Zeit des östereichischen „Absolutismus", hatten die Slovaken auf Grund der gesetzlichen Bestimmung sich ein slovakisches Untergymnasium in Turóc-St.-Martin, ein derartiges Obergymnasium in Velka-Revica und ein Realgymnasium in Zinov aus eigenen Mitteln errichtet. Da diese Mittelschulen geeignet waren, dem slovakischen Volke einen Fond gebildeter Männer zuzuführen, welche seinerzeit den magyarischen Bestrebungen hätten leicht gefährlich werden können, richtete die Regierung schon frühzeitig ihr Augenmerk auf diese Anstalten.

Nach endlosen Untersuchungen, welche trotz aller Rigorosität kein Material gegen dieselben ergaben, beschloss die Regierung im Jahre 1874 unter dem lächerlichsten Vorwande, dass die neuen Gebäude zu nass wären, deren Schliessung!

Heute ist das slovakische Volk von fremden Beamten, Lehrern, welche keine blasse Ahnung von der slovakischen Grammatik besitzen, und Geistlichen überschwemmt, die ausser Stande sind dem Volke in seiner Sprache zu predigen.

Von der Bedrückung der Slovaken auf kirchlichem Gebiete kann sich Jedermann einen Begriff machen, wenn die magyarische Presse sich nicht entblödet, offen mitzutheilen, dass die slovakischen Bewohner eines Ortes mit Knüttelschlägen gezwungen wurden, in der Kirche eine magyarische Predigt anzuhören! [1])

Es kann auch anders nicht kommen, wenn für eine rein slovakische Diöcese, wie es jene von Neusohl ist, zum Bischof ein Individuum ernannt wird, welches die slovakische Sprache nicht kennt und bei seinen Confirmations-Visitationen sich zum Werkzeug des panmagyarischen Chauvinismus herabwürdigt, indem er die Gläubigen auffordert, sich möglichst rasch die ungarische Sprache anzueignen.

Das gleiche Schicksal, wie den Gymnasien, bereitete die Regierung auch dem literarischen Vereine „Matica Slovenska", welcher zur Förderung der nationalen Cultur unter den Slovaken von slovakisch gesinnten Männern begründet worden war.

---

[1]) „Pesti Hirlap" vom 9. Mai 1891: *A békésmegyei tótok.*

Nachdem dieser Verein im Verlaufe von 10 Jahren die schönsten Erfolge auf culturellem Gebiete erzielt hatte, wurde er plötzlich von der magyarischen Regierung aufgelöst. Das bedeutende Vereinsvermögen von über 100.000 fl. ö. W., welches Kreuzer für Kreuzer vom armen slovakischen Volke zusammengesteuert worden war, sowie das beiläufig mit 30 000 fl. bewertete Gebäude sammt dem reichhaltigen Museum und der prächtigen Bibliothek wurde mit Beschlag belegt. Aus dem Museum wurden die wertvollsten Gegenstände nach Budapest überführt, während die Bibliothek ein Raub der Mäuse wurde. —

Damit noch klarer hervorgehe, in welch'schamloser und brutaler Weise die Slovaken an ihrer culturellen Entwicklung gehindert werden, genügt es, zu erwähnen, dass in den letzten Jahren slovakische Studenten aus mehreren Gymnasien und theologischen Lehranstalten ausgeschlossen wurden, weil sie gewagt hatten, Werke der slovakischen Literatur zu lesen und ihre nationalen Lieder zu singen.[1])

Um mangels anderer Gründe slovakische Knaben aus dem Gymnasium ausschliessen zu können, wurden gegen sie die stupidesten Verdächtigungen ersonnen. So wurde einigen Knaben der 5. und 6. Classe des Leutschauer Gymnasiums als Ausschliessungsgrund bekannt gegeben, dass sie mit dem Czaren von Russland in Correspondenz stünden!!

IV. Raub slovak'scher Kinder. Wie den anderen Nationalitäten gegenüber, so wendet die ungarische Regierung auch gegen die Slovaken alle möglichen Magyarisirungsmittel an.

Nachstehend ein Beispiel für viele. In den Jahren 1874, 1888 und 1889 wurden eine ganze Reihe slovakischer Kinder aus dem Schoos ihrer Familien gerissen und in rein magyarische Bezirke auf die ungarische Pusta befördert.

Dieser moderne Janitscharenstreich wurde mit Hilfe der Behörden unter dem Vorwande ausgeführt, dass der Staat sich der slovakischen Waisen annehmen wollte. — Bald jedoch kam es auf, dass die Regierung an ein philanthropisches Werk gar nicht gedacht hatte, weil unter den geraubten Kindern sich viele befanden, deren Eltern am Leben waren. Vielmehr war die Absicht der Regierung nur darauf gerichtet, dem slovakischen Volke die nachwachsende Generation zu entziehen, um die Reihen der Magyaren mit diesen unglücklichen jungen Leuten zu stärken, welche bestimmt wären, seinerzeit selbst über ihre Conationalen herzufallen!

Die meisten der erwähnten unglücklichen Kinder entliefen ihren Erziehern, welche sie unmenschlich behandelten, und kehrten zu ihren Eltern zurück.

Dieser bei civilisirten, geschweige denn freisinnigen-Völkern ungewohnte Gewaltstreich rief in der ganzen gebildeten Welt die lebhafteste Entrüstung

---

[1]) Ausgeschlossen wurden Schüler der Unterrichtsanstalten in Pressburg, Eperjes, Losoncz, Leutschau, Neutra, Gran, etc

hervor.[1]) Die jüdisch-magyarische Presse wusste die Sache so zu drehen, als ob es sich rein um einen Humanitäts-Act gehandelt hätte. Wenn die Regierung thatsächlich blos von edlen Absichten geleitet gewesen wäre, hätte sie nur auf dem von Slovaken bewohnten Territorium eine Waisen-Anstalt zu errichten gebraucht, in welcher die Kinder eine gute Erziehung hätten erhalten und zu tüchtigen Mitgliedern des Staates und ihrer Nation hätten ausgebildet werden können.

Wenn wir auch nicht den Anspruch erheben, auch nur annähernd die Ungesetzlichkeiten erwähnt zu haben, deren Opfer das bedauernswerte slovakische Volk war, so dürfte sich das Publicum dennoch eine getreue Vorstellung von der unerträglichen Lage machen können, in welcher die Nationalitäten in Ungarn schmachten.

Damit uns aber nicht eigewendet werden könne, dass wir die Dinge vorbringen, wie sie vielleicht nur uns erscheinen, lassen wir die Darstellung eines hervorragenden österreichischen Geschichtsschreiber über die Lage der Slovaken folgen:

Diesfalls erwähnt von Helfert Nachstehendes: „.... und wenn wir uns an den Ausspruch Franz Pulszky's aus der ersten Hälfte der Vierziger Jahre erinnern, der den Slovaken jede nationale Existenz-Berechtigung auf ungarischem Boden absprach, dann werden uns die Tendenzen des jüngsten Slovaken-Vertilgers nicht im Lichte eitler Phantasien erscheinen, dann sind dieselben als die letzte Phase und höchste Giftblüthe eines Systems zu betrachten, dessen erste Keime auf nahezu fünfzig Jahre zurückdatiren und dessen Fortführung mit dem Augenblicke wieder aufgenommen wurde, da der Magyarismus durch den Ausgleich von 1867 in den Besitz der Alleinherrschaft im ganzen Gebiete der St. Stephans-Krone gelangte. Denn bald danach wurde mit der Sistirung der slovakischen »Matica« in Thurócz-Sz.-Márton, eines der serbischen und böhmischen »Matica« ähnlichen literarischen Institutes, begonnen; denn die Slovaken durften keinen literarischen Einigungspunkt für höhere geistige Interessen haben. Sodann erfolgte die Aufhebung der slovakischen Mittelschulen in Turócz-Sz -Márton und in Nagy-Rőcze und deren Umwandlung in magyarische Anstalten; denn die Mittelschulen Ober-Ungarns haben, mit Béla Grünwald zu reden, die Bestimmung, „an dem einen Ende die slovakischen Jünglinge zu Hunderten hineinzustopfen, damit sie nach einer Reihe von Drillungs-Jahren am andern Ende als fertige Magyaren heraus kommen". In weiterer Folge stieg man zu den Volksschulen herab, in denen vorerst dahin getrachtet wird, den slovakischen Kindern Gebete und Lieder in ungarischer Sprache einzupauken, mit welch' letzteren sie z. B. die jährlichen „majales", die Maienlust, begehen, ohne von dem, was die melodiöse Ergiessung ihrer Freude und Herzlichkeit sein sollte, auch nur ein Wort zu verstehen. Es gibt aber,

1, Dieser barbarische Kinder-Raub wird ausführlich behandelt in der Schrift: Alex. Papkoff's, *L'esclavage au centre de l'Europe*, St. Petersburg, Besobrosoff, 1889.

wie dies in vereinzelten Fällen schon vor 1848 der Fall gewesen, selbst solche
slovakische Gemeinden, wo der Lehrer in ungarischer Sprache lehrt
und der Seelsorger in ungarischer Sprache predigt! Die letzte
Kraftäusserung dieses allen Gesetzen der Erziehung und Bildung
hohnsprechenden Systems war die Relegirung slovakischer Jünglinge von
allen Lehranstalten der ungarischen Lande, ja deren Unfähigerklärung,
je irgend eine Anstellung im öffentlichen Dienste zu erlangen.
Man hat sogar in den Budapester Regierungskreisen des Dienstes befunden, sich
an die hiesige Regierung mit der Zumuthung zu wenden, dass die Wirkung
jenes draconischen Urtheilspruches auf die „cisleithanischen" Lehranstalten und
Aemter ausgedehnt werde! Und das Verbrechen dieser so unbarmherzig ver-
urtheilten jungen Leute? Sie waren „Panslavisten", sie verfolgten „panslavistische" Tendenzen, sie trieben Landes- und Hochverrath! Und worin bekundete
sich dieses staatsgefährliche Treiben? Darin, dass sie in geselligen Vereinen
nationale Lieder sangen, dass sie den Dialect ihres echo-slavischen Stammes,
d. i. des böhmischen zu erheben strebten!" [1]

Um wenigstens zum Theile ihre systematischen Gewaltthätigkeiten gegen
das nationale Leben der Slovaken zu beschönigen, beschuldigen sie unsere Usurpatoren der öffentlichen Gewalt des „Panslavismus". Was aber die Magyaren
unter Panslavismus verstehen, setzt derselbe Autor auseinander:

„. . . . Was die Ankläger als Panslavismus brandmarken, besteht zum über-
wiegenden Theile in dem Festhalten des Volkes an seiner Muttersprache. Singt
der Bub das Lied: „Ich bin Slovak und will es bleiben!" so ist das Landes-
verrath. Will eine Gemeinde in ihrer Kirche und Schule die eigene Volks-
sprache nicht verleugnen, so ist sie panslavistisch gesinnt. Hält ein
Pfarrer oder Lehrer ein slovakisches oder nun erst ein böhmisches Blatt, schreibt
vielleicht sogar Artikel in dasselbe, so ist das der ausgesprochenste
Panslavismus! Die Denuncianten dringen bis in die Familienkreise,
sie lassen die Jugend bestrafen, wenn diese der Entnationalisirung widerstrebt;
ja sie vernichten die ganze Zukunft solcher Jünglinge, weil diese
es gewagt, in Privatkreisen die Pflege des Slovakischen zu unterhalten". [2]

Die Serben.

Ein gemässigtes serbisches Blatt, der »Branik« schreibt: „In den letzten
20 Jahren führten die Nationalitäten Ungarns einen Verzweiflungskampf zur
Erhaltung ihrer nationalen Existenz. Beweis dessen ist der Inhalt der Protocolle
der Parlaments-, Comitats- und Municipal-Sitzungen, sowie der anlässlich der
früheren Wahlen stattgefundene Kampf Sollten nun plötzlich die Serben,
Rumänen, Slovaken und Sachsen verstummt sein, weil sie befriedigt sind? Denn

[1] Freiherr von Helfert. *Wiederaufleben der böhmischen Sprache und Literatur*,
Seite 351—353.

[2] Ebendaselbst, S. 355.

die Stimme dieser Nationalitäten wird weder im Parlamente, noch in den Comitaten und Municipien vernommen. Thatsächlich ist aber Alles, wofür diese Nationalitäten gekämpft haben, in einer ihren Interessen und ihrem Willen widersprechenden Weise geregelt und entschieden worden. . . . .

Heute findet man im ungarischen Parlamente nicht einen Abgeordneten mehr mit nationalem Programm. Das ungarische Parlament stellt einen der Rasse nach einheitlichen Staat dar. In der Nationalitätenfrage herrscht tiefste Stille. Uns kommt es vor, als ob diese tiefe Stille ein sehr schlechtes Zeichen wäre. — *Die Nationalitäten Ungarns sind nicht verstummt, weil sie befriedigt wurden, sondern weil ihnen nicht erlaubt wird zu sprechen,* weil sie ausser Stand gesetzt wurden, ihre Stimme erheben zu können. Sie sind verdrängt aus den Comitaten, den Municipien, sogar aus dem Parlamente. Die letzten Wahlen haben bewiesen, dass es unmöglich ist, einen Abgeordneten mit nationalem Programm zu wählen. . .

Es ist natürlich, dass, wenn die „herrschende" Rasse Ungarn als einen einheitlichen Nationalstaat ansieht und der gesammten öffentlichen Verwaltung diesen Charakter aufprägen will, von einem Ausgleiche oder einer Versöhnung mit den Nationalitäten nicht die Rede sein kann. Nein, den Charakter, wie sie ihn wünschen, hat Ungarn nie besessen, und Alles, was in dieser Richtung geschieht, ist gekünstelt und unnatürlich. Der Staat arbeitet mit der gesammten ihm zur Verfügung stehenden Macht seit 23 Jahren nur in dieser Richtung, und welches ist der Erfolg? Der, dass diese ganze Macht nicht ausgereicht hat, um aus den Serben, Slovaken, Rumänen und Sachsen auch nur annähernd Magyaren zu machen. Bei aller Forcirung kann der Staat nur Misserfolge[1] aufweisen und hat nur die Erbitterung der Mehrheit der Bewohner Ungarns hervorgerufen.

Wir sind der Anschauung, dass, solange die nichtmagyarischen Nationalitäten zwei Drittel der Gesammtbevölkerung Ungarns bilden, solange die magyarischen Staatsmänner diese Majorität nicht zufriedenstellen werden, solange

[1] Die serbische Zeitung hat vollkommen Recht. Nachdem die magyarische Jugend ihre Broschüre mit den lächerlichsten Sophismen ausgefüllt hat, um die Gewaltthätigkeit der Magyarisirung abzuschwächen, weiss sie am Schlusse gar nicht, wie sie die „Erfolge" der Magyarisirung so recht anschaulich machen sollte. Natürlich sind diese „Erfolge" leere Phrasen. Uebrigens gesteht ja der Autor selbst, dass die Magyaren sich vermehrt haben, „obwohl man keine Gebiete bezeichnen kann, welche die Magyaren den Nationalitäten abgerungen hätten". Gewiss, gibt es keine solchen Gebiete; doch wer hat sich denn dann magyarisirt?! Sehr einfach: vor Allen sind es die 700.000 Juden, die mit einem Male Arpadenblut in ihren Adern verspürten, dann hie und da ein Armenier, ein Deutscher und Slave, sogenannte »Streber«. Alles Leute, die unter dem deutschen System sich als Deutsche ausgaben, unter dem gegenwärtigen magyarischen System sich als Magyaren bekennen und die sich, wenn morgen ein rumänisches System in's Leben treten würde, sofort in Rumänen umwandeln würden, ja selbst in Ultra-Rumänen! Die Nationalität solch'problematischer Existenzen hängt ja immer nur von der betreffenden politischen Macht ab. —

die Politik befolgt wird, dass Ungarn ein einheitlicher Nationalstaat werden müsse. dass solange auch eine Nationalitätenfrage existiren werde.

Die grosse orientalische Frage ist noch nicht gelöst. — Wie immer auch diese Lösung ausfallen möge. so wird sie eine mächtige Rückwirkung auf unsere Monarchie ausüben und auch die Lage der Nationalitäten in Ungarn beeinflussen... Im Interesse unseres Vaterlandes müssen wir bedauern, wenn die Nationalitätenfrage in Ungarn so offenkundig misachtet wird; denn es könnte ein verhängnisvoller Augenblick kommen, in welchem wir nur mehr die Thatsache constatiren könnten: *trop tard*!....[1])

Die Sachsen.

Um zu beweisen. dass auch dieses Volk unter der magyarischen Vorherrschaft leidet, lassen wir es selbst sprechen.

Anlässlich einer von dem Klausenburger Magyarisirungs-Vereine an das Hermannstädter Comitat gerichteten Zuschrift um Bewilligung eines Beitrages seitens des Comitats an den genannten Verein. liess die Vollversammlung des Comitats in dieser Angelegenheit nachstehende Erklärungen zu Protocoll[2]) bringen :

„Mit einer die Entrüstung herausfordernden Misachtung eines andersprachigen Lebens tritt hier die Zumuthung des nationalen Selbstmordes ungescheut an die nichtmagyarischen Nationalitäten heran . . . . . .

Um so schmerzlicher musste der Rückschritt auf dem Gebiete nationaler Gleichberechtigung die deutsche und rumänische Bevölkerung Siebenbürgens berühren, als sie aus dem Genusse der Gleichberechtigung ihrer Sprache durch das nach der vollzogenen Union Siebenbürgens mit Ungarn geschaffene Gesetz „über die Gleichberechtigung der Nationalitäten" (G.-A. XLIV von 1868) verdrängt und gezwungen wurde. erhebliche Opfer an dem Gebrauche ihrer Sprache zu Gunsten der zur Amtssprache des Staates erklärten magyarischen Sprache zu bringen Seither wurden ihr noch weitere Opfer auferlegt und die durch den 44. Gesetzartikel von 1868 eingeengten Grenzen für das Geltungsgebiet der nichtmagyarischen Sprachen noch enger gezogen oder gänzlich durchbrochen. theils durch Anordnungen der hohen Regierung, der Verwaltungsbehörden und Justizstellen. theils durch die Abänderung des 44. Gesetzartikels von 1868 im Wege der Gesetzgebung. So erledigen die Gerichte in erster Instanz — um nur Einiges zu erwähnen, — ungeachtet des durch die Gesetzgebung nicht abgeänderten oder aufgehobenen, ja durch den §. 6. lit. *d* des 4. Gesetzartikels von 1869 ausdrücklich auch für die Zukunft gewährleisteten §. 8. des 44. Gesetzartikels von 1868. auch inmitten nichtmagyarischer Gegenden die Klagen oder Gesuche der Privatparteien nicht in

---

[1] »*Bronik*« vom 7. August 1890.

[2] *Die magyarischen Culturvereine in der Hermannstädter Comitatsversammlung.* Separatabdruck aus Nr. 3433 des »*Siebenbürgisch-Deutschen Tageblattes*«.

der Sprache der Eingabe, verfassen die Protocolle über Ein-
vernehmungen, Zeugenverhöre, Augenscheine und andere richterliche Handlungen ausschliesslich in magyarischer Sprache, auch wenn die
Parteien, und Sachverständigen derselben nicht mächtig sind,
fertigen die Vorladungsbeschlüsse nicht in der Muttersprache der vorzuladenden
Partei oder in der Protocollssprache der Gemeinde, in der sie wohnt aus. Bei
Criminalprocessen finden Anklage, Vertheidigung und Urtheilsfällung in den
mündlichen Schlussverhandlungen nicht in der Muttersprache des Angeklagten,
sondern ausschliesslich in magyarischer Sprache statt. Mehrere Gerichtshöfe
erster Instanz haben durch einfachen Gerichtsbeschluss den Gebrauch der nichtmagyarischen Sprachen hinsichtlich der Eingaben der Advocaten, der Processführung und der Urtheilsfällung aufgehoben — ungeachtet der Bestimmung des §. 9 des 44. Gesetzartikels von 1868. —

Im Wege der Gesetzgebung sind den nichtmagyarischen Nationalitäten
schwere Opfer auferlegt worden, insbesondere durch den XVIII. Gesetzartikel
von 1879, welcher den obligaten Unterricht der magyarischen Sprache
in die nichtmagyarischen Elementarschulen einführt, namentlich
bei der im Verordnungswege festgesetzten Ausdehnung der hiefür bestimmten
Stundenzahl, die Pflege der nichtmagyarischen Muttersprache der Schulkinder zu
verkümmern droht und nach den Amtsberichten des Unterichtsministers an vielen
Orten in der Weise vollzogen wird, dass die magyarische Sprache neben die
nichtmagyarische als Unterrichtssprache tritt.[1] ebenso durch den von den Mittelschulen handelnden XXX. G.-A. von 1883.

Noch mehr sind die Acte der staatliche Unterrichtsverwaltung geeignet, die nichtmagyarischen Nationalitäten mit schwerer Besorgnis hinsichtlich
ihrer Zukunft zu erfüllen. Mit Nichtbeachtung der positiven Vor-
schrift des 44. Gesetzartikels von 1868 §, 17 werden nichtmagyarische
Volks- und Mittelschulen aus Staatsmitteln, die ebenso aus den
Steuern der Nichtmagyaren wie aus denen der Magyaren gesammelt werden,
nicht errichtet, dagegen magyarische Staatsschulen mit dem Aufwand
grosser Geldopfer in deutschen und rumänischen Gemeinden
neben nichtmagyarischen, lediglich aus der eigenen Kraft der
betreffenden Nationalität erhaltenen Bildungsanstalten in's Leben gerufen,
wobei wir uns einer weitern Bemerkung über die in einem Amtsberichte des
Herrn Unterichtministers vorkommende Erklärung hinsichtlich der staatlichen
Mittelschule in Neusatz: „die berufsmässige Function dieser
Schule ist die Magyarisirung" enthalten! Der Rückgang in der
Zahl der nichtmagyarischen Schulen — so betrug die Zahl der Volksschulen
mit deutscher Unterrichtssprache in Ungarn im Jahre 1869 = 1232,
im Jahre 1880 nur 867, im Jahre 1883 sogar nur 690 — wird in den dem

[1] Siehe: *A vallás és közoktatásügyi m. kir. ministerium a közoktatás állapotáról szóló és az országgyülés elé terjesztett tizenharmadik jelentése* 1882/3 1883/4 S. 58.

Reichstage vorgelegten Amtsberichten des hohen Unterrichtsministerium ohne ein Wort des Bedauerns constatirt: hinsichtlich der Schulverhältnisse in der Hauptstadt, in welcher für die schulpflichtigen Kinder der 120.000 Bewohner deutscher Nationalität auch nicht eine einzige Volksschule mit deutscher Unterrichtssprache besteht, heisst es sogar in dem zehnten Amtsberichte des Herrn Unterrichtsministers: „die 14 Schulen mit magyarischer Unterrichtssprache haben sich bis auf 133 vermehrt, die 1869 bestandenen 2 mit deutscher Unterrichtssprache sind vollständig eingegangen und die Zahl der magyarisch-deutschen ist von 28 auf 6 gesunken. Auf diesem Gebiete hat das Municipium der Hauptstadt ein solches Resultat aufzuweisen, für welches es den Dank der Nation (!) mit Recht verdient!" [1]

Die Besprechung dieses Gegenstandes endet mit nachstehender Würdigung: „Heute nehmen die deutschen und rumänischen Bewohner Siebenbürgens, in ihren heiligsten Gefühlen verletzt, von bitterer Sorge um ihren nationalen Fortbestand erfüllt und bar des öffentlichen Schutzes gegen die Misachtung ihrer Nationalität, die auch in den offen gegen sie gerichteten Magyarisirungsbestrebungen der sogenannten „magyarischen Culturvereine" zum Ausdrucke gelangt, mit Betrübnis wahr, wie weit ihre Lage hinter der Forderung zurücksteht, welche der österreichisch-ungarische Botschafter Graf Franz Zichy mit dem ganze Gewichte der Machtstellung unserer Monarchie zu Gunsten der Bürger eines fremden Staates erhob, indem er für die Bewohner nichttürkischen Stammes den gleichberechtigten Gebrauch ihrer Sprache mit dem türkischen Idiom in Gericht und Verwaltung verlangte — *usage des langues du pays dans les tribunaux et l'administration également avec le turc*.[2]

In dem massgebendsten sächsischen Organe, im *»Siebenbürgisch-Deutschen Tageblatte«*, finden wir nachstehende Bestätigungen unserer Behauptungen: „Magyarisirt euch!" So hallt es wieder, wie Posaunenstoss, aus der Hauptstadt über das Land. „Magyarisirt euch!" So klingt es, wie ein heiseres Echo in den Provinzstädten wieder. „Magyarisirt euch!" In dieser Forderung verdichtet sich der Patriotismus der Magyaren zu unbestreitbarer Volkommenheit. Dorfsnotäre, die nur als Lückenbüsser in ihre Stelle getreten, oder solche, die mit den Strafboten in vertrauter Bekanntschaft stehen; Canzlisten, die sich auszeichnen mit einer kaum leserlichen Schrift und mit der schweren Geistesarbeit des Dictandoschreibens; Stammgäste des Wirts- und Caféhauses, die im Lesen ihres Parteiblattes die alleinige Bildungsquelle geniessen; Beamte, die das Gesetz zu umgehen und mit Massen von Restanzen ihres Faches zu imponiren wissen; Gespäne ersten und letzten Grades, die ihre Willkür immer durch eine Verordnung oder einen höheren Auftrag beschö-

[1] Siehe: *A szállás és közoktatásügyi m. kir. ministerium a közoktatás állapotáról szóló és az országgyülés elé terjesztett tizedik jelentése* 1879.80 - 1880.81 S. 50.

[2] Siehe das *Protocoll der Constantinopler Conferenz*, VIII. Sitzung vom 15. Januar 1887.

nigen; Abgeordnete, die nur mit Zwischenrufen lärmen und für jedes von ihnen misverstandene Wort gleich den Säbel oler die Pistole erheben; Staasbeamte, denen das Abc der Staatsweisheit, die Rücksicht auf das Volk und seine culturellen Bedürfnisse nur ein Hemmnis ihrer parteilichen Absichten ist; Journalisten, die sich für Universalgenies halten, weil sie keinem andern Berufszweig gewachsen waren; Geistliche, die von Verfolgungssucht und Unduldsamkeit glühen und menschlichen Schwächen leicht nachgeben, sie alle waschen ihre Sünden ab mit dem Rufe: „Magyarisirt euch!"

„Alle Ansprüche der Gegenwart an die Völkerschaften Ungarns sind hierin zusammengefasst. Gleichwie einst das Kreuz auf den Schultern der Christen als Symbol der Hingabe von Gut und Blut für die Eroberung von Jerusalem galt; gleichwie später der schwärmerische Muselmann, nach Jahrhunderten sich rächend für die Unbill der Kreuzzüge, den Halbmond ansah als das Himmelszeichen, unter welchem europäisch-christliche Cultur, Religion und Sitte ausgerottet werden sollte, so ist heute in Ungarn das Wort Magyarisirung der geistige Hebel für alle politischen, wirtschaftlichen und sogar moralischen Bewegungen. Es kommt bald, auf dem neugelegten Geleise fortfahrend, dahin, dass wer sich nicht magyarisirt, für einen unmoralischen Menschen ausgeschrien wird".......

„Ein Ungeheuerliches ist's, der Familie eine andere, als ihre ererbte Sprache aufdrängen wollen. Wir denken mit Schaudern an die Rohheit der alten Zeit, welche Zungen ausriss und die Brust mit glühenden Zangen zwickte; aber den Eltern verbieten, mit ihrem Kinde in ihrer vertrauten Sprache zu reden, das Kind dadurch von dem Gemüthe der Mutter, an welches es durch Gott und natürliches Bedürfnis gebunden ist und ohne welches es am edelsten Theile seiner Seele, am Gefühle verkümmern muss, trennen, das heisst, ihm Steine statt Brot bieten, das ist mehr als Zunge und Brust mishandeln. Denn es schliesst eine Tortur des Gemüthes in sich!!"...

....„Doch was kümmert die Wahnbefangenen unser Gemüth? Sie zügeln das Ungestüm ihres vermeintlich allein berechtigten Patriotismus darum nicht, sondern lassen es fortrasen, wie ein flüchtiges Gespan. Und so stürmen sie auch schon gegen andere Erscheinungen des Volkslebens, als die Sprache. Man hat die volksthümlichen Lieder als unpatriotisch angetastet und behauptet kühn und keck, dass nur magyarische Weisen öffentlich gespielt werden dürfen. Man sähe es auf gewisser Seite sehr gerne, wenn die slovakischen, rumänischen und vor allem die deutschen Lieder gesammelt und auf einem Scheiterhaufen verbrannt werden könnten. Auch auf dieses theure Kleinod des Volksthums, daran selbst der Aermste seinen Antheil hat, auf diesen Quell der Erquickung, mit dem wir unsere Freude veredeln und unser Leid mildern; auf diese Herzenstöne, darinnen die Bewegungen des Gemüthes ein vollendet schönes Gepräge gefunden haben, sollen wir verzichten! Wahrlich, wir Sachsen haben eine lange Schule der Geduld und Entsagung durchlaufen; *aber auch dieses Opfer noch bringen, das heisst die eigene Seele morden und einsargen. Da greifen wir eher mit tiefster Entrüstung zu den Waffen der Nothwehr, um unseren Liederschatz und das heilige Recht seines freien Gebrauches zu vertheidigen"! . . .[1])*

Dieser Artikel ist lange nach dem sogenannten Ausgleiche zwischen Sachsen und Magyaren geschrieben!! . .

Damit aber noch klarer hervortrete, wie wohl sich die Sachsen in dieser Aera „freundschaftlichen Ausgleiches" fühlen, citiren wir noch eine Probe aus demselben Blatte, welche am 23. Februar 1882, also noch vor der Drucklegung der Replic gedruckt und veröffentlicht wurde: „Wahrlich, auch dem kaltblütigsten an Selbstbeherrschung gewöhnten Sachsen muss die Zornröthe in's Gesicht steigen, wenn er die Ausführungen von *»Pesti Napló«, »Magyar Hirlab«* und Genossen liest. Nach ihrem Programm ist die Würde des ungarischen Staates und des magyarischen Stammes nur gewahrt, wenn die Sachsen getreten, gestossen, gepeitscht werden. Wird die Peitsche einen Augenblick nicht gegen sie geschwungen, werden sie nicht mit Stössen und Fusstritten mishandelt; — nun dann, ja dann hat die Regierung ein Pactum mit den Sachsen geschlossen, welches den Staat und den magyarischen Stamm verräth!

Unsere deutschen Brüder, welche diese Vorgänge sehr aufmerksam verfolgen, können sich vor Verwunderung über das Mass von Unduldsamkeit nicht fassen, welches die Freiheitshelden in den Rodactionsstuben des *»Pesti Napló«, »Magyar Hirlap«* und ihrer Genossen practiciren.

Wir Sachsen aber werden, wenn dies so weiter geht, wider unsern Willen, der auf einen ehrlichen Frieden ging und geht, ein warnendes Monument für die Nationalitäten in Ungarn werden, dass es unmöglich sei, zum Frieden zu gelangen, *und dass der „Weisheit letzter Schluss" doch der sei, lieber ganz abseits und passiv zu bleiben, so wie es die Rumänen machen". . .[2])*

---

[1]) *»Siebenbürgisch Deutsches Tagblatt«* Nr. 5460 vom Jahre 1891.

[2]) *»Siebenbürgisch-Deutsches Tagblatt«* Nr. 5531 vom 23. Februar 1892.

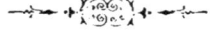

„DACO-ROMANIA IRREDENTA“.

Von Passau bis zum schwarzen Meere und von Oderberg bis zum ägeischen Meere sind die Rumänen das zahlreichste Volk.

Die Gesammtzahl aller Rumänen beträgt bei 11 Millionen.

Wir haben aus authentischen und unanfechtbaren [1]) magyarischen Quellen erwiesen, dass die Rumänen in Siebenbürgen und Ungarn ein compactes Sprachgebiet bilden, in welchem sich nur hie und da nichtrumänische Enclaven finden, welche zusammengenommen kaum ein Viertel der Gesammtbevölkerung ausmachen.

Diese Enclaven sind jedoch nicht nur innerhalb der Rumänen Oesterreich-Ungarns verstreut, sondern geradezu von diesen und den übrigen Rumänen eingeschlossen und verschwinden daher in der rumänischen Masse.

Sie stellen höchstens eine sprachverschiedene Million innerhalb einer einheitlichen Nation von 11 Millionen Rumänen vor.

Wenn auch die Rumänen durch politische Grenzen von einander geschieden sind, so ist unter ihnen das Bewusstsein der nationalen Zusammengehörigkeit sehr ausgebildet. Es ist daher nur natürlich, wenn sich jedem Betrachter die Anschauung aufdrängt, dass die rumänische Nation, welche einen namhaften homogenen Körper bildet, einmal sich auch in ein einheitliches Ganze, in einen einheitlichen Staat formen könnte.

Die magyarische Jugend hat das Wesen der Magyarisirung dargelegt. —

Es sei daher auch uns gestattet, academisch mit wenigen Worten die Frage der rumänischen Einheit oder der »Daco-Romania irredenta«, wie sie die Magyaren nennen, zu beleuchten.

Gleich am Beginne unserer Auseinandersetzungen haben wir erwähnt, dass einer der massgebendsten Gründe, welche die Magyaren auf die schiefe Ebene des Magyarisirungs-Fanatismus gebracht hat, deren Furcht vor der Vereinigung der Rumänen Oesterreich-Ungarns mit jenen des rumänischen Königreiches ist.

Diese Befürchtung hat auch die Verfasser der „Antwort“ bestimmt, diesfalls eine Reihe ebenso naiver, als unrichtiger Behauptungen aufzustellen.

Es ist ganz zweifellos, dass wenn die grosse Masse des rumänischen Volkes befragt würde, ob sie die politische Vereinigung mit dem Königreiche Rumänien, in einen einheitlichen Staat wünsche, sie sofort bejahend antworten würde, und wir würden uns einer Unwahrheit und einer Absurdität schuldig machen, wenn wir dies leugnen wollten. —

---

[1]) „Authentisch“ und „unanfechtbar“ insoferne als bekannt ist, dass sie die Ziffern gewiss nicht zu Gunsten der Nichtmagyaren fälschen. -

Trotzdem haben die Rumänen bisher niemals, bei keiner Gelegenheit die politische Vereinigung mit Rumänien gefordert. Der Grund ist klar und aus dem Nachstehenden ersichtlich:

Die Rumänen, ein Volk romanischer Abstammung, welches eine neu-romanische Sprache spricht waren sich nämlich stets bewusst, dass die grösste und massgebendste Gefahr für ihre Nationalität und Eigenart, ebenso wie für jene der Deutschen und Magyaren von N o r d - O s t e n her drohe, und dass gegen diese Gefahr der wirksamste Schutz und Hort ein f ö d e r a l i s t i s c h organisirtes mächtiges Oesterreich unter der altehrwürdigen Habsburg'schen Dynastie sei.

Die Rumänen hegen die volle Ueberzeugung, dass die österreichisch-ungarische Monarchie, ohne sich in eine f r e i h e i t l i c h e m o n a r c h i s c h e F ö d e r a t i o n umzuwandeln, welche uns und jedem anderen mitwohnenden Volksstamme die freie Pflege seiner Eigenart gewährleistet, nicht werde vor gefährlichen Erschütterungen gewahrt werden k ö n n e n. —

Sie huldigen der Anschauung, dass die rumänische Nation, wenn sie sich in Siebenbürgen und Ungarn a l l e r F r e i h e i t erfreuen und der magyarischen Nation c o o r d i n i r t und nicht s u b o r d i n i r t sein würde, gar keine Veranlassung hätte, die Vereinigung aller Rumänen auf Kosten der territorialen Integrität Ungarns anzustreben. —

Die Rumänen wünschen daher, nicht aus Furcht vor den ungarischen Kerkern, sondern aus innerster Ueberzeugung, dass ihnen das Verbleiben im ungarischen Staatsverbande m ö g l i c h und e r w ü n s c h t gemacht werde um i h r e r s e i t s k r ä f t i g z u r S t ä r k u n g d i e s e s S t a a t e s b e i t r a g e n z u k ö n n e n.

Wer den Rumänen Irredentismus vorwirft, verkennt die Sachlage und die zwingende Logik der Thatsachen.

Heutzutage können wir allerdings nicht leugnen, dass unter den Rumänen sich Bewegungen bemerkbar machen, welche i m m e r g r ö s s e r e D i m e n s i o n e n anzunehmen drohen und dahin zielen, die politische Vereinigung aller Rumänen zu verwirklichen; d i e s e B e w e g u n g e n s i n d j e d o c h n u r d i e n a t ü r l i c h e F o l g e d e r J a h r h u n d e r t e l a n g e n B e d r ü c k u n g d e r R u m ä n e n s e i t e n s d e r m a g y a r i s c h e n S u p r e m a t i e. —

„Wenn die nationalen Triebe", so äussert sich B l u n t s c h l i „in dem engen Staatsgebiete s i c h u n b e f r i e d i g t f ü h l e n, streben sie umgekehrt die Grenzen des Staates zu überschreiten und sich mit ihren n a t i o n a l e n G e n o s s e n i n a n d e r e n S t a a t e n z u e i n e m n a t i o n a l e n S t a a t e z u s a m m e n z u s c h l i e s s e n" ! [1])

Die Unzufriedenheit, welche das rumänische Volk erfüllt wächst immer mehr und mehr an. Sogar die chauvinistischesten magyarischen Blätter, welche sich sonst in der Verheimlichung der Wahrheit in Fragen der Nationalitäten überbieten, können bisweilen nicht umhin, ihre Tendenzen aufzugeben und den Schleier zu lüften.

---

[1]) I. C. B l u n t s c h l i, *Lehre vom modernen Staat, Erster Theil, Allgemeine Staatslehre*, Stuttgart, Cotta, 1886, S. 108.

Erst kürzlich bemerkte ja der *Egyetértés*: „Furchtbare Nachrichten übermittelt uns unser Klausenburger Correspondent. Die Rumänen aus dem Gebirge, und insbesondere jene von Albac sprechen mit der grössten Erbitterung von den Magyaren .... die Anzeichen sind so beunruhigend, dass eine Wiederholung der 1848-er Ereignisse befürchtet wird. Die Rumänen drohen bereits mit dem Blutbade von Fóntánele etc." [1])

So auch der *Erdélyi Híradó*, der die angeblich revolutionären Bewegungen de rumänischen Bauern besprechend, sich folgendermassen äussert: „In der gestrigen Nummer haben wir bereits die Vorfälle von Abrud und Becleanu sowie auch den Plan und die Vorbereitungen der rumänischen Bauern erwähnt, die man nur zufälligerweise entdeckte und so gelang es auch die Durchführung dieses Planes zu vereiteln .. Doch frägt es sich, ob das, was man heute vereitelte auch Morgen den Behörden gelingen würde?!" [2])

Unzählig sind die Kundgebungen des gemeinen Volkes gegen den magyarischen Despotismus. —

„Eher Russen als Magyaren!" ist bereits zu einem stereotypen Spruche im Munde des rumänischen Volkes geworden. — Es ist auch nicht zu verwundern. Das Volk weiss sehr gut, dass der Antagonismus zwischen Magyaren und Rumänen seit Jahrhunderten dauert und nicht selten in blutigen Ausbrüchen sich Luft gemacht hat, es weiss, dass der Adel, welcher es Jahrhunderte lang bedrückt und ausgesogen hat, magyarisch war. Daher rührt der Spruch: „Vom Magyaren hat der Rumäne noch nie Gutes erfahren"; der letzte rumänische Bauer weiss, dass in alter Zeit der Glaube seiner Väter verfolgt wurde, während ihm in der Gegenwart Tag für Tag zum Bewusstsein gebracht wird, dass seine Sprache verpönt ist, seine Nationalität verhöhnt wird und er auf allen Gebieten in der verwerflichsten Weise von Jedermann ausgebeutet wird, um nur den Magyaren zu Macht und Ehren zu verhelfen.

Die Rumänen sind die friedlichsten und geduldigsten Menschen der Welt; aber angesichts der unsagbaren Leiden, denen unser für seine Sprache, seinen Glauben und seinen Stamm begeistertes Volk ausgesetzt wird, können wir die Befürchtung nicht von uns weisen, dass weder unsere politischen Führer noch sonst Jemand im Stande sein werde, zu verhindern, dass dieses einerseits so loyale und langmüthige Volk eines Tages sich erhebe und sich selbst Gerechtigkeit verschaffe, nach der es schon so lange lechzt. — Denn in demselben Masse, in welchem sich die Magyaren für die nationale Vertilgung der Rumänen bemühten, in eben diesem Masse griff auch die Idee der nationalen Vereinigung um sich, als des einzigen Rettungsmittels der rumänischen Nation. *Flere possumus, sed juvare non!*

Die magyarischen Collegen trösten sich in dem Glauben, dass wenigstens die slavischen Völker beruhigt seien, weil ihnen wie wir erwähnt haben, auch

[1]) *Egyetértés*, Nr. 189 vom Jahre 1891.

[2]) *Erdélyi Híradó*, Nr 163 vom Jahre 1892.

jeder gesetzliche Widerstand gegen den Magyarisirungszwang unmöglich gemacht wurde.

Wir kennen die Verhältnisse der slavischen Nationen in Ungarn, und uns — die magyarischen Collegen mögen es entschuldigen, — will es scheinen, dass diese Stille eine fatale Aehnlichkeit mit der grauenvollen Windstille vor dem Ausbruch des Sturmes hat. — Fischhof hat wohl eine grosse Wahrheit im folgenden Satze ausgesprochen: „So lange die Slaven remonstriren und klagen, so lange hoffen sie. An dem Tage, wo sie zu schweigen beginnen, haben sie zu hoffen aufgehört, ist in ihnen jedes Interesse für Oesterreich und dessen Bestand erloschen. . . . .

Und wehe Oesterreich, wehe dem Occidente wenn der Ruf zum Anschlusse an Russland durch die ganze slavische Welt geht".[1]

Nachdem die Magyaren in ihrem Uebermuthe sich mit dem Staate zu identificiren fortfahren und durch alle Mittel ohne Wahl bis herab zu den ungerechtesten Gesetzen bei den Nationalitäten jedes Gefühl der Anhänglichkeit für magyarische Staatseinrichtungen ertödten, ist es nur eine natürliche Folge, dass heute in Ungarn mächtige centrifugale Bestrebungen entstehen, weil die Nationalitäten in allen magyarischen Anstalten bis zur letzten magyarischen Aufschrift herab blos ebensoviele Gessler-Hüte sehen —

„An der Aufrechterhaltung des Nationalitätenstaates" sagt derselbe Autor weiter „haben dessen Völker nur ein bedingtes Interesse, denn Staat und Nation sind daselbst nicht identisch, und zwischen ihren Bestrebungen sind Collisionen möglich, welche einen Theil der Völker vor die Alternative stellen, entweder sich selbst, oder den Staat zu opfern. Unzweckmässige Institutionen und falsche Regierungs-Maximen sind daher geeignet, nicht blos die Volkswohlfahrt, oder den Bestand der Regierung, sondern auch die Existenz des Staates zu bedrohen".[2]

Die Magyarisirung der Nationen ist identisch mit ihrem nationalen Tode, und wenn das Magyarenthum sich befugt erachtet, dieselben zu magyarisiren, so ist es klar, dass sich die Nationen berechtigt halten müssen, sich vom Magyarenthum loszulösen. —

Dieser Schluss ist einleuchtend, denn auf allen Gebieten des Lebens herrscht das naturgemässe und unwandelbare Gesetz, dass jede Action eine Reaction hervorruft.

Derartige eiserne Naturgesetze zu ändern, haben aber die Magyaren nicht die Macht!

Gewiss, die magyarische Jugend hat Recht, wenn sie ausruft: „gegen ein derartiges Gesetz lässt sich processiren, aber es ist unmöglich den Process zu gewinnen!" . . . . .

Uebrigens haben bereits viele nüchterne und unparteiische Politiker den Magyaren klar gemacht, dass sie selbst das Grab Ungarn's schaufeln. So

[1] Fischhof, Angef. W. S. 141.
[2] Ebendaselbst, S. 68, 69

bemerkt beispielsweise von Helfert bei der Besprechung der Magyarisirung der Slovaken Folgendes: „In politischem Sinne würde was man von gewisser Seite als Panslavismus verschreit, den sehnenden Ausblick nach einer andern Staatsangehörigkeit bedeuten. Gesetzt es wäre eine solche Sehnsucht unter den Slovaken Ungarns vorhanden, müsste diese durch ein Verfahren wie das von den magyarischen Heissspornen in Gang gesetzte nicht genährt und gefördert werden?

Würden diese durch ihr Verfahren jenes Uebel, das sie ersticken zu wollen erklären, nicht vielmehr vergrössern? Hier liegt die wahre Staatsgefahr für die territoriale Integrität der St. Stephans-Krone, *und die Schuld diese Gefahr landesverrätherisch zu nähren trifft nicht die Slovaken oder andere nichtmagyarische Bewohner des Landes, sondern die Vertreter des Panmagyarismus.* Wenn Ungarn eine Insel wäre, so liesse sich eine allmählige Magyarisirung der Bevölkerung erwarten, obwohl es auf den britischen Inseln nach langen und grausamen Jahrhunderten nicht gelingen wollte, die störrischen Bewohner des grünen Erin in politischer und kirchlicher Hinsicht zu Engländern zu machen —

Nun ist aber Ungarn keine Insel, vielmehr ein Gebiet, das auf weite Strecken, namentlich im ganzen Südosten, an jungen lebhaft aufstrebenden nationalen Reichen eine um so bedenklichere Nachbarschaft hat, je mehr durch eine verfehlte innere Politik die Unzufriedenheit der auf ungarischem Boden befindlichen Connationalen gefördert wird". [1]

Wenn die Ungarn das innerste Wesen unseres gemeinsamen Vaterlandes begriffen hätten, würde Ungarn heute eine consolidirte und zufriedene Schweiz des Ostens sein, und bei keinem Volke würden sich Bewegungen geltend machen, welche das Heil und die Sicherheit der Nationalitäten bei den verschiedenartigen Staatsformen der benachbarten verwandten Völker suchen würden! Emil de Laveleye, ein gründlicher Kenner der Kämpfe der Völker Ungarns gegen die magyarische Vorherrschaft, äusserte: „Die Magyaren müssten ohne Aufschub in Transleithanien eine Bundesverfassung einführen.

Die Magyaren können niemals hoffen, die Kroaten je magyarisiren zu können, welche Serbien und Bosnien neben sich haben, und ebensowenig wird es ihnen jemals gelingen, die Rumänen zu magyarisiren, welche das ganze aufstrebende Rumänien im Rücken haben.

Welche Gefahr droht den Magyaren aus der Feindschaft der mitwohnenden Nationen an dem Tage, an welchem sie ihr Vaterland werden vertheidigen müssen!" [2]

[1] Dr. Jaroslav Vlach, *Die Čecho-Slaven nebst drei Studien* von Josef-Alexander Freiherrn von Helfert, Wien und Teschen, Prohaska, 1883 pag. 357.

[2] Emil de Laveleye, *La péninsule des Balkans*, *Nouvelle édition*, Paris, Felix Alcan 1886 tom. I. pag. 279, tom. II. S. 342.

Das Panmagyarenthum, welches Ungarn für sich in Beschlag nimmt und sich mit ihm identificirt, will dieses Land zum Grabe der Nationalitäten machen. Dieses Ungarn wird jedoch heut'morgen gegen die grösste Gefahr vertheidigt werden müssen, welche es jemals bedroht hat. —

In diesen grossen, vielleicht für alle Zeiten entscheidenden Momenten wird es aber unumgänglich nothwendig sein, dass die Nationalitäten sich für die Vertheidigung Ungarns begeistern können, und nicht unter dem Drucke der Idee stehen, als ob sie gezwungen wären ihr Blut zu vergiessen, um so dann der Gnade der Magyarisirung theilhaftig zu werden. —

Darin liegt das Verbrechen des Treibens der Magyaren, das macht die Magyaren zu einem aggressiven Element, zu einem Factor der Unordnung und der Zersetzung. „Dem Eroberer gegenüber" sagt der grosse Patriot Schuselka „wird der Unterjochte eben nur die günstige Gelegenheit abwarten, das Joch wieder abzuschütteln, und er wird vor dem eigenen Bewusstsein und vor der Welt dazu berechtigt erscheinen".[1] .. ..

Unsere Collegen rühmen sich ja selbst, dass die Magyaren als sie bedrückt wurden: sich weigerten, mit den Feinden der Monarchie zu kämpfen und dass die magyarische Jugend massennweise in das Lager der Italiener überging um gegen Oesterreich zu kämpfen![2]

Wir hätten all das nicht erwähnt wenn wir nicht die innigste Ueberzeugung hegen würden, dass die Tendenzen des panmagyarischen Egoismus mit apodiktischer Gewissheit Ungarn, ja die Habsburg'sche Gesammtmonarchie zum Untergange führen —

Wir hielten es für unsere patriotische Pflicht, ungeschminkt die wahre Lage unseres gemeinsamen Vaterlandes zu zeigen und die Aufmerksamkeit aller friedliebenden und denkenden Männer auf die grossen Gefahren zu lenken, von welchen unser Land unter dem Terrorismus der Magyarisirungs-Politik bedroht ist.

Wenn wir im Stande wären, den Untergag Ungarns und hiemit auch jenen der altehrwürdigen Habsburg'schen Monarchie herbeizuwünschen, wenn wir thatsächlich „Irredentisten" sein würden, wie uns consequent die unwissende und niederträchtige magyarische Presse schimpft, so hätten wir die vorstehende Replic nicht geschrieben —

Wer wirklich die Vernichtung Ungarns wünscht, braucht nur wie ehemals die Polen zu sagen: *La paix règne à Varsovie!«* und den Dingen ruhig ihren Lauf zu lassen und etwa noch die Panmagyaren in ihrem Untergrabungs-Bemühen zu ermuthigen. —

Denn gerade die Magyaren begegnen sich bei dieser ihrer Arbeit mit den Irredentisten in Rumänien! Bezeichnend ist diesfalls die nachstehende Aeusserung eines Irredentistenblattes: „Für unsere Zwecke entwikeln sich die Dinge jenseits der Berge wunderbar. . . .

[1] Franz Schuselka, *Oesterreich und Ungarn*, Wien, 1861, Friedrich Förster und Bruder, pag. 61.

[2] Angef. W , S. 53.

Den Rumänen, und im allgemeinen der Nichtmagyaren, wird jeder offene Kampf, jeder legale Widerstand unmöglich gemacht, und die Möglichkeit blos aufzuathmen benommen.

Wenn diese Knebelungs-Arbeit vollendet sein wird so wird der Kampf von selbst in das Dunkel der Verschwörungen tauchen und der Hass und die Verbitterung wird sich zweifellos derart verdichten, dass sie eines Tages viel fürchterlicher als je bisher, zum Ausbruche gelangen um das Gefüge des ungarischen Staates bis in seine Grundfeste zu erschüttern.

Wir glauben an ein solches Ende, unsere Reihen verstärken sich mit jedem Tag und dies kann uns nur freuen, so viel Thränen und Jammer es auch noch kosten mag!"....[1]

[1] »Unitatea Naţionalǎ«, Bucarest. Nr. vom 20. Februar 1885.

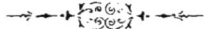

> Das Recht der Nationalität ist nichts Anderes
> als die Ausdehnung der individuellen Freiheit auf die
> organischen Aggregate der eine Nation bildenden Indi-
> viduen; die Nationalität ist nichts Anderes, als die
> collective Interpretation der Freiheit, und ist daher
> heilig und göttlich, wie die Freiheit selbst. . . .
> Wer die Nationalität angreift, erwürgt
> die Freiheit . . . . . muss daher folgerichtig dem
> Menschen die Freiheit in allen öffentlichen und pri-
> vaten Lebensverhältnissen streitig machen und muss
> auf diese Weise die einzige reale Grundlage zerstören,
> auf welcher allein die gesammte sociale Ordnung sammt
> allen mit ihr verbundenen Pflichten ruht.
>
> *Mancini.*[1])

Wer die gefahrvolle Lage der den Südosten Europas bewohnenden Völker kennt, muss zugeben, dass nicht die Magyaren aus der Unzufriedenheit, in welcher sie das rumänische Volk versetzt haben, Nutzen ziehen werden. —

Sogar die magyarische Jugend ermangelt nicht, am Schlusse ihrer Antwort die Gemeinsamkeit der Interessen zu betonen, welche zwischen dem magyarischen und rumänischen Elemente herrschen müsste. Gewiss. Ja diese Gemeinsamkeit der Interessen ist geradezu ein Gebot, nachdem diese beiden Nationen nur Inseln in einem Meere von Slaven sind.

Es ist nur zu bedauern, dass die magyarische Jugend sich dieser unleugbaren grossen Wahrheit erst am Schlusse ihrer Antwort erinnert —

Wenn sie sie von Anfang an beherzigt hätte, dann hätte sie gewiss nicht ihre Antwort veröffentlicht, welche alles Andere, nur nicht die Wahrheit und die Gemeinsamkeit der Interressen berücksichtigt.

Trotzdem würden wir gerne Alles vergeben und vergessen und die Ersten sein, welche aufrichtigen Herzens das Auftauchen dieser Ueberzeugung am Horizonte magyarischer Anschauungen begrüssen würden.

Denn wenn die Magyaren thatsächlich auch nur einen Moment erwägen würden, wie herostratisch ihre Politik für die Zukunft der magyarischen Nation selbst ist, wenn sie sich Rechenschaft geben würden, dass sie durch ihren herausfordernden Vorgang den Nationalitäten gegenüber selbst die eifrigsten Förderer des Vordringens Russlands, des Panrussismus sind, mit einem Worte, wenn sie sich zur Selbstverleugnung aufschwingen wollten, das zu sehen, was alle Welt um sie herum sieht, so würden sie längst ihre Uebergriffe eingestellt haben. —

Der letzte Rumäne ist sich dessen bewusst, dass gegenüber dem von 100 Millionen Menschen bewohnten Russland, inmitten weiterer 30 Millionen Slaven, — Magyaren und Rumänen in der innigsten Freundschaft leben müssten. —

Seit 1848 her haben sich die Rumänen im Parlamente, in Zeitungen und Broschüren bemüht, die Magyaren von der unumgänglichen Nothwendigkeit eines

[1]) P. S. Mancini, *Diritto internazionale.* Neapel, Giuseppi Marghieri, 1873. *Della nazionalità come fondamento del diritto delle genti*, S. 38).

modus vivendi zwischen Magyaren und Rumänen, ja noch mehr: eines freundschaftlichen Einvernehmens zu überzeugen angesichts der Gefahren, welche im
gleichen Masse b e i d e Nationen bedrohen.

Herr Mocsáry anerkennt direct an, dass: „d i e R u m ä n e n U n g a r n s u n d
S i e b e n b ü r g e n s b e i j e d e r G e l e g e n h e i t d e r U e b e r z e u g u n g A u s d r u c k
g e b e n, d a s s R u m ä n e n u n d M a g y a r e n a n g e s i c h t s d e s P a n s l a v i s m u s,
d a s i s t R u s s l a n d s, g e r a d e z u a u f e i n a n d e r a n g e w i e s e n s e i e n".[1]

Der gewesene Abgeordnete L. Vajda bemerkt: „Es gibt nicht einen
einzigen Rumänen, welcher. . . . . nicht anerkennen würde, dass u n t e r
Magyaren und Rumänen eine Gemeinsamkeit der Interresen vor-
h a n d e n s e i, und welcher nicht den unersetzlichen Schaden betont hätte,
welcher sich aus dem so langsamen Eindringen der Erkenntnis von der
Gemeinsamkeit der Interessen bei den Magyaren ergebe, daher
komme es, dass anstatt sich brüderlich entgegenzukommen, Magyaren und Rumänen als Feinde sich gegenüberstehen".[2]

Der einzige Grund, dass die Beziehungen zwischen diesen beiden Völkern
seit 1868 immer unleidlicher werden, ist die Magyarisirungs-Politik.

Von „Freiheit" zu sprechen, und Magyarisirungs-Mittelchen auszuhecken,
sind zwei so entgegengesetze, so unvereinbare Dinge, dass nur — um einen
milden Ausdruck zu gebrauchen — Heuchler sie in dasselbe Programm aufnehmen können. —

Die Möglichkeit einer Gemeinsamkeit der Interessen aber zwischen Rumänen und Magyaren auf Grund der Magyarisirungs-Politik v o r a u s-
z u s e t z e n, ist geradezu ein frewelhaftes Ansinnen. —

Wie die Magyaren heute fordern, dass in Ungarn eine einzige Nation
bestehen müsse, ebenso gab es eine Zeit, da in vielen Staaten festgehalten
wurde, dass nur diese oder jene Confession das Recht habe, zu existiren und
sich zu entwickeln während alle anderen vertilgt werden müssten.

Die Folge dieser mittelalterlichen Grundsätze war die spanische Inquisition,
welche blutige Religions-Kriege, Hass und Feindschaft unter die Völker säten
und ihnen nur Schaden gebracht haben. Und wie diese Kriege erst dann
aufhörten als den einzelnen Confessionen volle Freiheit der Bewegung
eingeräumt wurde, ebenso werden in den von mehreren Völkern bewohnten
Staaten die nationalen Kämpfe nicht eher aufhören, als bis j e d e r N a t i o n
innerhalb des Rahmens des Staates volle nationale Autonomie gewährt
w e r d e n w i r d.

Wir leben nicht mehr in Zeiten, in welchen unter dem Schatten eines
leeren Formenkrams ganze Völker zu Gunsten einiger privilegirter Kasten tyran-
nisirt und ausgebeutet werden konnten. —

[1] L. Mocsáry, *Néhány szó a nemzetiségi kérdésről*, Budapest, Singer & Woltner, 1886, S. 71.
[2] Vajda László, *Szerény észrevételek a magyar közművelődési egyletekről, a nemzetiségekről és a sajtóról*, Klausenburg, Rom.-Kath. Lyceum, 1875, S. 40.

„Jede fremde Herrschaft über ihrer selbst bewusste Völker" äussert Mamiani „ist ungerecht, ja gotteslästerlich weil sie den Absichten Gottes und der Natur widerstreitet".[1])

Es ist auch undenkbar, dass ein Grundsatz von so elementärer Gewalt wie es jener der Nationalität ist, in seiner natürlichen Entwicklung durch die zeitweilige Vergewaltigung einiger egoistischen, niedrig gestimmten Cliquen aufgehalten werden könnte.

Seit 25 Jahren haben sich selbst die gemässigtesten Rumänen immer mehr überzeugt, dass sie neben den Magyaren in unmittelbarer politischer Gemeinsamkeit mit ihnen, nicht zu existiren vermögen.

Mit jedem Tage festigt sich bei den Rumänen die Ueberzeugung, dass nur die nationale Trennung zwischen Magyaren und Rumänen innerhalb des Rahmens der Habsburgischen Monarchie magyarischen Uebergriffen Schranken setzen könne.

Die Rumänen fordern als freie, gleichberechtigte Nation mit den Magyaren in Ungarn anerkannt zu werden, welche ebenso aller Rechte theilhaftig ist, wie sie alle Lasten trägt.

Solange daher der rumänischen Nation nicht eine freie und vollständig autonome Stellung in ihren eigenen Verwaltungs-, Justiz- und Culturangelegenheiten zuerkannt wird, kann von einem Ausgleiche zwischen Magyaren und Rumänen nicht die Rede sein.

Die Antwort der magyarischen Jugend wünscht in einem lichten Augenblicke sogar, dass Freundschaft zwischen diesen beiden Völkern bestehe.

Wir schliessen uns diesem Wunsche rückhaltlos an; aber zwischen Bedrückern und Bedrückten, zwischen Beherrschern und Beherrschten hat es eine Freundschaft nie gegeben und kann es nie gegeben!

Drum Eines von beiden: entweder geben die Magyaren ihre Magyarisirungs-Utopien ehrlich und ohne Hintergedanken auf, und die Feindschaft verwandelt sich mit einem Schlage in Freundschaft oder sie setzen ihre Nationalitäten-Ausrottungs-Politik weiter fort, da aber können sie sich gefasst machen auf den erbittertsten, auf den unversöhnlichsten Kampf unsrerseits und seitens aller übrigen nichtmagyarischen Nationalitäten. —

Die magyarische Jugend wird uns daher zugeben müssen, dass eine Versöhnung, eine Gemeinsamkeit der Interessen, eine aufrichtige Freundschaft sogar, zwischen zwei Nationen wie es Magyaren und Rumänen sind, nur auf einer breiten und dauerhaften Grundlage denkbar ist, und zwar auf jener: nationaler Freiheit!

---

[1]) Terenzio Mamiani, Angef. W., S. 57.

LITERATUR DER RUMÄNISCHEN FRAGE.[1]

Aeltere und neuere Magyarisirungs-Versuche in Ungarn, Prag, Urbánek, 1876.

Amante Bruto, *La Rumenia*, Rom, 1888.

Asseline Louis, *Histoire de l'Autriche depuis la mort de Marie Thérèse jusqu'à nos jours*, Paris, Félix Alcan, 1884.

Aurelian & Odobescu, *Notice sur la Roumanie*, Paris, 1867.

Badewitz C., *Daco-Romanien (Rumänien) und seine Beziehungen zum Deutschthum*, Leipzig, Heinrich Mathes, 1866.

Bailleux de Marissy, *L'Autriche en 1861, ses diètes et son parlement.*[2]

Bergner Rudolf, *Siebenbürgen, Eine Darstellung des Landes und der Leute*, Leipzig, Bruckner, 1884.

Berlin—Wien—Rom, Betrachtungen über den neuen Curs und die neue europäische Lage, Leipzig, Duncker & Humblot, 1892.

Bibescu Georg Prinz, *Histoire d'une frontière. La Roumanie sur la rive droite du Danube*, Paris, 1883.

Biedermann J. H. Dr., *Russische Umtriebe in Ungarn*, Innsbruck, Wagner, 1877.

Bourgoing Paul de, *Les guerres d'idiome et de nationalité. Tableaux, esquisses et souvenirs d'histoire contemporaine*, Paris, Dentu, 1849.

Bratianu Dém. et Lord Dubley-Stuart, *L'Autriche dans les Principautés danubiennes*, Paris, 1858.

Bratianu, I. C., *Mémoire sur l'empire d'Autriche dans la question d'Orient*, Paris.

Brosteanu P. — Maniu V., *Zur Geschichtsforschung über die Rumänen*, Resitz, 1885.

— *Der rumänische National-Congress im Mai 1848.*[3]

— *Avram Jancu.*[4]

Brunialti Attilio, *Gli eredi della Turchia. Studi di geografia politica ed economica sulla questione d'Oriente*, Mailand, Fratelli Treves, 1880.

Buloz L., *L'Autriche en 1867.*[5]

Cestaro F. P., *Frontiere e nazioni irredente*, Turin—Rom, L. Roux & C., 1891.

---

[1] Die im Texte der Replic angeführten Werke wurden in diesem Verzeichnisse nicht mehr aufgenommen. Die diesbezüglichen rumänischen Schriften findet man in der seit 1879 in Bucarest erscheinenden: *Bibliografia Română, Buletin mensual al librăriei generale din România şi al librăriei române din strãinãtate.*

[2] In der »*Revue des Deux Mondes*«, Paris, Nr. vom 15 December 1861.

[3] Im »*Osten*«, Wien, 1869.

[4] Ibidem, 1870.

[5] In der »*Revue des Deux Mondes*« vom 15. October 1867.

Cogalniceanu M., *Histoire de la Dacie, des Valaques transdanubiens et de la Valachie*, Berlin, 1854.

Dapontès C., *Éphémérides Daces*, Paris, 1880.

Dehn Paul, *Deutschland und Orient*, München, 1886.

— *Orient und Occident*, München, 1884.

Derblich, *Land und Leute der Moldau und Walachei*, Prag, 1852.

Desprez Hippolyte, *Les peuples de l'Autriche et de la Turquie*, Paris, 1850.

— *Les paysans de l'Autriche.*[1]

— *La Hongrie et le mouvement magyare.*[2]

— *La Moldo-Valachie et le mouvement roumain*[3]

Diefenbach Lorenz, *Völkerkunde Osteuropas, insbesondere der Haemus-Halbinsel und der unteren Donangebiete*, Darmstadt, 1880.

Dora-D'Istria C-tesse, (Aurelia Ghica), *La nationalité roumaine.*[4]

Engel. *Geschichte der Moldau und Wallachei*, Halle, 1801.

Fischhof Adolf Dr., *Der österreichische Sprachenzwist*, Wien, Manz, 1888.

Gaidoz Henri. *Les nationalités de la Hongrie.*[5]

Gerando Auguste de, *La Transylvanie et ses habitants*, 2 Bde, Paris, 1845.

General-Conferenz der Delegirten der rumänischen Wähler aus Ungarn und Siebenbürgen abgehalten zu Hermannstadt am 20. und 21. Jänner 1892, Wien, Verlag der „Rum. Revue", 1892.

Gherghel Ilie, *Zur Geschichte Siebenbürgens*, Wien, Verlag des Verf., 1891.

Gheyn A. de, *Les populations danubiennes. Études d'éthnographie comparée.* Gand, 1886.

Girardin Saint Marc de, *Voyages en Orient.*[6]

Hartmann Eduard von, *Zwei Jahrzehnte deutscher Politik und die gegenwärtige Weltlage*, Leipzig, W. Friedrich, 1889.

Hein Ed., *L'avenir de l'Autriche. I. La lutte des nationalités.*[7]

Henke, *Rumänien. Land und Volk.*, Leipzig, 1877.

Hurmuzachi Eud. Freiherr von, *Fragmente zur Geschichte der Rumänen, herausgegeben von Demetrius A. Sturdza*, 5 Bde, Bucarest, Socec & Comp., 1878—1887.

Inama-Sternegg Th. K. Dr., *Die Tendenz der Gross-Staatenbildung in der Gegenwart*, Innsbruck, Wagner, 1869.

Ionescu Tache, *La politique extérieure de la Roumanie*, Bucarest, 1891.

Langsdorff E. de, *La Transylvanie. Les diètes.*[8]

---

[1] In der »*Revue des Deux Mondes*« vom 15. October 1847.
[2] Ibidem, vom 5. Januar 1848.
[3] Ibidem, vom 15. December 1847.
[4] Ibidem, vom 15. März 1859.
[5] Ibidem, vom 15. August 1876.
[6] In der »*Revue des Deux Mondes*« vom 15. April 1858.
[7] In der »*Revue politique et littéraire*«, Paris, Nr. vom 16. August 1889.
[8] In der »*Revue des Deux Mondes*« vom 15. December 1849.

Laveleye Emile de, *Les nationalités en Hongrie et les Slaves du Sud*.[1])
Literarische Rumänien, Das, Organ für die Verbreitung der rumänischen Litertur, Geschichts- und Volkskunde, Bucarest, Göbl, 1889.

Maiorescu Titus, *Zur politischen Lage Rumäniens*.[2])

Mangiuca S., *Daco-romanische Sprach- und Geschichtsforschung,* Wien, 1891.

Maniu B., *La mission de l'Occident latin dans l'Orient de l'Europe,* Paris, Le Chevalier, 1869.

Magyarische Staatsidee Die, Kirche und Nationalitäten in Ungarn geschildert von einem Slovaken, Prag, 1887.

Memorandum der Rumänen Siebenbürgens und Ungarns unterbreitet Sr. kaiserl. und königl. apostol. Majestät Franz Josef I., Hermannstadt, Tipographische Anstalt, 1892.

Müller Wilhelm, *Politische Geschichte der neuesten Zeit, 1816—1890,* Vierte Auflage, Stuttgart, Neff, 1890.

Neugebauer, *Beschreibung der Moldau und Wallachei,* Bresslau, 1854.

Palacky Franz, *Gedenkblätter,* Prag, Tempsky, 1874.

Papiu Alex. Ilar., *La Transylvanie en face des prétentions de la Hongrie,* Paris, Dentu, 1861.

Pi y Margall, *Les nationalités, Essai de philosophie politique.* Trad. de l'espagnol, Paris, 1879.

Pic Joh. Lad., *Der nationale Kampf gegen das ungarische Staatsrecht.* Leipzig, Duncker & Humblot, 1882.

Perrot Georges, *L'Autriche d'autrefois. Les confins militaires et leur législation*.[3])

Quinet Edgar, *Les Roumains,* Paris, Germer Baillière, 1858.

Rath G. v., *Siebenbürgen, Reisebetrachtungen und Studien,* Heidelberg, 1880.

Reclus Elisée, *Nouvelle Géographie universelle,* Bd. III., Paris, 1878.

Reinhold Carl, *Die Sprachenfreiheit,* Leipzig, Duncker & Humblot, 1891.

Rogge Walter, *Osterreich von Világos bis zur Gegenwart,* Leipzig & Wien, Brockhaus, 1872.

— *Oesterreich seit der Katastrophe Hohenwart—Beust,* Leipzig & Wien, Brockhaus, 1879.

Rumänische Frage, Die.[4])

»Rumänische Revue«, Politisch-literarische Monatsschrift, Wien. Erscheint seit dem Jahre 1884.

Rumänisch-magyarischen Streitfrage, Zur. Einige Bemerkungen zur »Antwort der Hochschul-Jugend Ungarns auf das Memorandum der rumänischen Universitäts-Jugend«, Wien, Verlag der „Rum. Revue", 1891.

---

[1]) In der »*Revue des Deux Mondes*« vom 1. April 1868.
[2]) In der »*Deutsche Revue*« vom Jänner 1881.
[3]) In der »*Revue des Deux Mondes*« vom 1. November 1869.
[4]) Im »*Zwanzigsten Jahrhundert*«, Berlin, Nr. 7. vom Jahre 1891.

Russische Alp, Der. Von ＊ ＊ ＊. Dresden, Glöss, 1891.

Sanminiatelli Donato, *I Rumeni della Monarchia austro-ungherese.*[1])

Sasinek V. Franz, *Die Slovaken.* Zweite Auflage, Prag, Urbánek, 1875.

Sayous Eduard, *L'avenir de la Hongrie.*[2])

Schuler J. C., *Zur Frage über den Ursprung der Rumänen und ihrer Sprache.* Hermannstadt, 1855.

Serpa Pimentel Antonio di, *Questioni di politica positiva. Della nazionalità e del governo rappresentativo.* Traduzione dal portoghese, Turin, Derossi, 1883.

Sculescu M. N, *La question d'Orient,* Paris, 1887.

Slavici J., *Die Rumänen in Ungarn, Siebenbürgen und der Bucovina,* Wien & Teschen, Prohaska, 1881.

Taillandier Saint René, *La littérature historique et la question d'Orient.*[3])

Teutschländer W., *Michael der Tapfere. Ein Zeit- und Charakterbild aus der Geschichte Rumäniens,* Wien, 1889.

Ubicini A., *Les origines de l'histoire roumaine,* Paris, 1887.

Vaillant J. A., *La Roumanie, ou histoire, langue, littérature, orographie, statistique des peuples de la langue d'or, Ardéliens, Valaques et Moldaves, résumés sous le nom de Romans,* Paris, 1845.

Xénopol Al., *Une énigme historique. Les Roumains au moyen-âge,* Paris, Ernest Leroux, 1885.

Von den Zeitungen, welche hin und wieder die rumänische Frage objectiv behandelten sind zu nennen die: *Neue Preussische (Kreuz) Zeitung«* in Berlin, die *»Allgemeine Zeitung«* in München, das *»Deutsche Volksblatt«* in Wien, *»Siebenbürgisch-Deutsches Tageblatt«* in Hermannstadt, *».Igramer Tagblatt«* etc.

---

[1]) In der *»Rassegna di scienze politiche e sociali«*, Florenz, 1885.

[2]) In der *»Revue des Deux Mondes«* vom 1. April 1875.

[3]) In der *»Revue des Deux Mondes«* vom 1. Juni 1857.

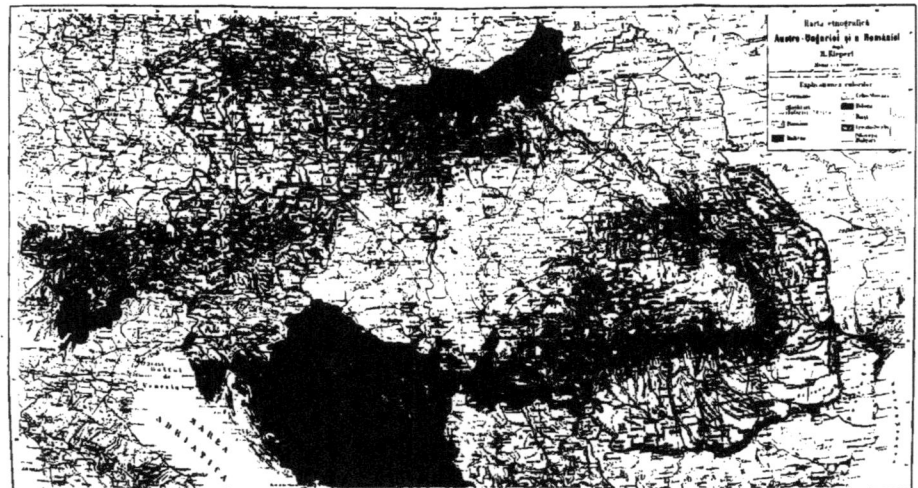

Karta etnografică
Austro-Ungariei și a Romăniei
de
H. Kiepert